Introdução à
sociologia política

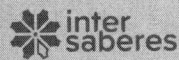

Introdução à
sociologia política
Gustavo Biscaia de Lacerda

Rua Clara Vendramin, 58 . Mossunguê
CEP 81200-170 . Curitiba . PR . Brasil
Fone: (41) 2106-4170
www.intersaberes.com
editora@intersaberes.com

Conselho editorial
    Dr. Ivo José Both (presidente)
    Dr. Alexandre Coutinho Pagliarini
    Dr.ª Elena Godoy
    Dr. Neri dos Santos
    Dr. Ulf Gregor Baranow

Editora-chefe
    Lindsay Azambuja

Gerente editorial
    Ariadne Nunes Wenger

Assistente editorial
    Daniela Viroli Pereira Pinto

Preparação de originais
    Traços e Ideias

Edição de texto
    Caroline Rabelo Gomes

Capa
    Iná Trigo (*design*)
    SEREE YINDEE/Shutterstock (imagem)

Projeto gráfico
    Bruno de Oliveira

Diagramação
    Iná Trigo

Iconografia
    Regina Claudia Cruz Prestes

Dados Internacionais de Catalogação na Publicação (CIP)
(Câmara Brasileira do Livro, SP, Brasil)

Lacerda, Gustavo Biscaia de
    Introdução à sociologia política/Gustavo Biscaia de Lacerda. 2. ed. Curitiba: Editora InterSaberes, 2021.

    Bibliografia.
    ISBN 978-65-5517-410-6

1. Sociologia política I. Título.

21-79968   CDD-306.2

Índices para catálogo sistemático:
1. Sociologia política   306.2

    Cibele Maria Dias – Bibliotecária – CRB-8/9427

1ª edição, 2016.
2ª edição revista e atualizada, 2021.

Foi feito o depósito legal.

Informamos que é de inteira responsabilidade do autor a emissão de conceitos.

Nenhuma parte desta publicação poderá ser reproduzida por qualquer meio ou forma sem a prévia autorização da Editora InterSaberes.

A violação dos direitos autorais é crime estabelecido na Lei n. 9.610/1998 e punido pelo art. 184 do Código Penal.

Sumário

9 *Agradecimentos*
13 *Apresentação*
17 *Como aproveitar ao máximo este livro*

Capítulo 1
21 **O contexto histórico:
como foi possível surgir a sociologia política?**

(1.1)
26 Alguns precursores intelectuais

(1.2)
51 Três revoluções

(1.3)
61 A fundação da sociologia: Augusto Comte

(1.4)
68 Dois autores básicos da sociologia política

Capítulo 2
93 Objeto e método da sociologia política: qual sua identidade?

(2.1)
96 Definindo o objeto

(2.2)
130 Definindo o método

Capítulo 3
179 Alguns conceitos fundamentais

(3.1)
181 Poder: características básicas

(3.2)
225 Estado

(3.3)
276 Governo

(3.4)
312 Regimes políticos

(3.5)
340 Partidos políticos

369 *Considerações finais*
373 *Lista de abreviaturas*
375 *Referências*
401 *Bibliografia comentada*
413 *Respostas*
427 *Sobre o autor*

Aos grandes antecessores da sociologia política,
cujas obras tive o prazer de rever aqui:
Aristóteles, Tucídides, Maquiavel,
Hobbes, Montesquieu.
Ao fundador da sociologia: o grande
Augusto Comte.
E à humanidade: objeto constante de nossos
esforços contínuos.

Agradecimentos

É sempre difícil redigir os agradecimentos em uma obra científica, seja ela introdutória – como é o caso deste livro –, seja ela um texto especializado. São tantas as pessoas que colaboram, direta e indiretamente, presente e preteritamente, que se torna inevitável o fato de que qualquer lista que façamos será sempre injusta. Assim, talvez o melhor seja indicar somente algumas das pessoas que, de maneira mais evidente, colaboraram.

Antes de mais nada, convém sempre agradecer à verdadeira previdência humana, que é a humanidade – o conjunto dos seres convergentes, passados, futuros e presentes.

Além disso, agradeço à minha esposa, Daniela, que demonstrou enormes paciência e boa vontade no decorrer do período em que redigi esta obra, especialmente porque, durante cerca de dois meses, tive olhos quase que apenas para esta. Da mesma forma, tenho de mencionar meu filho recém-nascido, César Augusto, que me faz perseverar mais e sempre.

Ao meu irmão Leonardo, que leu o texto e fez inúmeras observações úteis, sugerindo, inclusive, literatura auxiliar. Aos amigos Bruno Reis, Alexsandro Eugênio Pereira e Raquel Kritsch, que me esclareceram aspectos de algumas das ideias expostas aqui.

Menção especial devo ao meu amigo Doacir Gonçalves Quadros, que teve a gentileza de convidar-me para redigir esta obra – espero, aliás, corresponder às suas expectativas.

Por fim, devo agradecer à equipe da Editora InterSaberes, que me apoiou e me assistiu em todo o processo editorial, desde a redação até a impressão final, passando pelas críticas ao texto, pela revisão e pela diagramação. O profissionalismo e a atenção de todos eles foram um estímulo adicional para a escrita desta obra.

"O homem é um animal político.
Que a cidade seja naturalmente anterior ao
indivíduo é evidente."

Aristóteles, 1985.

Apresentação

Este livro consiste em uma introdução geral à disciplina científica chamada *sociologia política*. O seu objetivo é permitir ao leitor conhecer alguns de seus elementos básicos, tanto históricos quanto teóricos, em um livro de qualidade e de ampla compreensão. A intenção é a de que, ao ler esta obra, o leitor possa conhecer um pouco da história da sociologia política, de seus conceitos fundamentais, de seus raciocínios específicos e das possibilidades de investigação e de esclarecimento sobre a realidade social e política do mundo e do Brasil. No fundo, o que se deseja é que este livro seja ao mesmo tempo um convite e um guia, agradável e informativo, para que os leitores conheçam mais sobre a sociologia política e as possibilidades que ela abre para se conhecer e investigar os aspectos políticos da realidade social.

Tendo em vista os objetivos deste livro, considerou-se que seu público-alvo é o mais amplo possível: desde alunos de graduação – tanto de cursos presenciais quanto à distância – até alunos de pós-graduação (especialização, mestrado e doutorado), sem deixar de lado todos os cidadãos que tenham interesse em conhecer um pouco da produção científica e dos debates travados no âmbito da sociologia política.

Este livro organiza-se em três capítulos principais, além desta "Apresentação" e das "Considerações finais". O Capítulo 1 abordará o contexto histórico do surgimento da sociologia política, ou seja, não apenas quais condições sociais e intelectuais foram necessárias para que surgisse uma disciplina científica dedicada ao estudo da realidade política no século XIX, mas também quais foram os principais pensadores que, nos séculos anteriores, desenvolveram reflexões que os levaram, com maior ou menor justiça, a serem considerados *precursores*. É interessante desde já notar que, embora esse capítulo seja dedicado a aspectos históricos da criação da sociologia política, essa disciplina científica mantém uma íntima relação com a história, no sentido de que suas teorias, seus conceitos e suas pesquisas ocorrem justamente com base em questões históricas. Além disso, veremos, nesse capítulo e nos demais, que há diversas maneiras de entender a história, o que acarreta diferentes teorias de sociologia política.

O Capítulo 2 será dedicado a delimitar a sociologia política como área de pesquisa e como reflexão sobre a realidade. Para isso, procuraremos definir minimamente o que é ciência e quais suas particularidades em relação à filosofia, à religião e à moral; em seguida, contraposições entre a sociologia política, a política prática e outras disciplinas científicas próximas (especialmente a sociologia e a ciência política). O objetivo desse capítulo é permitir que o leitor tenha clareza a respeito do **objeto** da sociologia política: **o que ela estuda** e seu **método** – ou seja, **como ela estuda** – esses dois elementos em conjunto viabilizam a definição da **perspectiva específica** da sociologia política.

O Capítulo 3 abordará alguns conceitos e temas de estudo fundamentais da sociologia política: poder, Estado, governo, regimes políticos e partidos. Convém notar que vários desses temas têm mais de uma possibilidade de definição, dependendo das perspectivas específicas de cada pesquisador; assim, exporemos não apenas essas definições, mas também como as escolas de pensamento entendem cada uma delas e quais as consequências teóricas e empíricas que se depreende disso. Também é importante entendermos que os conceitos expostos nesse capítulo, embora sejam construtos mentais – isto é, embora sejam **ideias** –, servem para guiar as pesquisas sobre a realidade prática; eles dizem o que há na realidade, como a realidade manifesta-se e o que se deve procurar ao se conduzir uma pesquisa de sociologia política. Em outras palavras, esses conceitos preocupam-se, principalmente, com o aspecto científico da sociologia política.

Além disso, esta obra apresenta, em cada capítulo, uma série de exercícios, cujos objetivos são vários: permitir que o leitor reveja os conhecimentos; sugerir a pesquisa de conceitos; propor a reflexão sobre temas específicos. Em conjunto, eles buscam fornecer os elementos para que o conhecimento aqui apresentado não seja somente teórico, mas que o leitor seja capaz de aplicá-los na realidade, sendo, portanto, um instrumento prático, tanto em termos de investigação científica quanto de atuação cidadã.

No final das contas, é importante que o leitor tenha claro que a pesquisa na sociologia política – como, de resto, em qualquer área científica – consiste na junção entre o conhecimento de teorias e métodos, por um lado, e a criatividade humana, por outro. Porém, é claro que a maior parte das pessoas não está interessada, ou não tem condições, de realizar pesquisas profissionais no âmbito da sociologia política: não há intenção de que todos se tornem cientistas políticos ou sociólogos profissionais.

Ainda assim, o que se deseja é que, ao término da leitura, o leitor entenda na prática dois conceitos muito básicos e gerais, propostos pelo cientista político Charles Wright Mills (1916-1962), em seu livro

A imaginação sociológica (1972): "artesanato intelectual" e "imaginação sociológica".

O *artesanato intelectual* corresponde à ideia que já expusemos, segundo a qual a produção científica exige o conhecimento das teorias e dos métodos – isto é, requer erudição técnica –, mas é o uso criativo desse conhecimento que permite à ciência avançar e ser relevante. No caso específico da sociologia política, o *uso criativo* é a capacidade de cada indivíduo entender como sua situação específica insere-se na sociedade mais ampla e, inversamente, como a sociedade mais ampla cria as condições, os limites e as possibilidades para que cada um seja o que é – isso é a imaginação sociológica.

Como aproveitar ao máximo este livro

Empregamos nesta obra recursos que visam enriquecer seu aprendizado, facilitar a compreensão dos conteúdos e tornar a leitura mais dinâmica. Conheça a seguir cada uma dessas ferramentas e saiba como estão distribuídas no decorrer deste livro para bem aproveitá-las.

Introdução do capítulo

Logo na abertura do capítulo, informamos os temas de estudo e os objetivos de aprendizagem que serão nele abrangidos, fazendo considerações preliminares sobre as temáticas em foco.

Síntese

Ao final de cada capítulo, relacionamos as principais informações nele abordadas a fim de que você avalie as conclusões a que chegou, confirmando-as ou redefinindo-as.

Questões de autoavaliação

Apresentamos estas questões objetivas para que você verifique o grau de assimilação dos conceitos examinados, motivando-se a progredir em seus estudos.

Atividades de aprendizagem

Aqui apresentamos questões que aproximam conhecimentos teóricos e práticos a fim de que você analise criticamente determinado assunto.

Bibliografia comentada

Nesta seção, comentamos algumas obras de referência para o estudo dos temas examinados ao longo do livro.

Gustavo Biscaia de Lacerda

Capítulo 1
O contexto histórico:
como foi possível surgir a
sociologia política?

Neste capítulo, abordaremos alguns dos principais aspectos históricos da sociologia política, os quais são de diferentes gêneros: por um lado, são intelectuais (quais as ideias que permitiram a criação da sociologia política?); por outro, são sociais e políticos (como se organizava a sociedade que conduziu à sociologia política?). Mas, além desses aspectos que são relativamente próximos a nós em termos temporais, é necessário considerarmos os pensadores que, com maior ou menor razão, podem ser chamados de *antecessores da sociologia política*, ou seja, que produziram reflexões sociopolíticas **antes** da sistematização da disciplina em termos científicos.

Alguns comentários iniciais

Nenhuma grande ideia surge pronta da cabeça de alguém. É claro que, enquanto estamos acordados (e, com frequência, mesmo enquanto dormimos), estamos pensando a maior parte do tempo, seja a respeito daquilo que nos ocupamos profissionalmente, seja a respeito das ações corriqueiras e cotidianas (que roupa usar, qual o caminho adequado para chegarmos a algum lugar, qual o valor da passagem?), seja a respeito dos nossos lazeres e momentos de convívio. Ao pensarmos sobre essas questões, elaboramos ideias a respeito delas e, nesse sentido, procuramos saber do que se tratam, como nos afetam, como devemos comportar-nos frente a elas etc. Para isso, usamos palavras, adotamos procedimentos mentais e práticos mais ou menos compartilhados, consideramos conceitos que outras pessoas também usam: palavras, procedimentos etc. *Conceitos* são elaborações coletivas e históricas, ou seja, são produzidos por várias pessoas no decorrer do tempo, sendo moldadas e moldando as sociedades e os indivíduos. É nesse sentido que afirmamos há pouco que "nenhuma ideia surge pronta": todos os conceitos e instrumentos (intelectuais e práticos) de que dispomos atualmente foram e são aperfeiçoados com base em sugestões anteriores.

Gustavo Biscaia de Lacerda

As sucessivas alterações por que os instrumentos e os conceitos passam criam constrangimentos posteriores, ou seja, facilitam a evolução em um sentido e dificultam em outro. Um exemplo fácil é o da escolha brasileira do meio de transporte preferencial: em meados da década de 1950, o país – na figura do então presidente da República, Juscelino Kubitschek – decidiu que a integração nacional ocorreria por meio das estradas de rodagem, feitas de asfalto, com a consequência de que o transporte de cargas e de passageiros ocorreria com automóveis particulares, ônibus e caminhões. Essa escolha específica dificultou e até impediu durante as décadas seguintes a construção de ferrovias (e mesmo a constituição de hidrovias) para que pessoas e cargas fossem transportadas. Dificultar não é o mesmo que acabar com outra possibilidade; aliás, se em um momento algo é impedido de realizar-se, muitas vezes é possível que, depois, em outras situações, esse impedimento deixe de existir: assim, nas décadas de 1990 e 2000, as ferrovias foram revalorizadas – ainda que de maneira descontínua, titubeante e apenas para transporte de cargas.

Ora, se em termos de infraestrutura econômica as escolhas anteriores constrangem poderosamente nossas opções atuais, mas não necessariamente impedem que se recuperem possibilidades que existiam antes, o mesmo pode ser dito em termos de ideias – e, na verdade, isso é válido ainda mais para as ideias. Com grande frequência, rever as concepções antigas pode ser extremamente útil para sabermos como chegamos a pensar o que pensamos atualmente, para saber como é que se pensava anteriormente, para ter sugestões teóricas, ou mesmo para simplesmente recuperar algum conceito que estava abandonado. É em virtude dessas várias possibilidades que nos dedicaremos, neste capítulo, à apresentação de alguns elementos históricos da sociologia política.

Os autores e os contextos de que trataremos nas próximas seções vinculam-se ao que se chama habitualmente de *tradição ocidental* de *Ocidente*, isto é, correspondem ao conjunto de sociedades que se desenvolveram no decorrer dos séculos e milênios tendo origem na região da Europa, começando pela Grécia, percorrendo o imenso Império Romano, depois atravessando a Idade Média (séculos V-XV), passando pelo Renascimento (séculos XIII-XV) e chegando às Idades Moderna (séculos XVI-XVIII) e Contemporânea (séculos XIX-presente). Como se sabe, o Brasil integra o Ocidente[1]. Todavia, neste capítulo, trataremos dos contextos ocidentais (e, mais especificamente, europeus), não porque nós próprios, brasileiros, somos ocidentais, mas porque foi no Ocidente que se conjugaram as tradições intelectuais racionalista e empirista, cada vez mais relativas, que originaram a ciência moderna, ao mesmo tempo que ocorreram as Revoluções Industrial e Francesa, que incentivaram uma concepção mais pragmática da realidade e que tornaram necessária a compreensão científica da sociedade. Em outras palavras, abordaremos a tradição ocidental porque foi ela que reuniu as condições próprias ao surgimento da sociologia e, assim, da sociologia política. Isso não quer dizer,

---

1 *A definição mais simples e mais básica de* Ocidente *é aquela que considera o conjunto de povos da Europa Ocidental. Porém, as sociedades que surgiram a partir de antigas colônias europeias em outras partes do mundo também podem ser chamadas de* ocidentais, *como os casos dos países americanos, da Austrália e da Nova Zelândia. As misturas culturais dos países latino-americanos – que ocorreram em graus maiores ou menores, dependendo de cada país – não mudam essa percepção, na medida em que os elementos dominantes das culturas da região são ocidentais. Isso, é claro, não significa que não sejam culturas originais e valiosas.*

Por outro lado, a definição espacial do Ocidente e sua caracterização intelectual e social não significam que o Ocidente não tenha sofrido a influência de outras civilizações, em vários casos de maneira decisiva. Em termos filosóficos e tecnológicos, os exemplos mais evidentes são a recuperação do pensamento grego antigo por intermédio dos árabes que ocupavam a Península Ibérica durante a Idade Média (reintroduzindo o racionalismo e o empirismo), e a transmissão de tecnologias fundamentais da China para a Europa, como a bússola e a pólvora (que permitiram, respectivamente, as grandes navegações e a constituição de exércitos profissionais).

dizer, todavia, que as outras sociedades e civilizações não pensem a respeito de si próprias, nem que não tenham desenvolvido reflexões mais ou menos sistemáticas, mais ou menos racionais sobre si e sobre o mundo: os antropólogos, há bastante tempo, indicam as reflexões por vezes intrincadas que as sociedades chamadas de *tribais* elaboram a respeito de suas organizações sociais e políticas[2], da mesma forma que tanto antropólogos quanto historiadores e especialistas em outras civilizações – entre as quais a chinesa, a hindu, a muçulmana[3] – têm clareza de que tais sociedades produziram relatos e comentários que poderiam ser chamados de *sociológicos*.

Em suma: analisaremos a tradição que resultou na constituição da ciência da sociologia política, sem com isso negar, a outras civilizações e sociedades, a validade ou mesmo a existência de suas reflexões sociais e políticas específicas.

(1.1)
Alguns precursores intelectuais

Nesta seção, abordaremos alguns dos precursores da sociologia política. Como esperamos que fique evidente no decorrer da leitura, esses autores não são citados apenas devido à importância histórica de suas obras – o que, por si só, já valeria a referência –, mas também porque suas obras são úteis e interessantes até mesmo nos dias atuais. Os autores de que trataremos são: Aristóteles, Tucídides, Maquiavel, Hobbes e Montesquieu.

---

[2] Por exemplo: Clastres (1990) expõe a teoria política dos índios guaranis do Paraguai, assim como Lévi-Strauss (2004; 2005; 2006; 2011) apresenta as concepções sociais de inúmeras sociedades.

[3] É possível, por exemplo, pesquisar o pensamento chinês em Cheng (2008) e em Granet (2008); o pensamento árabe pode ser investigado em Gellner (1996) – especialmente a respeito do pensador medieval Ibn Khaldun – e em Abu-Rabi (2011).

1.1.1 Aristóteles

O primeiro autor que pretendemos citar neste momento é o grego Aristóteles (385 a.e.a.[4]-322 a.e.a.), nascido em Estagira (no Nordeste da Grécia). Tendo estudado com Platão (428 a.e.a.-348 a.e.a.) na Academia, fundou sua própria escola, o Liceu, na qual desenvolveu extensas pesquisas sobre as mais diferentes áreas do conhecimento: filosofia, física, biologia, política, arte, ética etc. Em razão de seus profundos e variados conhecimentos, ele tornou-se preceptor de Alexandre Magno (356 a.e.a.-323 a.e.a.), o famoso governante macedônio que conquistou um território que se estendia da Grécia à Índia, passando pelo Afeganistão e pelo Egito – e, mais importante, que disseminou a cultura grega, no chamado *helenismo*. Aliás, foi em virtude de seu encargo como preceptor de Alexandre que Aristóteles passou a sistematizar suas reflexões sobre política e ética.

As reflexões de Aristóteles baseiam-se na realidade do mundo grego em que ele vivia e que observava. Além disso, elas combinam observações empíricas com avaliações morais, ou seja, ao mesmo tempo em que ele descrevia a realidade das cidades gregas, ele também avaliava sua qualidade moral e política. Nesse sentido, é possível afirmar que ele desenvolvia teorias tanto **normativas** quanto **positivas** (ou **empíricas**).

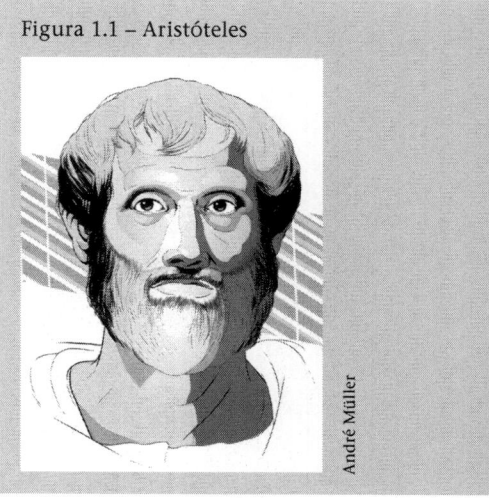

Figura 1.1 – Aristóteles

André Müller

---

4   A sigla a.e.a. *significa: antes da era atual.*

Mapa 1.1 – Império de Alexandre Magno

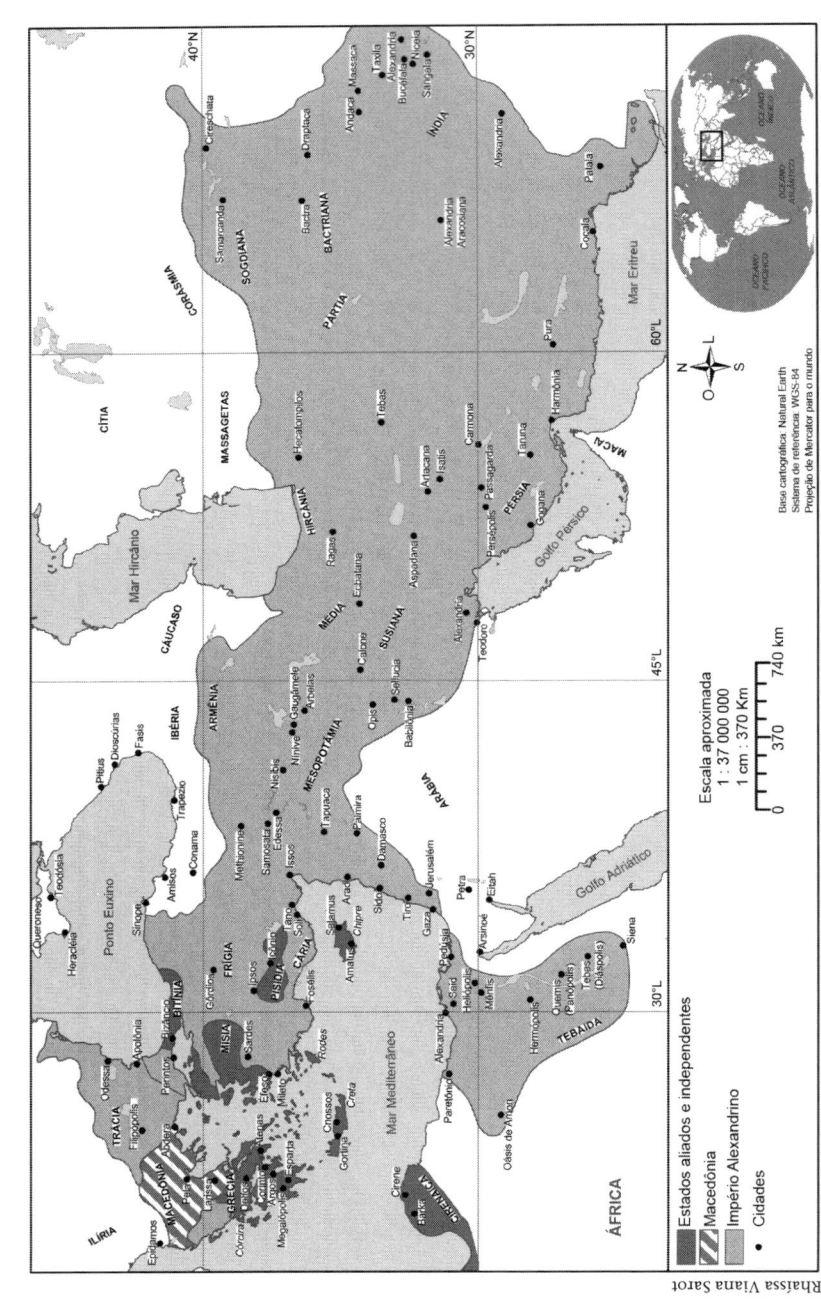

Fonte: Albuquerque; Reis; Carvalho, 1977.

São vários os elementos das teorias de Aristóteles que nos interessam aqui. O primeiro deles refere-se aos **tipos de sociedades naturais** que ele reconhece. Cada sociedade baseia-se em um tipo de relação: a família, a escravidão e a pólis. Todas elas são tipos naturais de sociedade, isto é, desenvolvem-se porque está na natureza do ser humano criar tais relações e cada uma delas visa a um bem específico. A **família** é o âmbito da existência material e da reprodução da espécie. O seu chefe é o pai de família, cuja responsabilidade é prover seu bem-estar. Ao pai de família submetem-se a esposa e os filhos, além de eventuais agregados. A **escravidão**, para Aristóteles, era vista também como natural. Para ele – aliás, como para o comum dos gregos de sua época –, todos os povos que não eram gregos eram considerados bárbaros, isto é, incapazes de tornarem-se civilizados, de adotarem os hábitos e os costumes gregos e, por esse motivo, tendiam naturalmente para a escravidão. O escravo era propriedade do seu senhor, sujeito à vontade absoluta de seu dono. Embora na época de Aristóteles – século IV a.e.a. – houvesse, sem dúvida, trabalhadores livres que realizavam trabalhos na agricultura, na indústria, no comércio e no setor de serviços, o grosso do trabalho era realizado pelos escravos

A **pólis**, para Aristóteles, era o resultado da associação de várias tribos, que, por sua vez, constituíam-se a partir de várias famílias. Participavam da pólis todos os cidadãos homens livres, em uma condição de igualdade. Em outras palavras, mulheres, crianças (em alguns casos, idosos), estrangeiros e escravos estavam impedidos de participar das assembleias públicas, cujo objetivo era debater os assuntos públicos e deliberar a seu respeito. Ademais, uma das consequências da igualdade política era o caráter temporário e eletivo dos cargos governamentais, com mandatos de um ano, de modo geral.

> Assim, em contraposição às relações **verticais** existentes no âmbito doméstico e econômico da família e da escravidão, a pólis era o espaço da liberdade e da igualdade, em relações **horizontais** entre os cidadãos[5]; além disso, para Aristóteles, era na atividade específica da pólis – isto é, na atividade **política** – que o ser humano realizava-se plenamente e que o maior bem era alcançado. É com base nisso que se afirma que, para Aristóteles, o homem é o *zoon politikón*, isto é, o animal político (ou animal cívico)[6].

Aristóteles tomava como parâmetro para essa descrição **Atenas**, cidade que, após períodos governados por tiranos e por oligarquias fechadas, iniciou um longo período de liberdades políticas nos moldes descritos anteriormente e no qual Aristóteles viveu durante muitas décadas. Todavia, importa notar que esse pensador não teorizou levando em consideração apenas um caso, mas dezenas e mesmo centenas deles. Auxiliado por seus discípulos, ele comparou as constituições (as leis e as organizações) de mais de 150 cidades. Com base nesse enorme trabalho ao mesmo tempo empírico, comparativo e histórico, ele chegou, entre outros resultados, à sua famosa classificação de regimes políticos, que relaciona a quantidade de governantes (um, poucos, muitos) com a qualidade do governo (bom ou ruim). Veja-se, no Quadro 1.1, o resultado do cruzamento dessas duas categorias.

---

5   *A importância da* **horizontalidade** *da política para Aristóteles é enfatizada por Giovanni Sartori (1981, cap. 7), especialmente no sentido de contrapor à* **verticalidade** *moderna da política.*

6   *A filósofa estadunidense Hannah Arendt (1906-1975) comentou, em seu livro* A condição humana *(Arendt, 2010a), que, enquanto na política os homens realizavam-se como seres humanos, o âmbito doméstico caracterizava-se pela ausência da política – daí sua caracterização como âmbito privado (isto é, como aquele que não tem algo)*

Quadro 1.1 – Tipos de regimes políticos para Aristóteles

	Bom	Ruim
Um	Monarquia	Tirania
Poucos	Aristocracia	Oligarquia
Muitos	Politia	Democracia

O quadro enseja uma série de comentários. O primeiro refere-se à distinção entre um **governo bom** e um **governo ruim** – diferença está em quem se beneficia do governo. Um governo que visa ao bem comum, que busca o benefício de todos, é um bom governo, ao passo que o que beneficia apenas um ou poucos, em detrimento do conjunto da população, é um governo ruim. A vantagem de haver um único governante – literalmente, um monarca[7], um rei – está em que as decisões são mais rápidas, mais coerentes e é mais fácil determinar a responsabilidade pelas decisões. Contudo, sem contrapesos, também é mais fácil que o governante torne-se mais egoísta e, em vez de governar para todos, busque apenas a própria satisfação – é o tirano. Caso várias pessoas governem tendo em vista o bem comum, haverá uma aristocracia[8] e, como a palavra indica, supõe-se que essas várias pessoas sejam todas elas indivíduos de respeito, de qualidades morais, intelectuais e, portanto, políticas destacadas, pois é natural que os melhores cidadãos realizem o melhor governo. Por outro lado, também é possível que a aristocracia torne-se um grupo fechado em si e passe a desprezar os interesses dos demais. Nesse caso, haverá uma oligarquia (governo de poucos).

O segundo comentário a respeito do quadro anterior refere-se ao **governo de muitos**. Nos dias atuais, geralmente consideraríamos que o bom governo de muitos é a democracia; mas, para Aristóteles,

---

7 Monarca, *do grego, significa: um governante ou o primeiro a conduzir.*
8 Aristocracia, *do grego, significa: governo dos melhores.*

a democracia – ou a situação descrita pela palavra *democracia* – aproxima-se da anarquia ou, então, do governo que os pobres mantêm **contra** os ricos. O bom governo de muitos é a *politia*, que seria o governo adequado, a boa constituição – e não é difícil perceber que o governo que permite as relações horizontais entre indivíduos livres e iguais, em que o bem superior é realizado, é precisamente o da *politia*.

O terceiro comentário consiste em, com Aristóteles, darmos um passo adiante na **definição da *politia*** (e, portanto, também da democracia). Ao definir de maneira mais específica o bom governo de muitos, Aristóteles sugere que um governo misto seria ideal. Por quê? Para o estagirita, o comportamento moderado é sempre o melhor, pois igualmente distanciado dos extremos (e, portanto, dos exageros), assim, um governo que combine qualidades dos vários tipos de governo – ou seja, o governo misto – poderá ser moderado e estável no decorrer do tempo.

Ora, a definição mais específica da *politia* consiste precisamente em uma combinação entre a oligarquia e a democracia. Isso gera um pouco de espanto, pois a **melhor** forma surgiria da combinação de duas formas **ruins** de governo. Como observa Norberto Bobbio (1980, p. 52), por mais espantoso que seja, é exatamente isso que propõe Aristóteles. Mas a ideia aí é um pouco diferente da mera classificação apresentada no Quadro 1.1, entre quantidade e qualidade dos governantes; trata-se agora de contrapor os egoísmos dos grupos sociais em prol do bem comum, de tal maneira que cada grupo controle e limite a ação do outro grupo. Também é necessário notar que esses grupos sociais são definidos em termos de classes sociais, e não apenas em termos numéricos: assim, é da oposição moderada entre o egoísmo dos ricos – a oligarquia – e o egoísmo dos pobres – a democracia – que surgiria a estabilidade política.

A politia é uma fusão da oligarquia e da democracia. Agora que sabemos em que consistem uma e outra, podemos compreender melhor em que consiste essa fusão: é um regime em que a união dos ricos e dos pobres deveria remediar a causa mais importante de tensão em todas as sociedades – a luta dos que não possuem contra os proprietários. É o regime mais propício para assegurar a "paz social". (Bobbio, 1980, p. 53)

Para realizar o ideal da *politia* definido nos termos expostos, Aristóteles sugere vários procedimentos, não necessariamente excludentes entre si: criar incentivos para os pobres participarem da política e punições para os ricos que não participam; alterar os critérios censitários[9] para a participação política, especialmente no sentido de diminuir o valor mínimo para participação política; realizar eleições sem critério de renda. Por fim, outra forma de garantir-se um governo moderado e estável, que realizaria certa união das características sociais dos ricos e dos pobres, é por meio de uma sociedade de **classe média**. Ao ter condições de vida aceitáveis, a maioria da população evitaria grandes turbulências. Aliás, essa proposta do valor da sociedade de classe média, assim como o ideal da *politia* como consistindo na combinação da oligarquia com a democracia, é analiticamente diferente da classificação dos tipos de regimes: enquanto os regimes são classificados em termos **institucionais**, os raciocínios subjacentes à *politia* são **sociais**.

1.1.2 Tucídides

Outro autor da Antiguidade grega que comentaremos é Tucídides (460 a.e.a.-400 a.e.a.). Ele foi um político ateniense e, como tal, também

---

9 Os critérios censitários para participação política são aqueles que dependem de uma renda individual mínima para participação. Em outras palavras, em sistemas censitários, quem não tem renda não participa (não tem cidadania efetiva).

era um líder militar; sua principal atuação foi durante a Guerra do Peloponeso (431 a.e.a.-404 a.e.a.), isto é, do conflito que opôs dois blocos políticos e militares, um liderado por Atenas e outro por Esparta.

Sua fama deriva do fato de ele ter escrito o livro *História da Guerra do Peloponeso*, que expõe a maior parte do conflito e apresenta uma interpretação sobre ele.

Mapa 1.2 – Guerra do Peloponeso: alianças rivais

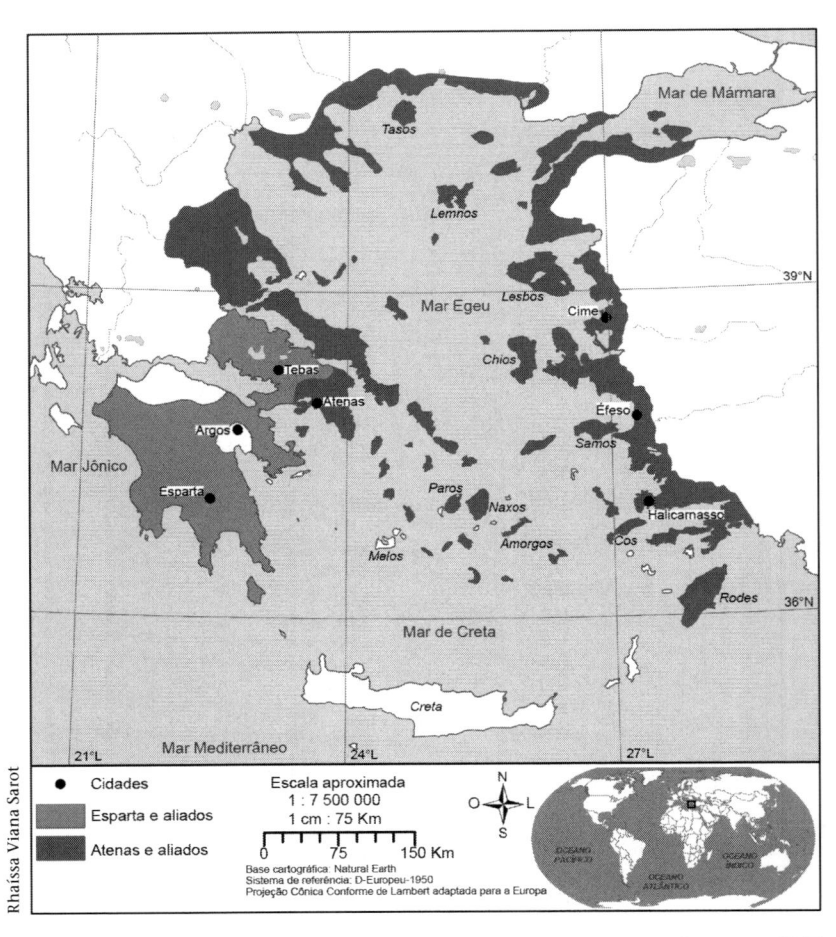

Fonte: Sansone, 2017.

Embora, sem dúvida alguma, o relato do conflito em si seja interessante, o que importa para nós é um outro conjunto de elementos. Em primeiro lugar, Tucídides expôs o conflito buscando sempre relatos de testemunhas (incluindo ele mesmo) e passíveis de serem comprovados. Mesmo nos casos em que não dispunha de testemunhas diretas, procurava reconstruir as situações e os diálogos com base nas melhores e mais confiáveis provas e evidências à sua disposição. Além disso, as ações são descritas em termos puramente humanos, no sentido de que os fatos não são explicados por meio do recursos aos mitos e aos deuses, mas ao próprio ser humano e às suas diversas interações. Ademais, Tucídides não apenas procurou **descrever** (sem apelar para o extra-humano ou para o sobrenatural) os fatos relativos à guerra, mas procurou **explicar** o conflito – lançando mão, para isso, de elementos sociais e da natureza humana. Quais são esses elementos?

Durante o século VI a.e.a., o império persa expandiu-se para o Oeste, em direção à Grécia. Assim, várias cidades gregas foram subjugadas ou tornaram-se vassalas dos persas. Todavia, outras cidades rebelaram-se, resultando no envio de tropas persas diretamente para o território grego; essas tropas foram repelidas, ocasionando uma invasão persa sobre a Grécia. Em uma série de conflitos que durou cerca de dez anos – que ficou conhecida como Guerras Médicas[10] –, os gregos triunfaram e as duas principais cidades envolvidas nesse esforço foram Atenas e Esparta. Ora, Atenas era uma potência mercantil, com uma frota importante, e criou um império ao mesmo tempo econômico, militar e cultural. Além disso, para garantir a segurança coletiva, os atenienses criaram a Confederação de Delos, que era uma aliança militar. Para a manutenção dessa aliança, todas as cidades participantes pagavam uma taxa, que era direcionada

---

10   Médicas *em função de os persas serem chamados também de* medas.

para a cidade de Atenas, a qual, por sua vez, revertia tais recursos em benefício de seu poder.

Tucídides observa que o crescimento do poder de Atenas passou a gerar medo e receio entre seus antigos aliados, conduzindo à formação de outra aliança político-militar, criada com o objetivo de contrapor-se à Confederação de Delos. Essa outra aliança era a Liga do Peloponeso, liderada por Esparta. Como o poderio ateniense aumentava, as demais cidades ficavam mais e mais receosas – até que o conflito rebentou em 431 a.e.a., estendendo-se até 404 a.e.a., com a vitória de Esparta, a aniquilação política e econômica de Atenas e o enfraquecimento geral das cidades gregas (permitindo, em seguida, as conquistas de Alexandre Magno e, mais tarde, dos romanos). Em outras palavras, para Tucídides, a Guerra do Peloponeso foi causada por uma disputa de poder entre grupos antagônicos, um dos quais se formou devido ao medo que o outro inspirava: "A explicação mais verídica, apesar de menos frequentemente alegada, é, em minha opinião, que os atenienses estavam tornando-se muito poderosos e isso inquietava os lacedemônios[11], compelindo-os a recorrerem à guerra" (Tucídides, 2001, p. 15).

> Aliás, por que Tucídides buscou narrar e explicar a história da Guerra do Peloponeso? Porque ele considerava que esse conflito, em razão de sua extensão e de suas consequências, seria lembrado por muito tempo. Assim, ele interessava-se tanto pela registro e pela memória dos acontecimentos quanto por fornecer elementos para a reflexão futura.

Como se vê, Tucídides vale a pena ser citado tanto pelo método que ele empregou – **pesquisa empírica, testemunhas, corroboração das provas** – quanto pelas suas intenções – **descrever e explicar o conflito**. Para isso, lançou mão de hipóteses que envolvem a natureza humana e a dinâmica social e, por esses motivos, embora

---

11 Os lacedemônios eram os habitantes da Lacedemônia, isto é, da parte central da Grécia, onde fica Esparta.

ele seja habitualmente relacionado entre um dos grandes nomes das disciplinas de História e de Relações Internacionais, ele também pode ser incluído entre pensadores da sociologia política.

1.1.3 Nicolau Maquiavel

Dando um salto no tempo, passamos da Antiguidade grega para o Renascimento italiano – mais particularmente para a cidade de Florença, onde nasceu, viveu e morreu Nicolau Maquiavel (1469-1527).

Antes de mais nada, convém explicar por que demos tal salto, isto é, por que pulamos períodos tão longos quanto o da existência do Império Romano e, depois, a Idade Média? Dito de outra forma: será que em toda essa longa fase não houve reflexões sobre a sociedade? Evidentemente, houve muitos pensadores e filósofos em todo esse período. Podemos citar, entre os romanos, Cícero e Políbio (além de muitos historiadores e filósofos); no caso da Idade Média, há muitos autores como Santo Agostinho, os vários doutores da Igreja, Dante Alighieri e Marsílio de Pádua (sem contar os pensadores muçulmanos).

O que ocorre é que tais pensadores tinham preocupações mais normativas do que explicativas e descritivas: tratavam mais do que **deve ser** que do **que é**; diziam qual é a boa sociedade, mas não davam grande ênfase ao que realmente existe. Veremos, no próximo capítulo, que essas perspectivas devem andar próximas, quando não juntas, mas, de qualquer maneira, elas são diferentes uma da outra – e essa diferença tem grande importância neste momento.

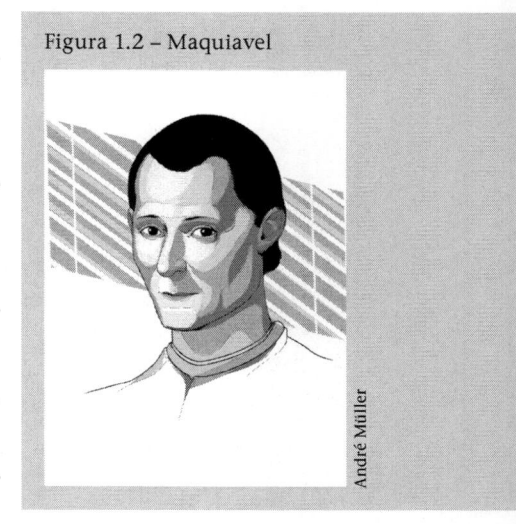

Figura 1.2 – Maquiavel

André Müller

Mapa 1.3 – Itália na época de Maquiavel (séculos XV-XVI)

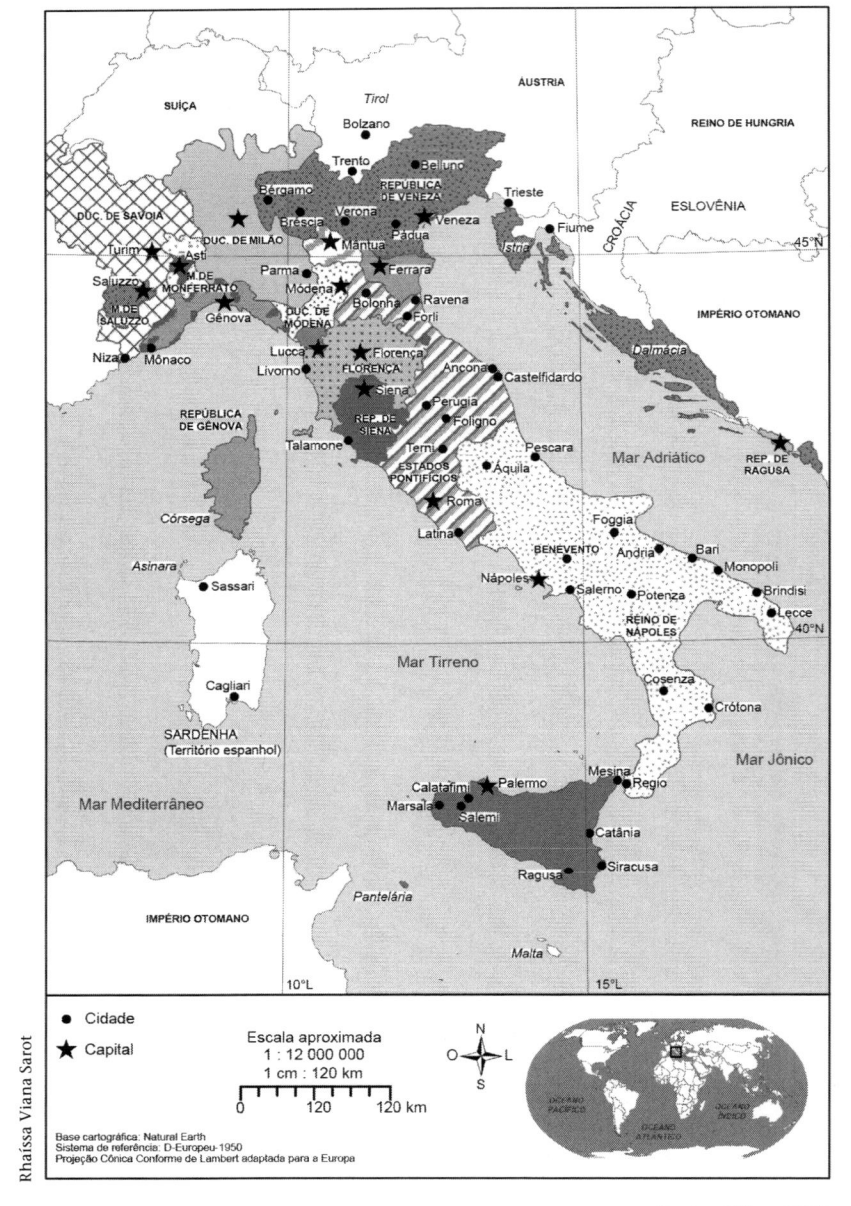

Fonte: Vilar, 2015.

Assim, retomando nossa exposição: Maquiavel foi um burocrata, diplomata e político de Florença, que viveu em um período de profundas mudanças sociais, políticas, intelectuais e econômicas – e no qual a Europa passava por uma grande fase de transição política. De um lado, havia as grandes monarquias nacionais, que mais e mais se consolidavam, França, Espanha e Inglaterra; de outro, os antigos poderes universais, isto é, as forças políticas que baseavam seu poder na pretensão de universalidade, o imperador do Sacro Império Romano-Germânico e o papa; de outro lado, um sem-número de pequenos estados de caráter feudal, existentes em toda a Europa, mas principalmente no Centro-Leste do continente; por fim, na Itália, havia uma série de cidades-estado livres, repúblicas ou não, mas de qualquer maneira não submetidas a autoridades estrangeiras. A cidade de Florença era uma dessas repúblicas e, Nicolau Maquiavel, um funcionário de segundo ou terceiro escalão que, ao cumprir suas obrigações na cidade natal ou em missões no exterior, observava com atenção o que se passava ao redor. Em particular, ele percebia que, enquanto alguns estados consolidavam-se e cresciam em poder e território, outros mantinham-se pequenos, conturbados e frágeis. Sua maior preocupação era impedir as invasões estrangeiras na Itália e permitir que essa região fosse unificada em um Estado, novo ou não, republicano ou não.

Autor de diversos livros, entre peças de teatro, reflexões histórico-políticas e tratados de guerra, a obra mais famosa de Maquiavel, *O príncipe*, de 1513, procura aconselhar um político audaz a respeito dos meios então disponíveis e necessários para obter ou fundar um Estado – e, com base nisso, unificar a Itália. Nesse sentido, baseada em exemplos históricos (da Antiguidade clássica, ou seja, grega e romana) e do período em que o autor vivia, essa obra de Maquiavel é de aconselhamento sobre como ser um bom príncipe. Nesses conselhos, o que importava mais era o "príncipe", não exatamente o "bom", ou seja, Maquiavel preocupava-se em indicar como um político deveria portar-se para obter e manter o poder, em termos de manutenção de exércitos, de tipos de exércitos possíveis (de patriotas ou mercenários), de apoio popular etc., e não em termos de moralidade ou de virtudes morais (como justiça e piedade): um príncipe justo e pio, exatamente em função de sua piedade, pode pôr a perder um reino – por exemplo, ao recusar-se entrar em guerra em um momento em que o conflito seja necessário ou, inversamente, ao fazer guerra quando seu reino não tem absolutamente nada a ganhar com o conflito –, ao passo que um príncipe moralmente menos correto pode ser um excelente administrador, ao incentivar a indústria e o comércio, ao ser prudente em relação às alianças e às guerras e assim por diante.

De qualquer maneira, para o florentino, um líder, antes de ser um sujeito moral (ou, em sua época, antes de ser um cristão), é um líder, ou seja, sua responsabilidade é com a administração do seu reino. Por esse motivo, deve empregar os meios adequados à consecução de sua tarefa. Como argumenta Sartori (1981), ao indicar as características especificamente **políticas** do príncipe e ao afirmar que as qualidades políticas são diferentes das morais, Maquiavel afirmou a autonomia da política em relação à moral. Em outras palavras, cada âmbito tem suas próprias regras, as quais podem, eventualmente, entrar em conflito.

> É interessante notar que, assim como Aristóteles, Maquiavel propõe uma classificação dos regimes políticos, a qual está logo no início de *O príncipe* e consiste em separar todos os países – na verdade, Maquiavel usa a palavra *Estado*, sendo o primeiro autor a usá-la no sentido que adotamos hoje, isto é, como organização política e jurídica que comanda um território – em repúblicas e principados (ou reinos).

As **repúblicas** são os estados em que o povo decide com autonomia seus destinos e foi objeto da reflexão de Maquiavel no livro *Discursos sobre a primeira década de Tito Lívio*, de 1517; ao contrário de *O príncipe*, os *Discursos* são um livro de teoria normativa, em favor das repúblicas, com base na experiência da República Romana e de Florença. Os **principados**, para Maquiavel, podem ser de dois tipos: ou antigos ou novos; os antigos são herdados, os novos são tomados ou criados por líderes militares. Ora, o líder que governe um principado antigo não precisa de conselhos, uma vez que seu governo é reconhecido e estável. Já o principado novo, ou o líder que deseje tomar para si um principado, certamente precisa de conselhos e orientação; foi por esse motivo que Maquiavel redigiu *O príncipe*.

Quadro 1.2 – Tipos de estados para Maquiavel

Estados	Tipos	Características	Obras
Repúblicas		Autonomia popular	*Discursos sobre a primeira década de Tito Lívio*
Principados	Antigos	Herdados	*O príncipe*
	Novos	Tomados ou criados	

Ao descrever os passos e os comportamentos necessários para um líder político obter sucesso em sua época, Maquiavel não fazia juízo de valor, ou seja, ele não se preocupava em dizer se as sugestões eram boas ou más, embora tivesse clareza de que muitas delas eram contrárias às regras morais. Todavia, como até mesmo muitos religiosos seguiam sem maiores preocupações em relação a tais procedimentos, o que interessava a Maquiavel era observar a **realidade**

efetiva das coisas. Da mesma forma, sem negar a possibilidade de os seres humanos serem generosos, bons e capazes de grandes atos, o florentino observava que, com frequência, os homens agem de maneira interessada e que, na busca de seus interesses, mentem ou são violentos. A perspectiva adotada por Maquiavel, portanto, é o que se pode chamar de *realista* – seja porque se preocupa em conhecer a realidade como ela é, seja porque ele apresenta o ser humano como egoísta.

No decorrer da exposição, Maquiavel observa que há duas categorias com que os líderes políticos têm de lidar: a fortuna e a *virtù*. A **fortuna** representa as situações concretas, os acontecimentos e os fatores com que todos deparam-se no dia a dia, como os recursos naturais, as riquezas, a industriosidade da população, os países vizinhos e assim por diante. Pode acontecer de um príncipe governar em um reino rico, populoso, com vizinhos pacíficos; mas, também pode acontecer de um príncipe ter um reino pouco povoado ou com vizinhos belicosos, ou até sofrer um desastre natural (terremoto, maremoto, inundação, epidemia). O bom príncipe será aquele que, dispondo dos recursos que dispuser, enfrentando a situação que enfrentar, souber obter e manter o poder, bem como evitar ou derrotar os adversários (internos e externos). Caso obtenha sucesso durante seu reinado, esse príncipe demonstrará ter ***virtù***.

Em decorrência desses elementos de sua obra, muitos autores consideram que Maquiavel é o fundador da sociologia política – ou, pelo menos, o fundador **moderno** dessa área de conhecimento.

1.1.4 Thomas Hobbes

Autor também conhecido como realista é o inglês Thomas Hobbes (1588-1679). Preceptor de príncipes ingleses, político, filósofo, matemático, historiador e tradutor, a longa vida de Hobbes caracterizou-se por um trabalho intelectual com características bem marcadas, como clareza expositiva, raciocínios bem encadadeados e grande poder de persuasão. Embora ele tenha escrito e traduzido obras históricas – por exemplo, verteu para o inglês a *História da Guerra do Peloponeso*, de Tucídides –, sua principal produção não é de teoria política empírica (ou positiva), mas de teoria normativa. Trata-se de *O leviatã, ou matéria, forma e poder de um Estado eclesiástico e civil*, de 1551. Esse livro foi escrito no contexto das guerras civis inglesas, em que dois problemas entrelaçavam-se, a disputa política entre o poder central (da monarquia absoluta) e o poder local (com os barões, isto é, os senhores feudais) e a disputa religiosa entre católicos, anglicanos e outras seitas protestantes. Hobbes, em particular, era favorável à monarquia absoluta, talvez católica, talvez anglicana; em todo caso, o que o preocupava era a situação social caracterizada pela ausência de um poder único capaz de manter a ordem política, jurídica e social.

O livro *O leviatã* é o resultado de anos de reflexões e de exposições prévias de suas ideias, em que Hobbes demonstra, com precisão matemática, que o Estado é necessário e que os indivíduos devem submeter-se a ele, sob risco de anarquia e morte. Além disso, como notou Augusto Comte (1929, v. II, cap. 5), foi Hobbes quem estabeleceu que, em última análise, o Estado baseia-se na força física[12]. Essa observação

---

12 *No próximo capítulo, veremos com mais detalhes o que significa a afirmação segundo a qual "o Estado baseia-se em última análise na força física". Por ora, convém notar que isso não significa que o Estado somente e sempre use a força; obviamente, ele usa outros recursos antes e preferencialmente à violência.*

basta para fazer com que o autor inglês mereça a posição de um dos precursores da sociologia política, mesmo que ele tenha desenvolvido teorias normativas e não empíricas.

Hobbes baseia-se no que por vezes chamamos de *antropologia negativa*, isto é, **uma concepção geral negativa do homem**. Para ele, o ser humano é egoísta e preocupado apenas consigo mesmo, movido por paixões e desejos infindáveis. Ademais, os homens são racionais. As diferenças que há entre cada indivíduo são sempre passíveis de compensação mútua, pois uma pessoa pode ser mais forte, ou mais rápida, ou mais esperta do que as outras, mas sempre haverá outros mais fortes, mais rápidos, mais espertos; ou, então, vários fracos, ou lerdos, ou obtusos, podem unir-se para dar cabo do forte, rápido, esperto. A vida, assim, é um perigo constante e interminável e, para evitar a morte, os indivíduos devem ceder parte de sua liberdade em favor do soberano, cuja função é manter a ordem social e proteger as vidas dos indivíduos.

Figura 1.3 – Hobbes

André Müller

> Para Hobbes, o soberano pode ser um indivíduo (o rei) ou uma assembleia (o parlamento ou a praça pública), mas o resultado da atribuição de poder para ele é que, fora a preservação da vida de cada um, não há limites para o poder do soberano. Além disso, como o objetivo do Estado é manter a ordem e como rebelar-se contra o Estado é ameaçar a ordem (e, portanto, a vida de cada um), para Hobbes não são aceitáveis a desobediência e a revolta popular.

Figura 1.4 – Reprodução da capa original de *Leviatã*

HOBBES, T. **Leviathan**. London: Andrew Crooke, 1651. Holmes Collection, Rare Book and Special Collection Division, Library of Congress (37). Disponível em: <http://loc.gov/exhibits/world/images/s37.jpg>. Acesso em: 7 nov. 2016.

É interessante notar, também, que a concepção negativa do ser humano – isto é, que considera o homem um ser egoísta e movido por paixões – é um dos elementos da perspectiva chamado de *realista*, de que, como vimos há pouco, Maquiavel também seria um integrante. No caso específico de Hobbes, o inglês inclui o elemento da **racionalidade** nos indivíduos, sugerindo que os seres humanos a todo instante calculam o que fazem, as perdas e os ganhos, os meios adequados para satisfazerem-se (temporariamente, é claro) e assim por diante.

Evidentemente, ninguém defende atualmente as propostas políticas de Hobbes – que, como vimos, entre outros elementos são o Estado absolutista e a impossibilidade da desobediência civil. Todavia, a forma como ele argumentava e a justificativa que ele apresentava para o Estado são objeto de grande reflexão, desde o século XVII até os dias atuais[13].

1.1.5 MONTESQUIEU

O último precursor da sociologia política que indicamos neste momento é o francês Charles-Louis de Secondat, o barão de Montesquieu (1689-1755). Ele foi um nobre do interior da França, defensor dos direitos sociais e políticos da nobreza contra a monarquia absolutista da dinastia dos Bourbons. Da mesma forma, era um admirador do sistema político da Inglaterra, o qual ele considerava exemplar. Suas obras incluem reflexões filosóficas, antropológicas, políticas e históricas, como as *Cartas persas* (1721) e *Considerações sobre as causas da grandeza dos romanos e de sua decadência* (1734). Contudo, seu livro mais famoso e importante é *Do espírito das leis* (1748). Assim como a respeito dos demais autores apresentados até agora, são vários os elementos que nos interessam nessa principal obra do francês.

---

13 *O historiador inglês Skinner (2009) apresenta os contextos históricos, políticos e sociais da Itália renascentista, em que viveu Maquiavel, e da Inglaterra do século XVII, em que viveu Hobbes.*

Logo no início dessa obra, Montesquieu define o que é uma lei:

As leis, no seu sentido mais amplo, são relações necessárias que derivam da natureza das coisas e, nesse sentido, todos os seres têm suas leis; *a divindade possui suas leis; o mundo material possui suas leis; as inteligências superiores ao homem possuem suas leis; os animais possuem suas leis; o homem possui suas leis.* (Montesquieu, 1997, p. 37, grifo nosso)

Por que essa definição é importante? Porque ela trata não apenas do que se chama de *lei positiva*, isto é, das leis comuns que regem nossa vida no dia a dia e que são a matéria de estudo do direito (como a Constituição Federal, as constituições estaduais, os decretos, as leis ordinárias etc.), mas, antes de mais nada, essa definição trata das leis científicas, ou seja, dos princípios e dos enunciados que a ciência propõe (como as leis da física, da química, da biologia etc.). Assim, do trecho citado acima, a parte mais importante é a primeira frase, que destacamos em negrito.

Então, o que Montesquieu entende por lei? A princípio, importa notar que a realidade é composta por vários objetos que mantêm entre si as mais variadas relações, as quais dependem das características específicas dos objetos, de tal maneira que tipos diferentes de objetos têm relações diferentes entre si. Essas relações, além disso, são **necessárias**, no sentido de que sempre ocorrerão entre os tipos de objetos que se relacionam. Um exemplo simples: a **lei da gravitação universal**, proposta por Isaac Newton (1643-1727), afirma que dois corpos atraem-se na relação direta de suas massas e na relação inversa do quadrado de suas distâncias, ou seja:

$$F_G = G \, \frac{M_1 \, M_2}{d^2}$$

("FG" é a força gravitacional; "G" é a constante universal da gravitação; "M1" e "M2" são as massas dos corpos; e "d" é a distância entre esses corpos.)

A relação estabelecida pela lei da gravitação de Newton é válida basicamente para qualquer situação que envolva dois corpos[14], sejam eles grandes ou pequenos. Ela também é válida para qualquer distância em que eles estejam, isto é, estejam um ao lado do outro, estejam um a dezenas de quilômetros do outro; eles podem ser verdes, vermelhos, opacos, brilhantes, de ferro, de aço, de espuma e assim por diante. Fazendo abstração do tipo de matéria envolvida e de outras características, pode-se chegar ao princípio de Newton exposto acima. Ora, a concepção de que é possível determinar as diferentes relações abstratas dos variados fenômenos é o princípio fundamental da ciência, aplicável tanto à astronomia quanto à sociologia – e, portanto, à sociologia política.

Montesquieu define o que é lei – como vimos, as relações necessárias derivadas da natureza das coisas –, para indicar depois que os seres humanos também têm suas leis. Com base nisso, ele sugere que as sociedades (e, por extensão, os governos) mudam de acordo com alguns princípios gerais. O comentário de Norberto Bobbio pode ajudar-nos a compreender:

> *Resumindo as conclusões a que [Montesquieu] chega pelo exame de enorme quantidade de dados, postos à sua disposição pela filosofia política, [pel]as narrativas históricas e [pel]os relatos de viajantes, [ele] afirma que as causas da variedade das leis são de três categorias:* **físicas,** *ou* **naturais,**

---

14 *Dizemos* basicamente *porque essa lei é válida para os corpos macroscópicos e que não estão em velocidades próximas à velocidade da luz. Já os átomos e as partículas subatômicas (elétrons, prótons, nêutrons e suas partículas constituintes) seguem as leis da física quântica.*

como o clima, a maior ou menor fertilidade do solo; **econômico-sociais**, *como o modo de subsistência (distinguindo-se, sob este prisma, os povos selvagens, caçadores; bárbaros, pastores, civis; agricultures e depois comerciantes);* **espirituais**, *como a religião.* (Bobbio, 1980, p. 119, grifos do original)

Esses fatores estabelecem as grandes variações de que as leis positivas – o direito – consistem em casos particulares. As variações, para Montesquieu, devem-se também à capacidade humana de reflexão. Após pôr em revista esses vários fatores gerais e suas influências sobre as diversas sociedades, o francês propõe uma classificação de regimes políticos, muito próxima da de Maquiavel: **monarquias** (governadas por um único indivíduo, de acordo com as leis e os costumes), **repúblicas** (governadas pelo conjunto do povo, de acordo com leis constituídas com autonomia) e **despotismos** (governados por um indivíduo, sem freios nem limites). Ainda seguindo Bobbio (1980, p. 122), essa classificação no fundo é a proposta por Maquiavel (monarquias e repúblicas), correspondente à realidade vivida na Europa de então, a que Montesquieu adicionou a categoria geral *despotismos* para refletir também a respeito do Oriente (considerando a China, a Turquia etc.). É interessante notar também que Montesquieu considera que cada um desses regimes tem um princípio, uma mola, que faz o sistema funcionar: na monarquia, é a honra da nobreza e dos súditos; na república, é a virtude cívica dos cidadãos; no despotismo, é o medo dos súditos e dos servos.

Um último aspecto do pensamento de Montesquieu que vale a pena citar é sua preocupação com a **moderação dos governos**. Para ele, isso só é possível graças a instituições que se contraponham entre si e que impeçam que cada uma exagere e extrapole seus limites.

> Em uma monarquia (ele pensava na França, tomando como exemplo a Inglaterra), **verticalmente**, ele propunha a existência e a manutenção dos chamados *corpos intermediários* entre o rei e os súditos. Esses corpos intermediários seriam a nobreza, os parlamentos, as associações profissionais etc. Já **horizontalmente**, ele propunha a repartição do poder do Estado em vários órgãos, de acordo com sua relação com as leis (com o direito): um órgão faria as leis, outro executaria as leis e as decisões políticas e um último órgão julgaria as ações de acordo com as leis. Em suma, é a proposta dos três poderes – Legislativo, Executivo e Judiciário – harmônicos e independentes entre si.

Os vários autores que vimos nesta seção – Aristóteles e Tucídides, Maquiavel, Hobbes e Montesquieu – são apenas alguns dos precursores da sociologia política. Poderíamos, é claro, comentar inúmeros outros, especialmente filósofos e historiadores e também juristas e mesmo teólogos. Entretanto, as ideias dos cinco pensadores que expusemos, por mais diversas que possam ser entre si – e com certeza são mesmo bastante diferentes, em alguns casos radicalmente opostas[15] –, têm pensamentos cujas características são importantes para nós, como a preocupação em conhecer a realidade social (inclusive do ponto de vista histórico) para poder teorizar, a busca da sistematização do conhecimento, na forma de princípios gerais, a preocupação com a possibilidade de aplicação do conhecimento teórico e, finalmente, a busca de relações entre a realidade política

---

15 *Exemplos são os pensamentos de Aristóteles e Hobbes, que têm concepções simplesmente opostas: para Aristóteles, como vimos, a pólis por definição realiza o bem comum, considerando que a natureza do ser humano é sociável e conduz, precisamente, à constituição da pólis; para Hobbes, ao contrário, o ser humano não é nem sociável nem associal, mas* **antis***social e não existe nenhum bem comum, mas apenas os benefícios individuais – e cabe ao Estado manter um bem básico, que é a vida de cada um, ou seja, ele não visa realizar a natureza humana, mas apenas uma utilidade específica.*

(entendida em termos de regimes políticos e formas de governo) e as características sociais mais amplas de cada sociedade[16].

Em outras palavras, mesmo que tais pensadores não seguissem os parâmetros gerais de cientificidade que se exige atualmente para a sociologia política – e nem teriam condições para isso, seja porque esses parâmetros são **atuais**, seja porque tais parâmetros só puderam ser constituídos **após e com base** nas obras desses e de muitos outros pensadores –, o fato é que não é exagerado considerar que o espírito que os animava era, sem dúvida, o da sociologia política. Por fim, não deixa de ser útil observar, seguindo o relato de Donald Levine (1997) em *Visões da tradição sociológica*, que esses vários autores originaram algumas das mais importantes tradições intelectuais que têm continuadores até os dias atuais: Aristóteles iniciou a tradição helênica; Maquiavel, a italiana; Hobbes, a britânica; Montesquieu, a francesa; e, como veremos adiante, Max Weber integra uma tradição alemã e Marx cria uma tradição específica.

(1.2)
Três revoluções

Na seção anterior, estudamos diversos precursores intelectuais da sociologia política. É necessário, agora, examinarmos rapidamente os contextos social, político, econômico e, ainda, intelectual que permitiram e conduziram o surgimento da sociologia política. Esse contexto pode ser sumariado em três revoluções – a Científica, a Industrial

---

16 *É possível encontrar essas características em todos os autores que apresentamos, exceto no caso de Hobbes, uma vez que sua obra não é e não busca ser empírica, mas sim normativa e dedutiva. Apesar disso, como indicamos antes, ele merece ser citado, seja devido à influência que teve, seja devido à concepção de que o Estado baseia-se na força.*

e a Francesa[17]. A apresentação dessas três revoluções permitirá nos aproximarmos cada vez mais da fundação da própria sociologia[18].

1.2.1 A Revolução Científica

A Revolução Científica consistiu na afirmação de uma perspectiva racionalista e naturalista a respeito do mundo e da sociedade. Com isso, a perspectiva teológica, específica da Idade Média, em que a realidade era entendida em função da divindade monoteísta cristã, cedia espaço para explicações imanentes, ou seja, em que os fenômenos são explicados em função do que é percebido na natureza. Sem entrar em grandes detalhes, é possível afirmar que três dos grandes símbolos da Revolução Científica são o italiano Galileu Galilei (1564-1642), o francês René Descartes (1596-1650) e o francês Francis Bacon (1561-1626). Cada um deles inaugurou uma corrente filosófica específica e, não raras vezes, essas concepções entraram em conflito entre si, mas em comum elas valorizam a **concepção naturalística e imanente da realidade** e, em

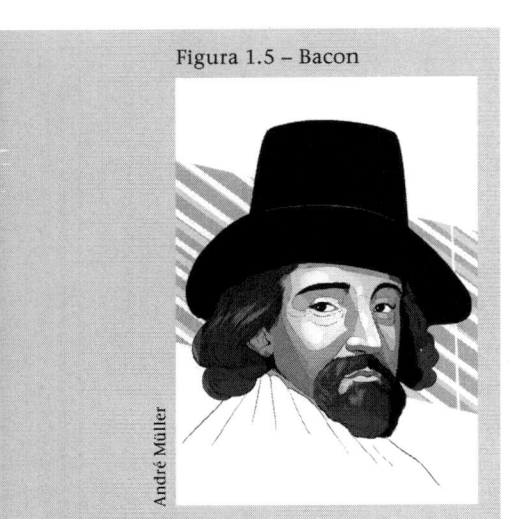

Figura 1.5 – Bacon

André Müller

---

17 *Convém notar que usamos a palavra* revolução *em sentido lato e impreciso, correspondendo a mudanças amplas e profundas. Todavia, as ciências sociais, a história e mesmo a filosofia já definiram, cada qual com seus objetivos específicos, o que seria uma revolução: não é o caso de abordarmos tais definições aqui. Para uma revisão sistemática desse conceito, confira Pasquino (2002).*

18 *Para quem tiver interesse em aprofundar as discussões históricas que realizaremos nesta seção, sugerimos consultar os volumes 10 a 13 da coleção organizada por Crouzet (1995).*

conjunto, elas constituem os pilares do que chamamos de *ciência moderna*.

As concepções de **Bacon** são chamadas de *empiristas* (embora ele mesmo não se intitulasse dessa forma). Para esse filósofo, o verdadeiro conhecimento provém da experiência e da observação cuidadosa. Além disso, ele denunciava os chamados *ídolos*, isto é, algumas fontes de erros nas concepções devido, sobretudo, às tendências naturais do ser humano de observar apenas aquilo que beneficia a concepção que assume; às concepções próprias de grupos sociais particulares; ao uso de palavras mal definidas ou mal empregadas; à obediência acrítica aos sistemas filosóficos e ao princípio da autoridade. Sua obra mais conhecida é o *Novum organum* (1620), mas também é famosa sua frase segundo a qual "saber é poder".

Descartes era um racionalista, ou seja, ele considerava que é possível obter conhecimento por meio do raciocínio. Essa concepção, sem dúvida, não integra a ciência, mas, adotando uma postura mais naturalística, ele definiu um método – justamente no livro *Discurso sobre o método* (1637) – para lidar com os problemas e as questões com que o ser humano constantemente se defronta: procurar sempre ter ideias claras e distintas; separar os problemas em várias partes menores e resolver cada uma dessas partes, da mais simples à mais complicada. Descartes considerava que seu método podia ser aplicado também às questões morais – ele escreveu livros a respeito da moral – e, da mesma forma, entendia que, ao criar a geometria analítica (que

Figura 1.6 – Descartes

André Müller

conjuga a geometria com a álgebra), ele também estava aplicando o seu método.

Galileu Galilei era professor de Matemática e Física na Universidade de Pisa. Sua importância liga-se a vários fatores. Por um lado, ele fez pesquisas científicas com base em experimentos controlados e criados especificamente para avaliar as hipóteses que ele propunha; por outro, em virtude dessas experiências, criou numerosos instrumentos (por exemplo, a luneta) e descobriu inúmeros princípios e leis científicas (a lei do pêndulo; a lei da queda dos corpos; o princípio da inércia; as luas de Saturno; as manchas solares e as crateras lunares). Além disso, tornou-se famosa sua frase segundo a qual cabe aos cientistas investigar o "livro da natureza" – e esse livro seria escrito com fórmulas e símbolos matemáticos[19].

Figura 1.7 – Galileu Galilei

André Müller

A Revolução Científica, portanto, teve alguns de seus momentos mais importantes no século XVII. Mas foi no século XVI que um impulso central foi dado para que ela ocorresse, uma vez que em 1543 foi publicado o livro *Das revoluções das esferas celestes* (*De revolutionibus orbium cœlestium*, em latim), do polonês **Nicolau Copérnico** (1473-1543), para quem o centro do universo não era a Terra – como afirmava a Igreja Católica, com base em sua teologia e no pensamento de

---

19 *A clareza e a beleza dos raciocínios matemáticos, aliados ao sucesso da matemática como instrumento para conhecer a realidade, causaram grande sucesso dessa concepção matematizante do mundo. Aliás, não é à toa que Hobbes apresentava seus argumentos de maneira matemática, isto é, encadeando as ideias entre si via relações dedutivas.*

Aristóteles –, mas o Sol. Como argumentou Augusto Comte (1972), a substituição do sistema **geocêntrico** pelo sistema **heliocêntrico** conduziu, nos séculos posteriores, à afirmação da perspectiva científica e à derrocada da perspectiva teológica[20]. Aliás, a defesa feita por Galileu Galilei do sistema copernicano levou-o a ser condenado pela Inquisição da Igreja – e esse também é um dos motivos por que Galileu é bastante conhecido.

Finalmente, essas várias concepções uniram-se e produziram um sucesso estrondoso durante o século XVII, especialmente com as pesquisas e as descobertas de **Isaac Newton** (1643-1727): não apenas a cocriação do cálculo integral e infinitesimal ou a teoria das cores, mas, acima de tudo, a teoria da gravitação universal, que permitiu explicar e predizer, de maneira simples e elegante, uma grande quantidade de fenômenos naturais, como a órbita dos planetas, as estações do ano, o movimento das marés, a queda dos corpos na superfície da Terra etc.[21]

1.2.2 A Revolução Industrial

Passemos à Revolução Industrial, a qual consistiu em uma alteração profunda na forma como organizava-se a economia, inicialmente na Inglaterra e depois em outros países (como a França, a Alemanha e a Itália), no final do século XVIII. Os novos conhecimentos científicos e a própria concepção naturalística da realidade permitiram uma visão mais instrumental do mundo, ou seja, uma visão segundo a qual o mundo oferece recursos para serem usados e explorados. Com isso,

---

20 Essa mudança de perspectiva foi tão grande e tão plena de consequências que se originou dela a expressão revolução copernicana.

21 O historiador italiano Rossi (2001) apresenta com certo detalhe as ideias e as experiências desses pensadores e, ainda, de mais alguns (como Johannes Kepler).

desenvolveram-se tecnologias mais eficientes de controle da natureza, como o uso de **máquinas a vapor**. Outra tecnologia que, embora já existisse desde muito tempo antes, foi desenvolvida de maneira consciente e racional a partir dessa época é a **divisão do trabalho**. Em vez de um operário realizar todas as etapas da produção de um bem (uma cadeira, uma carruagem), criaram-se linhas de montagem, em que cada operário realizava apenas uma pequena parte de um processo que era dividido em inúmeras fases. Dessa forma, a produtividade aumentou brutalmente.

Figura 1.8 – Revolução Industrial: mulheres trabalhando em teares mecânicos

Na Inglaterra do século XVIII, além disso, ocorria uma expansão da população urbana em razão do êxodo rural. Esse proletariado passou a trabalhar nas fábricas, com base na divisão do trabalho cada vez mais acentuada e eficiente. Os trabalhadores recebiam salários miseráveis por jornadas de trabalho que duravam 18 horas por dia, incluindo mulheres e crianças.

A Revolução Industrial deixou para trás as relações medievais, em que um senhor feudal era minimamente responsável pela preservação da vida de seus vassalos (em troca da lealdade política e militar dos vassalos, bem como do pagamento de tributos). Os operários, nas fábricas urbanas, eram formalmente livres, o que significa que não deviam prestar contas de si a ninguém, mas, por outro lado, também não tinham a proteção de ninguém. Os donos das fábricas – os chamados *capitães da indústria* – podiam ser homens ricos das cidades ou nobres que passaram também a investir em fábricas. Em todo caso, a Revolução Industrial fortaleceu o que se chama de *burguesia*, especialmente, é claro, a **burguesia industrial**, ao mesmo tempo que enfraqueceu os nobres que viviam apenas da renda de suas terras ou dos recursos que recebiam do Estado. Por outro lado, o **proletariado** empobrecido e explorado, que era obrigado a viver em cortiços e favelas, passou a organizar-se e a buscar resistir e mudar a sua situação, inicialmente com sabotagens, depois com greves e reivindicações e, mais tarde, com partidos políticos proletários e com propostas de novos sistemas sociais.

Assim, complementando e mudando um pouco a definição que apresentamos antes, a Revolução Industrial não foi somente um processo de mudanças econômicas ou técnicas, mas foi também um processo de mudanças sociais profundas, em que alguns grupos sociais entraram irreversivelmente em decadência (a nobreza) e outros grupos entraram em cena – e entraram já em disputa (a burguesia e o proletariado).

1.2.3 A Revolução Francesa

Analisemos, por fim, a Revolução Francesa. Ela foi um amplo evento que, entre 1789 e 1799, alterou profundamente as relações sociais e políticas na França e serviu de exemplo para a Europa e o mundo, difundindo ideais de liberdade, fraternidade e igualdade, embora também exemplo de perseguições políticas e de militarismo.

De uma perspectiva mais ampla, é correto afirmar que a Revolução Francesa – cujo marco inicial foi a tomada da prisão da Bastilha, no dia 14 de julho de 1789 – pôs fim ao Antigo Regime, isto é, às relações sociais e políticas herdadas da Idade Média e do feudalismo.

Durante suas diversas fases (assembleia nacional: 1789-1792; convenção: 1792-1795; diretório: 1795-1799), acabou-se com a monarquia, extinguiram-se as relações sociais feudais, proclamou-se a República e criou-se uma constituição que afirmava, grosso modo, que todos os indivíduos nascidos na França eram **cidadãos** franceses, devendo ser respeitados por isso.

Figura 1.9 – Queda da Bastilha

QUEDA da Bastilha e prisão do governador M. de Launay. 1789.

O fim radical do Antigo Regime, o qual era considerado o maior e mais importante reino absolutista da Europa, foi chocante para todos, sem dúvida. No século XVIII, essas mudanças foram preparadas pela difusão das ideias do **Iluminismo**, isto é, do movimento intelectual que, entre outras coisas, pregava o conhecimento científico, as liberdades religiosa e de expressão e a reorganização da sociedade em termos republicanos. Mas a própria Revolução Francesa passou por momentos violentos e sombrios, como a fase do terror (1794), em que, sob o comando de Maximilien Robespierre (1758-1794) e de sua interpretação das obras de Jean-Jacques Rousseau (1712-1778), numerosas pessoas foram mortas, sob a acusação de traição. De qualquer maneira, as atribulações que a França viveu desde o início da Revolução, em 1789, terminaram em 1799, quando Napoleão Bonaparte deu um golpe e tornou-se cônsul único da França e, depois, imperador francês (1805).

Por que é importante citar aqui a Revolução Francesa? Não se trata da crônica dos acontecimentos – o que está mais próximo dos interesses dos historiadores do que dos sociólogos e dos cientistas sociais –, mas de sua relevância propriamente sociológica e intelectual. Em primeiro lugar, porque ela foi um evento de **proporções** enormes, gigantescas, uma vez que não se tratou apenas de uma mudança de regime político (monarquia para república) ou de governo. Tais mudanças não eram desconhecidas dos políticos e dos pensadores que vieram antes da Revolução, como Maquiavel e Montesquieu. O que a Revolução Francesa fez foi extinguir em poucos anos, de maneira abrupta e por vezes brutal, toda uma ordem social que já existia havia muitos e muitos séculos. Em segundo lugar, um pouco às cegas, um pouco orientada por alguns princípios gerais, a Revolução Francesa procurou também instituir uma **nova ordem social**, fundada sobre novos princípios[22] – aliás, princípios radicalmente diferentes dos que vigiam no Antigo Regime. Em terceiro lugar, em virtude do conjunto dessas características, a Revolução Francesa apresentou-se durante muito tempo – e, na verdade, apresenta-se até hoje em dia – como o **protótipo das revoluções**, tendo inspirado os movimentos revolucionários e insurgentes durante o século XIX e sendo uma referência obrigatória para a Revolução Russa (1917)[23].

> As mudanças sociais de que a Revolução Francesa é resultado e causadora foram objeto da reflexão de muitos filósofos e sociólogos, entre os quais Augusto Comte e Karl Marx[24]. Mais do que os eventos específicos que ocorreram entre 1789 e 1799, esses pensadores refletiram a respeito de quais eram as características da nova sociedade que a Revolução permitiu surgir, gestada durante o Antigo Regime. Nesse sentido, a Revolução foi um dos temas principais que conduziram à fundação da sociologia[25].

As três revoluções que abordamos nesta seção cumpriram dois papéis para a sociologia política: por um lado, criaram as condições sociais e intelectuais para o **surgimento dessa disciplina**, ao afirmarem as visões de mundo imanentes e a ciência; por outro, essas revoluções consistiram em **objetos de pesquisa**, isto é, elas produziram mudanças sociais tão amplas que era necessário entendê-las, explicá-las e, se possível, conduzi-las e alterá-las. Em outras palavras, **essas três revoluções permitiram o método e o objeto da sociologia política.**

---

22 *Essa ideia foi desenvolvida por autores tão diversos quanto Comte (1929; 1972) e Arendt (2011).*
23 *O historiador francês Furet (1995, cap. 1) desenvolve precisamente essa ideia.*
24 *Aron (1999) expõe o pensamento sociológico de vários autores, entre os quais Comte e Marx, indicando, entre outros aspectos, a importância que a Revolução Francesa teve nas suas obras.*
25 *Sobre a Revolução Francesa como um todo, sugerimos a obra coletiva organizada por Furet e Ozouf (1989). Loomis (1965) aborda com estilo literário a fase do terror (1794), enfatizando em particular a carreira de Georges Danton (1759-1794), um dos líderes do período da convenção.*

(1.3)
A FUNDAÇÃO DA SOCIOLOGIA: AUGUSTO COMTE

Considera-se de modo geral que o fundador da sociologia foi o francês Augusto Comte (1798-1857). Ganhando a vida como professor de Matemática, Comte escreveu uma obra que foi grande, variada e ambiciosa, tendo como objetivo constituir uma ciência que estudasse a sociedade e que, com base nisso, auxiliasse no entendimento dos problemas sociais e em sua solução. Para tanto, criou um sistema filosófico e político conhecido como **positivismo**. Suas principais obras – como o *Sistema de filosofia positiva* (1830-1842) e o *Sistema de política positiva* (1851-1854) – não foram ainda traduzidas para o português, mas é possível ler o *Catecismo positivista* na Coleção "Os Pensadores"[26].

Para Comte, a ciência da sociedade, ou sociologia[27], deve estudar os fenômenos sociais com base em uma perspectiva **histórica** e **comparativa**, ou seja, deve examinar diversas situações semelhantes e compará-las entre si. Ademais, é necessário examinar como as sociedades e as instituições mudam com o passar do tempo. Dessa forma, a comparação proposta por Comte é feita no espaço e no tempo, ou seja, entre sociedades e épocas diferentes. Com base nesse conceito, ele propunha duas grandes divisões na sociologia: a estática e a dinâmica social.

---

26 Além disso, uma apresentação geral das ideias de Comte, especialmente no que se refere à sua teoria política, pode ser vista em Lacerda (2010).

27 Em 1839, Augusto Comte nomeou de sociologia *a ciência da sociedade. Antes, entretanto, chamava-a de* física social, *para indicar que essa ciência deveria ser tão rigorosa quanto a física. Todavia, o estatístico belga Adolphe Quételét (1796-1874) também usou a expressão* física social, *especificamente para referir-se à* **descrição matemática da sociedade**. *Como isso era contrário à proposta de Comte, ele criou a palavra que se consagrou:* sociologia.

A **estática social** estudaria as instituições que existem em todas as sociedades, com diferentes configurações. Seriam elas a família, o governo (espiritual e temporal[28]), a propriedade, a linguagem e a religião. É interessante notar que, para Comte, a religião não significa necessariamente teologia, ou seja, não significa necessariamente crença em deuses. Para ele, a religião é um sistema geral de entendimento da realidade, que oferece parâmetros intelectuais e práticos para os seres humanos.

A **dinâmica social**, por seu turno, investigaria o desenvolvimento no decorrer do tempo das instituições da estática social e das sociedades de modo geral, examinando como as forças sociais surgem, desenvolvem-se, relacionam-se e, se for o caso, deixam de existir. A dinâmica social teria como resultados básicos as chamadas *leis dos três estados*. A mais famosa delas é a lei da inteligência, na qual as concepções humanas passam por três fases sucessivas – teológica, metafísica e positiva –, com uma velocidade que varia de acordo com a generalidade correspondente.

Figura 1.10 – Comte
André Müller

Tanto no caso da estática social quanto no da dinâmica social, Comte elaborou refinadas análises sobre as motivações, concepções e perspectivas humanas, o que permitiu que ele desenvolvesse, após

---

28 *O governo temporal, para Comte, seria o que chamamos habitualmente de governo, ou até Estado. O governo espiritual seria a regulação das ideias, que, em outras épocas, seria feita pela Igreja e atualmente é feita por filósofos e professores.*

escrever sobre a sociologia, o que chamava de *moral*, isto é, o estudo do ser humano individualmente (psicologia) e das possibilidades de educação (pedagogia).

Antes de fundar a ciência da sociedade, Comte examinou as várias ciências anteriores para determinar como elas relacionam-se entre si, os seus métodos e objetos específicos e, assim, também verificar o que seria a cientificidade. Dessa forma, ele estabeleceu uma sequência de ciências abstratas fundamentais, que vão da mais simples e mais geral até a mais complicada e mais específica. Veja a Figura 1.11, a seguir.

Figura 1.11 – Classificação das ciências, de Augusto Comte

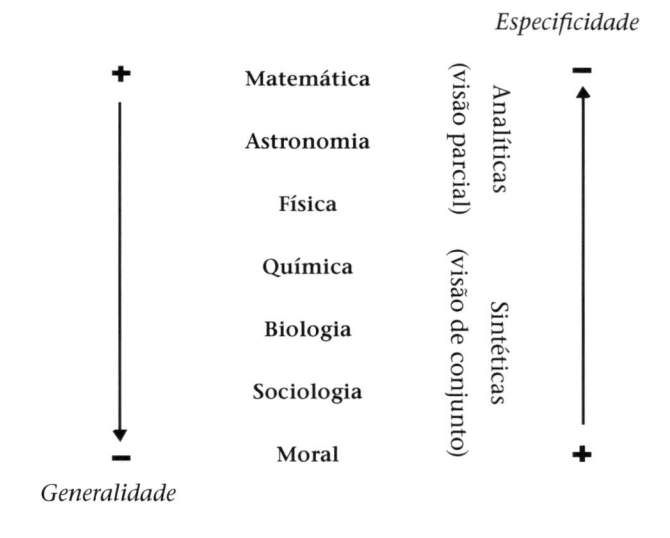

Especificidade

+ Matemática   Analíticas   −
  Astronomia   (visão parcial)
  Física
  Química   Sintéticas
  Biologia   (visão de conjunto)
  Sociologia
− Moral   +

Generalidade

De acordo com essa classificação, a matemática foi a primeira ciência a desenvolver-se, pois é a mais simples, a mais geral e a menos específica (aplica-se a todos os seres do universo). A sociologia e a moral, as quais Comte chamava psicologia e pedagogia, respectivamente, são as ciências mais específicas, uma vez que tratam somente dos seres humanos e, por isso, foram as ciências que demoraram mais para surgir. Da matemática à sociologia e à moral, há um aumento na quantidade de variáveis, ou seja, cada ciência seguinte tem de considerar as variáveis das ciências anteriores para suas próprias pesquisas. Assim, as últimas ciências são as mais complicadas e aquelas em que se percebe a maior quantidade de variações.

E qual seria o critério de cientificidade para Comte? Para ele, uma ciência caracteriza-se por serem ideias abstratas que relacionam fenômenos em termos de sucessão ou de coexistência, isto é, a ciência busca determinar como os fenômenos ocorrem um após outro ou um ao mesmo tempo em que outro. Mas, além disso, Comte afirma o relativismo da ciência e, portanto, o afastamento do que é absoluto; assim, não se buscam as causas primeiras ou finais, ou seja, na ciência não se busca – porque não é possível – responder às questões como "De onde viemos?", "Para onde vamos?". Dessa forma, para Comte, a ciência não procura as causas, mas as **leis naturais**. Assim como há leis físicas, químicas, biológicas etc., há leis sociológicas, das quais, de acordo com Comte, são exemplos as instituições estudadas pela estática social, a lei dos três estados e a classificação das ciências.

Para Comte, enquanto as ciências naturais (da matemática à química) adotam perspectivas **analíticas**, as ciências humanas (a sociologia e a moral, tendo a biologia como preâmbulo) têm perspectivas **sintéticas**. O que isso quer dizer? As ciências naturais fazem suas pesquisas estudando pedaços da realidade; quanto mais estudam, mais dividem os objetos. Não há propriamente visão de conjunto, mas apenas a soma de inúmeras partes que são pesquisadas de maneira mais ou menos isoladas umas das outras. Nas ciências humanas, essa perspectiva não é possível. Para Comte, é necessário partir da visão do conjunto para estudar-se as partes. Assim, de modo mais específico, no que se refere à sociologia, isso quer dizer que é necessário que todo ser humano viva em sociedade, que cada aspecto da sociedade participe de uma totalidade e que toda sociedade integre uma história. Nesse sentido, Comte afirma ser incorreto considerar que a unidade de análise da sociologia é o indivíduo, uma vez que a menor unidade social, para ele, é a família. Isso não quer dizer que os indivíduos não tenham capacidade de ação e decisão, mas que, do ponto de vista sociológico, é necessário considerar que os indivíduos vivem em sociedades, as quais lhes conformam as decisões. Dessa forma, Comte assegura que há a ciência da sociedade, que é a sociologia.

Para entender os aspectos econômicos, políticos, religiosos etc., é necessário partir dessa visão geral e aproximar-se dos elementos específicos (mas sempre os considerando como relacionados uns aos outros). Como veremos no próximo capítulo, essa forma de encarar as relações entre a sociedade mais ampla e os seus elementos políticos (isto é, político-**institucionais**) é o que Sartori (1972) chama de *sociologia da política*.

De qualquer maneira, é importante notar que uma das principais consequências da classificação das ciências propostas por Comte é o fato de que a sociologia (e, depois, a moral) é uma ciência extremamente **modificável**. O que isso significa? Por um lado, a sociologia surge após inúmeras ciências, o que sugere claramente que, mesmo tendo suas próprias variáveis irredutíveis (estudadas pela estática e pela dinâmica sociais), ela é influenciada pelas variáveis das ciências anteriores[29]. Assim, o conjunto dessas múltiplas variações possíveis permite que as sociedades humanas apresentem arranjos muito diferentes entre si.

> É necessário notar que a ciência é um conjunto de concepções **abstratas** que procura descrever, explicar e prever a realidade. As concepções abstratas, puramente mentais, servem de guia para a ação humana **concreta**, indicando suas possibilidades e seus limites. Ao agirem, os homens escolhem os rumos que tomarão, de acordo com suas motivações subjetivas e com as condições objetivas.

Isso sugere duas outras características do positivismo, estreitamente vinculadas, o caráter instrumental da ciência e a motivação subjetiva, "afetiva", das ações. Comte (1929) resumiu essas características nesta frase elaborada para orientar as condutas individuais e coletivas: "agir por afeição e pensar para agir". O *agir por afeição* indica que os seres humanos sempre têm motivações **subjetivas**, que vão desde o mais puro egoísmo até o mais belo altruísmo, passando por inúmeros casos intermediários e de combinações. Dessa forma, de acordo com Comte, a sociologia tem que considerar e estudar seriamente sentimentos, paixões, interesses e interpretações da realidade. Aliás, bem vistas as coisas, a lei dos três estados refere-se a formas de entender a realidade e, nesse sentido, o positivismo combina análises objetivas com análises subjetivas. Já o pensar para agir indica que a inteligência atua como intérprete da **realidade**, indicando o que existe no mundo e qual o comportamento dessas coisas que existem.

---

29 *Dois exemplos: se a Lua não existisse ou se tivéssemos duas luas em vez de uma, o comportamento dos oceanos seria diferente e, portanto, as condições da vida no planeta Terra seriam outras. Ou, então: o ser humano só pôde organizar-se em refinadas e complexas sociedades porque tem uma organização corporal muito específica, com um cérebro grande, polegar opositor, infância prolongada etc.*

Assim, a teologia, a filosofia e a ciência seriam formas de entender o mundo, cada qual baseada em diferentes pressupostos e perspectivas.

A última observação a respeito da obra de Comte refere-se ao significado da palavra *positivismo*. Embora nesta seção tenhamos empregado essa palavra exclusivamente como se referindo à obra desse autor, o fato é que, desde o século XIX, mas, principalmente, durante o século XX, *positivismo* indica várias outras coisas, com frequência distantes e até opostas ao pensamento comtiano (cf. Lacerda, 2009b). O chamado *neopositivismo*, por exemplo, rejeita a teologia e a metafísica, considerando-as sem sentido, assim como propõe que os fenômenos humanos sejam explicados pela psicologia, que é explicada pela biologia, a qual é explicada pela física, ou seja, propõe a **redução** dos fenômenos humanos e sociais aos fenômenos físicos. Já o denominado *positivismo sociológico*, ou positivismo instrumental, apresenta, grosseiramente, as características do objetivismo e do quantitavismo, isto é, tende a desconsiderar os aspectos subjetivos dos seres humanos e a fazer apenas análises estatísticas sobre a sociedade. Além disso, ele defende teorias isentas de juízos de valor, ou seja, teorias sociológicas que não valorizariam aspectos da realidade. Parece claro que essa não é uma discussão simples ou fácil e não é possível esgotá-la aqui. Por isso, nas próximas seções e nos próximos capítulos, abordaremos outros aspectos desse debate, o qual tem importantes consequências para as teorias da sociologia política[30].

---

30 *Para uma revisão crítica dos sentidos em que a palavra* positivismo *é empregada, confira o artigo de Gustavo Lacerda (2009b). Além disso, o citado livro de Levine (1997) e a revisão de Christopher Bryant (1985) discutem a tradição do positivismo sociológico em contraposição com outras correntes teóricas e metodológicas.*

(1.4)
DOIS AUTORES BÁSICOS DA SOCIOLOGIA POLÍTICA

Apresentaremos, na sequência, as ideias de dois outros autores, considerados como básicos para as reflexões na sociologia política: os alemães Karl Marx (1818-1883) e Max Weber (1864-1920).

1.4.1 KARL MARX

Figura 1.12 – Marx

Comecemos com Marx. Sem dúvida alguma, ele é um dos nomes mais famosos do mundo, pois, além de ter desenvolvido uma ampla obra filosófica, econômica, jornalística e epistolar, suas atividades políticas foram intensas e tiveram grandes resultados, por exemplo, ao participar da organização de um movimento proletário internacional. Ademais, com base no pensamento de Marx, originou-se uma rica tradição de pensamento e prática política, social, econômica e até artística[31].

Convém notar que, para Marx, há uma íntima vinculação entre teoria e prática, expressa pela palavra *práxis*, de acordo com a qual a

---

31 Entre os outros nomes que se considera serem herdeiros do marxismo, podemos citar Vladimir Ilitch Lênin (1870-1924), Josef Stálin (1878-1953), Leon Trotski (1879-1940), Rosa Luxemburgo (1871-1919), Mao Tsé-Tung (1893-1976) e muitos outros. Um livro útil para conhecer-se as tradições marxistas é a obra de referência organizada por Tom Bottomore (1983).

verdadeira teoria visa à prática e, inversamente, a prática tem de ser devidamente teorizada. Também não é possível separar as reflexões teóricas de Marx daquelas que ele elaborou com seu amigo de vida, o também alemão Friedrich Engels (1820-1895). Muitas das principais obras de Marx, como o *Manifesto do partido comunista*, foram escritas a quatro mãos, com Engels.

Em termos **epistemológicos** e **metodológicos**, isto é, em termos de concepções sobre o que é a ciência e de quais os procedimentos que se deve adotar para realizar-se pesquisas científicas, Marx adotava o materialismo dialético e o materialismo histórico.

A **dialética**, baseada nas ideias do filósofo alemão Georg W. Friedrich Hegel (1770-1831), consiste na sucessão de momentos, de fases, que mantêm entre si relações contraditórias, dadas pela sequência tese, antítese e síntese. A tese é uma ideia (ou um momento social qualquer), com suas características específicas; a antítese é outra ideia (ou uma conjuntura social) **diferente** da tese (não necessariamente oposta a ela). Assim, tese e antítese entram em conflito (com ou sem violência) e, da dinâmica entre elas, surge a síntese, que abrange os elementos da tese e da antítese mas, ao mesmo tempo, supera-as. A síntese, sem dúvida, é uma nova tese, a que se contraporá uma nova antítese – e assim sucessivamente. Para Marx, a análise da sociedade tem que ser histórica, de acordo com o esquema dialético, em que, como sugerimos, cada conjuntura específica tem de ser entendida como uma tese, seguida por uma antítese e uma síntese.

Figura 1.13 – Engels

André Müller

O **materialismo histórico** torna os termos da análise dialética mais precisos, ao estabelecer que a história deve ser compreendida em razão da dinâmica das forças de produção e dos elementos materiais da sociedade, ou seja, em função daquilo que muito grosseiramente pode ser entendido como *economia*. Para Marx, cada momento histórico de cada sociedade organiza-se de determinada maneira. Essa organização baseia-se na forma como tal sociedade produz os elementos necessários à sua existência, incluindo a divisão do trabalho (entre ricos e pobres, dominadores e dominados, homens e mulheres, intelectuais e operários etc.), a tecnologia e a riqueza disponível. Assim, as sociedades dividem-se em vários grupos, organizados de acordo com seu papel na reprodução material da sociedade.

Entretanto, é sempre possível perceber que há grupos que dominam e que possuem as riquezas e grupos dominados e que, ao trabalharem, produzem as riquezas[32]. Essas oposições constituem-se como **lutas de classes**: são conflitos abertos ou velados, violentos ou dissimulados, entre grupos que buscam explorar e dominar ou acabar com a exploração e com a dominação. Os conflitos são objetivos, ou seja, não dependem da vontade ou das ideias de um ou outro indivíduo,

---

32 *Para Marx, ao trabalharem, os trabalhadores produzem riqueza; como não recebem essa riqueza produzida ou recebem apenas uma pequena parte dela, são explorados. A diferença entre a riqueza produzida e os salários pagos é denominada por Marx de* mais-valia.

Além disso, no capitalismo, os trabalhadores são cada vez mais especializados e entendem cada vez menos o que estão produzindo, assim como não entendem o que produzem como algo que eles mesmos produziram. E mais: em vez de as relações sociais serem entendidas como relações entre grupos e indivíduos que se comunicam, que dividem o trabalho etc., as relações sociais são mediadas pelas mercadorias produzidas. Como os seres humanos veem apenas mercadorias e não outros seres humanos, as mercadorias acabam substituindo as próprias relações sociais, no chamado fetichismo da mercadoria. *Por esses motivos, o trabalho no capitalismo é cada vez mais desumanizante, ou seja, é cada vez mais* **alienante**.

de um ou outro grupo social. Além disso, convém insistir na ideia de que a característica de todas as sociedades é a luta de classes ou, dito de outro modo, todas as sociedades apresentam uma oposição entre classes sociais. Nesses termos, a produção material da sociedade é ao mesmo tempo uma questão econômica e política – o que deve ser analisado em relação ao desenvolvimento histórico dessas relações e ao papel desempenhado pelo Estado e pelas ideias em tais relações.

Ao analisar a evolução histórica das forças de produção, Marx determinou algumas grandes fases, chamadas de *modos de produção*: o modo antigo, caracterizado pela oposição entre senhores e escravos (em que os escravos eram propriedade dos senhores)[33]; o modo feudal, caracterizado pela oposição entre senhores feudais e servos (em que os servos estavam ligados à terra e deviam prestações econômicas e militares aos suseranos); o modo capitalista, caracterizado pela oposição entre a burguesia e o proletariado (em que os proletários são formalmente livres, mas têm que vender seu trabalho, a valores vis, para sobreviverem).

De acordo com Marx, cada uma dessas fases torna as relações sociais mais claras e mais simples. Todas as fases da história engendraram seu próprio fim e sua própria superação em direção a modos de produção mais desenvolvidos em razão de características internas; em todas elas, havia a separação em classes. Com o capitalismo não será diferente, uma vez que ele gerará seu fim, que será o fim também

---

33 Marx também considera a existência histórica de outro modo de produção, anterior ao antigo: o modo asiático. Essa categoria, que poderia ser considerada vestigial, cobre as civilizações asiáticas e, de modo geral, não europeias; ela definir-se-ia pela exploração de toda a sociedade por um pequeno grupo comandado pelo rei (ou pelo faraó). Há certa proximidade teórica entre o modo de produção asiático, de Marx, e o despotismo oriental, de Montesquieu. Aliás, para Marx, o regime político desse modo de produção seria, precisamente, o despótico.

das classes. Nesse sentido, para Marx, a história assume também uma condição filosófica, na medida em que ela realiza seus movimentos de superação até a fase definitiva. Assim, no caso do capitalismo, como ele apresenta a oposição entre capital e trabalho mais clara e socialmente mais simples, sua dialética conduzirá ao fim da luta de classes, por meio da própria luta de classes. A situação caracterizada pela ausência da luta de classes resultante do fim do capitalismo é chamada por Marx de *comunismo*.

As relações de produção constituem o que Marx e Engels chamavam de *infraestrutura social*, ou seja, a base sobre a qual a sociedade existe. Sobre essa infraestrutura surge a superestrutura social, ou seja, todas as relações sociais que não são as de produção. O que importa notar é que a superestrutura corresponde à infraestrutura, ou pelo menos está de acordo com ela. Mas o que é a *superestrutura*? São as relações políticas formais, as ideias, as filosofias, a educação etc., ou seja, são as instituições e o que Marx chamava genericamente de *ideologia*. Tanto as instituições quanto a ideologia estão de acordo com o modo de produção e servem, portanto, para sua reprodução.

> No caso das ideologias, com frequência pode acontecer de as ideias servirem para criar uma concepção falsa da realidade, que negue a exploração, a dominação e a luta de classes. A religião é o exemplo mais claro disso. Da mesma forma, o Estado serve para manter a dominação, e é nesse sentido que se diz que o Estado é sempre classista. Aliás, para Marx, mesmo que se diga que o Estado não atende aos interesses da classe burguesa (ou de uma parte da burguesia), no capitalismo ele nunca mudará as regras do próprio capitalismo, de modo que o Estado sempre será de classe.

Esses são alguns dos elementos filosóficos, históricos e econômicos da obra de Marx e Engels. Para a sociologia política, as chamadas *obras históricas* são importantes: *As lutas de classes em França de 1848 a 1850* (1850) e *A guerra civil em França* (1871), mas, principalmente,

O 18 brumário de Luís Bonaparte (1852) (e mesmo o *Manifesto do partido comunista*)[34]. Esses livros, escritos por Marx como jornalista para periódicos alemães e estadunidenses, apresentam as disputas sociais e políticas, sem dúvida, como reflexos dos enfrentamentos das forças de produção e das lutas de classes, mas de maneira sutil e não reducionista, ou seja, reconhecendo que as classes sociais não são blocos inteiriços e homogêneos, mas compõem-se por **frações**, que têm cada qual seus interesses específicos. Ademais, em meio a tais disputas, o Estado pode apresentar maior ou menor autonomia em relação às classes e às frações de classe, dependendo da maior ou menor força que cada um desses grupos apresenta. Empregando essas concepções, Marx apresenta nas obras históricas quadros bastante vívidos das disputas políticas em cada momento histórico, ao mesmo tempo em que as relaciona às forças de produção subjacentes.

Assim, por exemplo, no *18 Brumário*, Marx examina a dinâmica política da II República francesa, iniciada em 1848 devido a amplas movimentações públicas da parte da burguesia, mas também do proletariado. De modo mais específico, ele estuda as condições que permitiram a Luís Napoleão (sobrinho de Napoleão Bonaparte) passar de um político marginal e não muito respeitado a presidente da República, em seguida presidente vitalício e finalmente Imperador de um novo Império francês (em 1852, tendo existido até 1870). De acordo com Marx, o indivíduo Luís Napoleão baseou toda a sua carreira na busca do apoio e na satisfação de alguns grupos sociais – em particular, o campesinato francês. Napoleão movia-se em meio às disputas políticas realizadas entre diferentes setores da burguesia e da nobreza francesas (agrária, industrial, comercial, financeira), além do

---

34 *Pode-se encontrar esses livros nas* Obras escolhidas *de Marx e Engels (1982), em três volumes.*

proletariado, representados cada um por um aspirante à Presidência da República ou ao trono francês. Para Marx, foi em razão da ausência de preponderância econômica (e, portanto, política) dos diversos setores da burguesia que Luís Napoleão conseguiu surgir como líder vitorioso do campesinato e como repressor do movimento operário. Em outras palavras, a política concreta é analisada como feita por indivíduos que – objetivamente – representam interesses de classes, e o Estado seria ao mesmo tempo o árbitro da disputa cotidiana entre essas classes e o promotor dos interesses gerais de uma classe.

Sem dúvida, a análise das relações entre o conjunto da sociedade (definida em termos do modo de produção), das classes sociais e das instituições e práticas políticas é uma grande contribuição de Marx e Engels, bem como dos marxistas que os sucederam, para a compreensão da dinâmica sócio-política – e, portanto, da sociologia política[35].

1.4.2 MAX WEBER

A obra de Max Weber (1864-1920) também é diversificada. Embora ele tenha sido fundamentalmente um acadêmico, estava sempre atento às questões políticas e sociais de sua época, escrevendo a respeito e, em alguns momentos, tendo importante participação na formulação de políticas públicas na Alemanha – especialmente para o fim da Primeira Guerra Mundial (1914-1919). Por outro lado, sua formação específica era em economia e direito e, apesar de desenvolver pesquisas nessas áreas, assim como em sociologia e em filosofia, somente bem mais tarde em sua carreira ele identificou-se como sociólogo.

---

35 Uma obra que apresenta uma interpretação sobre como é possível usar atualmente as concepções e análises de Marx como instrumentos da sociologia política é Marxismo como ciência social, de Codato e Perissinotto (2011).

A concepção que Weber propõe para a sociologia é diferente da de Comte e Marx; em vez de explicar a realidade social, Weber propunha-se a compreender as motivações individuais. O que significa *compreender*? Significa usar a subjetividade do pesquisador para entender, ou procurar entender, as motivações íntimas dos indivíduos ao agirem, procurando responder questões como: "Por que Júlio César atravessou o rio Rubicão e, assim, arriscou sua vida e sua carreira?" ou "Por que os militares apoiaram os golpes de Getúlio Vargas em 1930 e 1937, mas recusaram o apoio em 1945?". Para responder a essas perguntas e entender as motivações desses personagens, o sociólogo deve basear-se em relatos e depoimentos históricos. Com isso, criam-se interpretações sobre as intenções dos indivíduos, que se ligam às interpretações das ações de outros indivíduos. O que importa é determinar como os vários personagens agiram uns em função dos outros.

> Para Weber, sem dúvida, não é possível determinar de uma vez por todas o que cada indivíduo pensou ou sentiu, mas, por outro lado, o conjunto das suas ações e os relatos e depoimentos permitem que se façam inferências bastante aceitáveis.

A ideia de Weber de que à sociologia cabe compreender, ou interpretar, as ações humanas, baseia-se em uma concepção específica do que é a sociologia e, de modo mais amplo, do que é a ciência. Para o alemão, existe uma diferença entre as ciências da **natureza** e as ciências do **espírito**; as primeiras são objetivas e estabelecem relações causais, isto é, explicações. A matemática, a astronomia, a física, a química, a biologia etc. seriam exemplos de ciências naturais. As ciências do espírito, por outro lado, tratam da subjetividade humana e buscam estabelecer conexões de sentido. A economia, a sociologia, o direito, a teologia e a psicologia seriam exemplos de ciências do espírito. Entre um tipo e outro de ciência, a distância é mais ou menos radical. Como seriam tipos diferentes de ciência, pois seus objetos são muito diferentes, os métodos também têm de ser diferentes.

Em termos gerais, Weber segue uma tradição filosófica especificamente alemã, que tem em Wilhelm Dilthey (1833-1911) um de seus grandes expoentes. Entretanto, ele distancia-se de Dilthey em um aspecto importante: para Weber, não há uma oposição absoluta entre explicação e compreensão, mas uma combinação entre ambas, em que a **explicação subordina-se à compreensão**. Em outras palavras, ao compreender as ações de determinados personagens históricos, é possível explicar como se produziram determinadas consequências. É por meio do encadeamento das intenções e das suas consequências práticas (intencionais ou não intencionais) que Weber propõe que se expliquem os acontecimentos sociais.

Outro aspecto importante da metodologia de Weber é o que chamamos de *individualismo metodológico*. Como é facilmente perceptível, ele centra sua análise nos indivíduos e em suas motivações. A sociedade surge apenas pela difusão de motivações, pela interação no tempo e no espaço entre indivíduos e pelas consequências dessas ações. Nesse sentido, Weber, ao contrário de Comte e de Marx, recusa-se a usar abstrações como *sociedade, classes, humanidade* etc.; para ele, há apenas **indivíduos**, suas **motivações** e suas **interações**.

Além disso, Weber criou a figura dos **tipos ideais**. Eles são abstrações que descrevem determinados aspectos da realidade, em que o pesquisador conscientemente exagera alguns aspectos (aqueles que ele quer descrever) e desconsidera outros (que ele julga não serem relevantes para o momento ou para a pesquisa que realiza). Assim, por exemplo, é possível falar do especulador da bolsa de valores, ou do sindicalista pelego, ou do líder revolucionário, ou de qualquer outro tipo humano, ao indicar para cada um deles as motivações mais recorrentes, os resultados esperados em cada ação etc. Para criar tais abstrações, Weber baseia-se na realidade, mas o que importa não é se esses tipos existem de verdade ou não, mas se são úteis ou não para a compreensão da realidade social. Como as características indicadas por cada tipo ideal são exageradas, tais tipos existem apenas como ideias e é por isso que são ideais[36]. Dessa forma, os tipos ideais são instrumentos para facilitar a compreensão da realidade. Caso um tipo ideal não ajude a entender uma situação específica, é possível alterar as características desse tipo ideal ou, então, pura e simplesmente, criar outro tipo, totalmente diferente do primeiro.

Com base no que se afirmou até agora, é fácil perceber que as análises de Weber são **multicausais** e **probabilísticas**. A *multicausalidade* significa que, para Weber, não há um fator privilegiado para as explicações e análises sociais. Para Marx, por exemplo, cada sociedade deve ser explicada recorrendo-se às relações de produção características dessa sociedade. Já para Weber, é possível escolher vários aspectos para explicar uma mesma sociedade. Assim, por exemplo, quando um capitalista investe na bolsa de valores, o que lhe interessa é a maximização do lucro, mas esse mesmo capitalista pode ter motivações bastante diferentes para maximizar o lucro, podendo simplesmente querer ficar mais rico, ou fazer alguma caridade, ou ter os recursos para sua aposentadoria em alguma praia. Como cada uma dessas motivações visa a um objetivo diferente, é necessário considerar essas várias possibilidades para a mesma ação, que é investir na bolsa. É possível, ainda, ser um desejo religioso de salvar a alma, ou um desejo de fazer fama, ou uma busca do afastamento das relações sociais. Aliás, pode-se também estabelecer uma gradação em relação

---

36 *Assim, portanto, o ideal não se refere a algo que se deseje, não se trata de metas a serem atingidas, mas é algo puramente mental, intelectual.*

à variável que julgamos importante, por exemplo, em termos econômicos, determinada ação pode ser relevante ou irrelevante, ou ser motivada economicamente e assim por diante. Em outras palavras, o que a metodologia de Weber propõe é a multiplicação de variáveis explicativas – embora seja possível, em casos concretos, determinar quais são as variáveis que têm maior ou menor importância para a ação dos indivíduos[37].

Weber reconhece que determinadas formas de agir e determinadas intenções muitas vezes têm consequências específicas, que tendem a repetir-se. Por exemplo, uma sociedade em que as relações sociais são caracterizadas por forte autoritarismo dificilmente será democrática. Mas, talvez, o autoritarismo tenha lugar nas relações privadas, ou seja, no interior das famílias, ao mesmo tempo em que as relações públicas caracterizam-se pela liberdade e pelo respeito mútuo; ou, eventualmente, uma potência estrangeira imponha as formas democráticas a esse país e vigie o sistema político durante vários anos, garantindo a democracia. Essas possibilidades evidenciam que a mera ocorrência do autoritarismo não impede a democracia. Não somente as opções que sugerimos como as próprias palavras que usamos para

---

37 Assim, Weber contrapõe-se a Marx a respeito da origem do capitalismo: para Marx, o capitalismo surgiu e desenvolveu-se em razão do desejo das diversas frações das classes abastadas de dominar e explorar o proletariado, de maneira cada vez mais eficiente; para Weber, o capitalismo teve uma origem **também** religiosa em virtude da concepção, que algumas seitas protestantes tinham, de que trabalhar, enriquecer e não gastar seria um sinal e uma condição de eleição divina – em outras palavras, para Weber, tanto a riqueza em si quanto a ética do trabalho duro teriam surgido em função de questões religiosas e teológicas, e não apenas devido a motivações econômicas e políticas. De maneira bastante simplificada, essa é a tese de Weber no seu famoso livro A ética protestante e o "espírito" do capitalismo, de 1904-1905 (Weber, 2004). Além disso, Weber também estudou as relações entre religião e economia no sentido de investigar quais as consequências econômicas das éticas de algumas das maiores religiões do mundo (cf. Schluchter, 2014).

descrever as situações – *tende, dificilmente* – indicam que, para Weber, as relações que a sociologia porventura estabeleça têm um caráter de probabilidade, não de certeza. Desse modo, o pesquisador pode dizer apenas que determinadas relações sociais tendem a ter alguns resultados, mas não pode nunca afirmar que esses resultados esperados ocorrerão de fato.

> Esse caráter probabilístico é uma decorrência tanto da concepção multicausal da sociologia weberiana – se diferentes fatores atuam sobre os indivíduos, em diferentes proporções, os resultados dessas interações podem sempre variar – quanto da ideia de liberdade que Weber atribui aos indivíduos – para o alemão, em cada contexto social, os indivíduos têm liberdade para escolher e para decidir quais ações realizarão.

Com base nesses pressupostos teóricos e metodológicos, Weber elaborou sistematicamente diversos conceitos com vistas a descrever as relações políticas: Estado, poder, dominação, autoridade, legitimidade etc. Várias dessas definições tornaram-se verdadeiramente clássicas em razão de sua concisão e capacidade sintética. Assim, podemos apresentar dois exemplos que serão retomados no Capítulo 3 deste livro, os conceitos weberianos de poder e de Estado, conforme expostos na *opera magna* de Weber, o livro póstumo *Economia e sociedade* (1921): "[O] Poder significa a probabilidade de impor a própria vontade, em uma relação social, ainda que contra toda a resistência e qualquer que seja o fundamento dessa probabilidade"[38] (Weber, 2002, p. 43). Ademais:

> *O Estado é aquela comunidade humana que no interior de um determinado território – o conceito de "território" é essencial à definição – reclama para si (com êxito) o monopólio da coerção física legítima. Pois o específico da*

---

38 Esse trecho e o próximo foram extraídos da edição mexicana do livro, com tradução nossa.

atualidade é que às demais associações ou pessoas individuais, somente se lhes concede o direito da coerção física na medida em que o Estado permite. Este é considerado, portanto, como a fonte única do "direito" de coerção (Weber, 2002, p. 1056).

Sem entrar em detalhes – que não importam neste momento –, percebemos, em ambos os conceitos, de maneira explícita ou implícita, as ideias de probabilidade e de relações entre indivíduos com motivações subjetivas. No caso do primeiro conceito, Weber entende que um indivíduo é poderoso se, em uma relação entre ele e outros indivíduos, conseguir que os demais façam o que ele deseje – e esses dois elementos específicos são importantes: mesmo que os outros não desejem realizar a vontade do primeiro indivíduo e qualquer que seja a motivação desses indivíduos que agem eventualmente contra suas próprias vontades[39].

No caso do conceito de *Estado*, Weber retoma uma ideia já exposta por Hobbes, a de que o Estado funda-se na força física. Todavia, Weber reforça ou acrescenta alguns elementos específicos: por um lado, ele indica que, no caso do Estado nacional moderno, a especificação de um território delimitado é necessária, ou seja, fora de suas fronteiras o Estado não tem autoridade; por outro, o Estado é uma instituição que procura ser a única que pode aplicar de maneira legítima a violência física sobre os cidadãos, ou seja, as relações sociais tendem a ser pacificadas e a única instituição que pode, eventualmente, lançar mão da violência é o Estado. Weber adota uma formulação economicista para essa relação – o Estado busca ter o **monopólio** –, indicando que ela é uma probabilidade, ou seja, nem sempre o Estado consegue controlar

---

[39] *Como nota Perissinotto (2008), essa é uma concepção subjetivista do poder, pois centra-se na vontade dos indivíduos. Há também concepções objetivistas do poder, centradas nas estruturas sociais.*

ou impedir o uso da violência pelos civis. Finalmente, Weber observa que esse uso da violência não é o único instrumento do Estado, uma vez que ele preferencialmente usa outros instrumentos (convencimentos racional e moral, negociações, corrupção etc.), mas é apenas o Estado que pode ser violento, em última análise e dentro de limites determinados, para atingir seus objetivos.

Como dissemos há pouco, é em virtude de definições precisas como essas e em função das possibilidades analíticas de sua metodologia que Weber é um autor básico para a sociologia política.

Síntese

A sociologia política, como toda ciência, tem uma história, que podemos recuar pelo menos até as obras de Aristóteles e de Tucídides, na Grécia antiga. Desde o trabalho desses gregos, inúmeros outros autores contribuíram com diversas formulações. Podemos nomear outros precursores, como Maquiavel, Hobbes e Montesquieu, que foram sistematizando observações, fazendo propostas teóricas e analíticas e buscando vincular o conhecimento científico com a prática política.

Na passagem dos séculos XVIII para XIX, uma série de eventos possibilitou e até exigiu a constituição da sociologia política como ciência: a Revolução Científica (que, na verdade, começou no século XVII, com as obras de Descartes, Bacon e Galileu), a Revolução Industrial e a Revolução Francesa.

Porém, a plena cientificidade da sociologia política surgiu apenas com a obra de Augusto Comte, que sistematizou o método e o objeto dessa ciência, além de realizar suas próprias investigações com base nesses instrumentos intelectuais. Depois de Comte, outros dois autores deram contribuições decisivas para a sociologia política: Karl Marx e Max Weber.

Por fim, é imprescindível perceber que a história é importante para a sociologia política por várias razões. Podemos notar aqui pelo menos duas delas: conhecer o trajeto da sociologia política no decorrer do tempo para saber quais ideias foram propostas, em quais contextos e enfrentando quais dificuldades em seu surgimento; e, da mesma forma, a própria sucessão de acontecimentos no tempo, que é objeto de reflexão da sociologia política.

Questões de autoavaliação

1. Para Aristóteles, é possível classificar os regimes políticos por meio do cruzamento dos critérios de:
   a) época de constituição do regime (novos, antigos) e quantidade de governantes (muitos, poucos, um único).
   b) quantidade de governantes (muitos, poucos, um único) e qualidade dos governantes (bons, ruins).
   c) qualidade dos governantes (bons, ruins) e tipos de regimes (monarquias, repúblicas).
   d) tipos de regimes (monarquias, repúblicas) e época de constituição do regime (novos, antigos).

2. Para Tucídides, por que ocoreu a Guerra do Peloponeso?
   a) Porque os deuses decidiram resolver suas disputas por meio da guerra entre os seres humanos.
   b) Porque houve um atentado terrorista de um nacionalista coríntio (aliado dos espartanos) contra um herdeiro do trono dos mélios (aliados dos atenienses).
   c) Porque os persas decidiram invadir a Grécia, e a Guerra do Peloponeso é o relato da resistência grega.
   d) Porque os espartanos ficaram temerosos do aumento do poder ateniense.

3. A respeito do pensamento de Maquiavel, indique a afirmação **incorreta**:
   a) Maquiavel procurava aconselhar os príncipes a obter e manter o poder.
   b) Ao aconselhar os príncipes, Maquiavel separa a política da religião.
   c) Para Maquiavel, a violência é um instrumento político entre outros.
   d) O adjetivo *maquiavélico* significa alguém totalmente sem escrúpulos e é adequado para o próprio Maquiavel.

4. O indivíduo, para Thomas Hobbes, tem as seguintes características:
   a) é egoísta, livre e igual aos outros.
   b) é um ser sociável e que tem prazer na companhia alheia.
   c) como homem, é um animal social.
   d) é naturalmente bom, mas é corrompido pela sociedade.

5. Montesquieu considerava que os regimes políticos podem ser classificados em:
   a) democracias, autoritarismos e sultanismos.
   b) repúblicas, monarquias e despotismos.
   c) monarquias, democracias e repúblicas.
   d) repúblicas, despotismos e democracias.

6. Sobre a Revolução Científica, é **correto** afirmar:
   a) Tem na física da relatividade e da física quântica seus pilares.
   b) É qualquer amplo processo de mudanças de paradigmas intelectuais.

c) É uma expressão contraditória, pois a ciência é intelectual e as revoluções são políticas.

d) Foi uma grande mudança na forma de pensar, cujos grandes representantes são Descartes, Galileu e Bacon.

7. Sobre a Revolução Industrial, é **correto** afirmar que:
   a) Começou entre o final do século XVIII e início do século XIX, na Inglaterra.
   b) É toda mudança grande e profunda que ocorre na economia e, mais particularmente, na indústria.
   c) Como foi uma questão técnica, não provocou alterações sociais significativas.
   d) Deveria ser analisada somente em termos sociológicos, e não técnicos.

8. A respeito da Revolução Francesa, é **incorreto** afirmar:
   a) Embora considere-se que sua data inicial seja 14 de julho de 1789, ela foi um processo social mais amplo.
   b) Ela é chamada de *francesa* porque teve poucos impactos ou consequências para outros países.
   c) Entre seus episódios mais importantes, estão o fim do feudalismo e a proclamação da República.
   d) Napoleão Bonaparte subiu ao poder em função das conjunturas da Revolução Francesa.

9. Para Augusto Comte, a sociologia como ciência da sociedade:
   a) é o resultado de um amplo processo social, histórico e intelectual.
   b) é a aplicação das teorias físicas à sociedade.
   c) é um instrumento de dominação da classe burguesa.
   d) é um conjunto de teorias que explicam a sociedade por meio dos fenômenos materiais.

10. O materialismo histórico e o materialismo dialético de Karl Marx:
    a) postulam que, como são históricos, serão ultrapassados por outras concepções no futuro.
    b) afirmam que, dialeticamente, o espírito é tão importante quanto a matéria para entender a sociedade.
    c) têm como elemento subjacente a generosidade humana.
    d) têm na luta de classes um dos elementos de sua teoria sociológica.

11. Sobre a sociologia compreensiva de Max Weber, é **correto** afirmar:
    a) Ela é chamada de *compreensiva* porque se baseia na gentileza mútua das pessoas.
    b) Ela tem esse nome porque se baseia na palavra *comprehensive*, em inglês, que significa "amplo".
    c) Ela procura ser bastante objetiva e não propõe interpretações teóricas.
    d) Baseia-se na interpretação dos estados subjetivos dos indivíduos.

12. Relacione os pensadores e os temas de que trataram:
    1. Tucídides
    2. Hobbes
    3. Marx
    4. Montesquieu
    5. Maquiavel

    ( ) Conflito entre atenienses e espartanos.
    ( ) Equilíbrio entre os poderes.
    ( ) Conflito entre capital e trabalho.

( ) Modo de governar e manter-se no poder.
( ) Guerra Civil Britânica.

Agora, assinale a alternativa que corresponde corretamente à sequência obtida:

a) 2, 3, 5, 4, 1
b) 1, 4, 3, 5, 2
c) 1, 4, 2, 5, 3
d) 2, 3, 4, 5, 1

13. Sobre Aristóteles, marque **V** para as afirmativas verdadeiras e **F** para as falsas:
    ( ) Debruçou-se sobre o conflito envolvendo peloponésios e atenienses.
    ( ) Era filho de Platão.
    ( ) Afirmou que a escravidão é um crime contra a humanidade.
    ( ) Para ele, a tirania é a forma ruim do governo de poucos.
    ( ) Para ele, a democracia é a forma boa do governo de muitos.
    ( ) Para ele, a monarquia é uma forma boa de governo.
    ( ) Nasceu na antiga Pérsia.
    ( ) Disse que o homem é um animal político.

    Agora, assinale a alternativa que corresponde corretamente à sequência obtida:

    a) F, F, F, F, V, V, F, V
    b) V, V, V, V, F, V, F, V
    c) F, F, F, V, F, V, F, V
    d) F, V, F, V, F, V, F, V

14. Relacione os temas às afirmações que a eles se referem:
    1. Revolução Científica
    2. Revolução Industrial
    3. Revolução Francesa
    ( ) Ligada ao estudo positivo dos fenômenos naturais.
    ( ) Pôs fim ao Antigo Regime.
    ( ) Beneficiou-se dos avanços científicos e tecnológicos ocorridos na Revolução Científica.
    ( ) Teve início na Inglaterra.
    ( ) Substituiu as relações trabalhistas medievais por outras, mais modernas.
    ( ) Colocou em xeque determinadas concepções sobre o mundo, defendidas pela Igreja Católica.

    Agora, assinale a alternativa que corresponde corretamente à sequência obtida:

    a) 1, 3, 2, 2, 2, 1
    b) 1, 3, 1, 1, 1, 2
    c) 3, 2, 3, 2, 1, 1
    d) 1, 2, 3, 1, 3, 2

15. A respeito da obra e do pensamento de Marx, marque **V** para as afirmativas verdadeiras e **F** para as falsas:
    ( ) Um dos significados da expressão *luta de classes* é o do conflito armado entre o proletariado e a burguesia.
    ( ) As classes sociais deixarão de existir com a extinção do capitalismo.
    ( ) O modo de produção feudal caracterizava-se pela oposição entre servos e escravos.

( ) O modo de produção antigo caracterizava-se pela oposição entre senhores e escravos.

( ) A superestrutura determina a infraestrutura.

Agora, assinale a alternativa que corresponde corretamente à sequência obtida:

a) V, F, F, V, F
b) V, V, F, F, F
c) V, V, F, V, F
d) V, V, V, V, F

16. Relacione os pensadores às afirmações que a eles dizem respeito:
    1. Comte
    2. Marx
    3. Weber
    4. Montesquieu
    5. Tucídides
    6. Maquiavel
    7. Hobbes
    8. Aristóteles

    ( ) O estudo da história deve basear-se em fontes confiáveis, evitando-se a consulta a lendas e mitos.
    ( ) Há conexão entre as relações sociais, os modos de produção e as forças de produção.
    ( ) É possível classificar as ciências com base na generalidade descrescente, da matemática à psicologia, passando pela sociologia.
    ( ) Com base nos exemplos romanos e de seu tempo, procurou compreender como o governante pode manter-se no poder.

( ) Considerava que o Estado deve ser forte e visar à proteção da segurança dos indivíduos.
( ) O Estado moderno é burocrático e racional.
( ) Os poderes do Estado devem ser o Legislativo, o Executivo e o Judiciário.
( ) Há três tipos de governo aos quais correspondem formas degeneradas.

Agora, assinale a alternativa que corresponde corretamente à sequência obtida:

a) 5, 2, 1, 8, 4, 6, 7, 3
b) 1, 2, 5, 6, 7, 3, 4, 8
c) 1, 2, 5, 8, 7, 6, 3, 4
d) 5, 2, 1, 6, 7, 3, 4, 8

Atividades de aprendizagem

Questões para reflexão

1. No final da "Apresentação" desta obra, fizemos referência à ideia de imaginação sociológica, de Charles Wright Mills. Considerando esse conceito e o conjunto do presente capítulo, responda às duas questões seguintes:
   a) O que Wright Mills queria dizer com imaginação sociológica?
   b) De que forma o estudo dos antecessores da sociologia política pode contribuir para a imaginação sociológica?

2. A sociologia política mantém várias relações possíveis com a noção de história. Três delas são as seguintes: (1) essa disciplina surgiu com base no acúmulo de conhecimentos e

de concepções sobre a sociedade e sobre a ciência; (2) situações sociais específicas estimularam fortemente a reflexão sistemática sobre a sociedade, isto é, sobre suas condições de existência e de mudança; (3) a reflexão sobre as mudanças da sociedade e das concepções humanas no decorrer do tempo permitiu um autoentendimento da sociologia como o coroamento de um processo.

Neste capítulo, apresentamos alguns pensadores que contribuíram de maneira central para a reflexão científica sobre a sociedade. Esses pensadores não foram os únicos que contribuíram, nem as ideias deles que expusemos foram as únicas que tiveram.

Assim, responda às duas questões seguintes:

a) O estudo das concepções sociológicas dos antecessores é importante para o conhecimento sociológico? Se sim, de que maneira? Se não, como deve ser entendido e praticado o conhecimento sociológico?
b) Relacione as ideias de dois pensadores apresentados neste capítulo, enfocando concepções que são opostas ou complementares entre si. Alguns exemplos: o bem comum, de Aristóteles, *versus* o homem egoísta, de Hobbes; a política baseada no diálogo, de Aristóteles, *versus* a importância da violência, para Maquiavel; a ideia de lei natural, de Montesquieu, *versus* a ciência da sociedade, de Comte; o materialismo histórico, de Marx, *versus* a sociologia compreensiva, de Weber.

3. Como se relaciona a compreensão negativa que Hobbes tinha do ser humano com sua proposta política? E como se explica essa relação com base no contexto histórico em que ele viveu?

4. Para pensar: o chavão "os fins justificam os meios" corresponde ao pensamento político de Maquiavel?

5. Para Montesquieu, as leis são as mesmas para todos os tipos de fenômenos. Essa afirmação é verdadeira ou falsa? Justifique.

6. Qual o significado da afirmação de Comte segundo a qual a sociologia deve ter uma abordagem histórica e comparativa dos fenômenos sociais?

7. Quais são e em que consistem os elementos da estática e da dinâmica sociais de Comte?

8. Para Weber, qual o significado de *compreensão* em sociologia?

9. Para pensar: o que Bobbio quis dizer ao afirmar que "a *politia* é a fusão da oligarquia com a democracia"? Será que a prática da cidadania e a defesa do interesse do bem comum são atingidos pela busca da satisfação dos interesses pessoais?

10. Para pesquisar: quais são os possíveis significados da palavra *revolução*?

Atividades aplicadas: prática

1. Sugestão de filme: com base na discussão sobre a importância do Estado, que tal assistir a *Cidade de Deus* (2002), dirigido por Fernando Meirelles? Depois de ver esse filme, pense a respeito do que motivou Hobbes a dizer que, para evitar a morte,

os indivíduos devem ceder parte de sua liberdade em favor do soberano, cuja função é manter a ordem social e proteger as vidas dos indivíduos.

2. Para pensar: os filmes *300* (2007) e *300 – a ascensão do império* (2014), dirigidos respectivamente por Zack Snyder e Noam Murro, retratam alguns momentos da I e da II Guerra Médica. Deixando de lado os exageros próprios à narrativa cinematográfica de filmes de ação, quais são os valores que os dois filmes mostram estar em conflito? Em outras palavras, será que os conflitos retratados nesses filmes são apenas disputas bélicas ou representam também valores e ideias em disputa?

Capítulo 2
Objeto e método da sociologia política: qual sua identidade?

No capítulo anterior, a preocupação central foi apresentar as ideias de alguns dos principais pensadores que contribuíram para a constituição da sociologia política. Não há dúvida de que, devido aos limites deste livro introdutório, nossa exposição teve de ser bastante sumária e deixar de lado muitos autores[1]. Este capítulo, contudo, adotará uma perspectiva um pouco diferente da do anterior: em vez de concentrarmo-nos em **autores**, abordaremos **temas**; na verdade, essa estratégia será seguida também no capítulo seguinte. Neste momento, de qualquer forma, pretendemos tratar de algumas questões preliminares às investigações da sociologia política. Interessa-nos agora apresentar algumas diferenças conceituais importantes para a investigação **científica** em **sociologia política**. Assim, por exemplo, trataremos da particularidade da ciência em relação à filosofia e à religião. Abordaremos, também, o que há de específico na sociologia política relativamente a algumas áreas do conhecimento vizinhas, a sociologia, a ciência política e as relações internacionais. Essas questões todas referem-se ao **objeto** da **sociologia política**. Na sequência, discutiremos sobre seu **método**, analisaremos a disputa entre ciências naturais e ciências do espírito, as relações entre métodos qualitativos e métodos quantitativos e as diferenças entre as teorias empíricas e as normativas. É bem verdade que alguns elementos dessas discussões metodológicas já foram expostos no capítulo anterior, ao apresentarmos as ideias específicas de alguns autores, mas, aqui, procuraremos tratar especificamente dessas questões teóricas.

---

[1] *Podemos citar, por exemplo, os franceses Condorcet (1743-1794), Benjamin Constant (1767-1830) e Alexis de Tocqueville (1805-1859), além dos italianos Gaetano Mosca (1858-1941), Robert Michels (1976-1936) e Vilfredo Pareto (1848-1923). Para uma apresentação das ideias de Tocqueville e Pareto, confira Aron (1999); para uma apresentação de Mosca, Michels e Pareto, confira Perissinotto (2009a). Em todo caso, é possível consultar manuais de história das ideias políticas, como Curtis (2008) e Pisier (2004).*

(2.1)
Definindo o objeto

Costuma-se dizer que, para se definir uma ciência, é necessário delimitar seu **objeto** e seu **método**, ou seja, **o que** essa ciência estuda e quais os procedimentos de que se vale para tal estudo, isto é, **como** estuda. No caso da definição do objeto, é interessante procedermos por meio de uma série de delimitações e diferenciações, que progressivamente afunilarão o escopo e deixarão mais claro o que a sociologia política estuda.

2.1.1 Ciência, religião, filosofia

Comecemos com algumas distinções bastante básicas: o que há de específico na ciência, especialmente quando comparada com a filosofia e a religião? Não há dúvida de que as mais variadas definições de *ciência*, *religião* e *filosofia* são possíveis, variando bastante de autor para autor; cada definição propõe algumas características e tira algumas consequências. Não vem ao caso examinarmos essas várias concepções, que não raras vezes são conflitantes. O que nos importa neste momento é apresentarmos definições didáticas, que auxiliem nossa discussão. Dessa forma, seguiremos em linhas gerais o que Comte (1990) propunha para cada uma dessa palavras.

Em primeiro lugar, é importante termos clareza de que a religião, a filosofia e a ciência são formas de encarar a realidade. Evidentemente, elas têm mais ou menos conteúdos específicos, isto é, elas dizem como é o mundo, como se deve entendê-lo, quais as relações importantes, o que é bom, o que é o bem, o que é (a) verdade etc. Contudo, ao descreverem todos esses elementos, a religião, a filosofia e a ciência constituem-se como **interpretações da realidade**. No decorrer do tempo, essas distintas interpretações da realidade foram apresentando características específicas, que moldam seus conteúdos, mas que podem ser entendidas fazendo-se abstração desses conteúdos – e é isso que nos interessa aqui. São dois traços gerais que devem ser considerados: se as interpretações são absolutas ou relativas e se são sintéticas ou analíticas. O que entendemos em relação a cada uma dessas oposições?

O **absoluto** significa que se busca um conhecimento, ou uma realidade, que independe do ser humano e, no final das contas, independe do que quer que seja. Seria algo que **existe por si só** e que não variaria em função de nada, que se conhece de uma vez por todas, que inclui tudo. É fácil entender essa forma de compreender a realidade ao considerarmos que muitas concepções teológicas aspiram ao puro conhecimento, ou ao conhecimento da pura realidade ou da Verdade (com v maiúsculo). Essas teologias consideram que a divindade corresponderia a isso. Outra possibilidade é a busca das **essências**, isto é, daquilo que estaria escondido sob o manto da realidade e que seria eterno e invariável, que corresponderia à forma pura, ou verdadeira, do que se considera. Há ainda mais uma forma de buscar-se o absoluto, propondo um tipo específico de questões: "De onde viemos?", "Para onde vamos?". Não se trata aí de saber se cada um de nós irá, daqui a 15 minutos ou a duas horas, para casa ou para o trabalho, ou se o Brasil, como país, tem clareza de quais rumos deseja tomar; o que as perguntas absolutas querem saber é qual o propósito da existência da realidade. De modo geral, as respostas afirmativas a tais questões apontam para as divindades. Por fim, o absoluto apresenta caráter **indiscutível**. Como o absoluto existe em si e para si, desde sempre e eternamente, ele não é passível de discussão. Se fosse discutível, seria passível de percepções diferenciadas, de acordo com os indivíduos, com os interesses, com os tempos e os lugares.

O **relativo**, em oposição ao absoluto, considera que o ser humano só pode conhecer a realidade de maneira mediada, pois dependemos de nossos sentidos, da nossa inteligência, das sociedades em que vivemos, das histórias de que participamos. Não somente nossas concepções e percepções são mediadas (e, portanto, parciais), como só conseguimos perceber as **relações** entre coisas e fenômenos – e, na verdade, só percebemos as coisas e os fenômenos porque eles estabelecem entre si relações. A respeito desses sentidos, Comte (1972, p. 2) observou, no início de sua carreira: "Tudo é relativo, eis o único princípio absoluto". Assim, a perspectiva relativa aceita as limitações do ser humano e busca respostas compatíveis com tais limitações – o que, inversamente, corresponde a perguntas compatíveis com tais limitações. Dessa forma, para a perspectiva relativa, por exemplo, a própria pergunta "Qual o sentido da existência?" não apresenta sentido – não porque os seres humanos não precisem de valores ou de orientações morais e existenciais durante suas vidas (o que, por si só, indica as características limitadas, relativas, dos seres humanos), mas porque essa pergunta é absoluta e a resposta **desejada** também é absoluta. É interessante notar que as perguntas absolutas só admitem, efetivamente, respostas relativas. O que há de específico na perspectiva relativa é assumir esse fato e modificar as próprias perguntas. Parece claro que tanto as perguntas quanto as respostas relativas são modificáveis e, para isso, são passíveis de discussão.

A segunda oposição que nos interessa ocorre entre perspectivas analíticas e sintéticas. Essa é uma oposição mais fácil de entender. Uma concepção **sintética** é aquela que procura oferecer uma concepção geral da realidade, considerando os vários elementos da vida humana, como a explicação do mundo e da sociedade, o valor do ser humano, os conceitos de *bom*, *bem*, *belo*, *justo* e *verdadeiro* etc. O caráter sintético dessa perspectiva é dado, então, pela preocupação em abarcar diferentes âmbitos da existência humana em uma única concepção mais ou menos coerente, mais ou menos harmônica.

Em contraposição à perspectiva que busca uma visão geral, há aquela que analisa, isto é, que separa (ou cria) as partes e busca o detalhe: a perspectiva **analítica**. Não é difícil perceber que entre as perspectivas sintética e analítica deve-se estabelecer uma relação circular e virtuosa, ou seja, só é possível termos uma visão geral da realidade se conhecermos as características das várias partes dessa realidade. Porém, ao mesmo tempo, cada ser humano, seja como indivíduo, seja como integrante da sociedade, precisa da perspectiva de conjunto para viver, relacionar-se e agir. Dessa forma, a visão de conjunto tem um importante papel de guia (moral, teórico, metodológico) para as investigações analíticas.

> Uma perspectiva absoluta tende a ser sintética, isto é, seu tipo de preocupação a leva a elaborações globais e lida mal com investigações parciais. Já a perspectiva relativa pode ser tanto sintética quanto analítica.

Aplicando essas categorias à religião, à filosofia e à ciência, podemos estabelecer o seguinte: assumindo que a religião equivale à teologia, ela é absoluta e sintética; a filosofia tende a ser sintética e pode ser absoluta ou relativa; por fim, a ciência é necessariamente relativa e analítica[2]. O Quadro 2.1, a seguir, resume esses resultados.

---

2 *Há várias precisões nessa questão. Para Comte, a religião é diferente da teologia: a religião é um sistema geral de regulação da vida humana (individual e coletiva), ao passo que a teologia é uma das possibilidades da religião. Nesse sentido, para Comte, é perfeitamente possível haver religiões humanistas (ou não teológicas). No que se refere à filosofia, consideramos que ela busca ter uma concepção geral da realidade (sendo, por isso, sintética). Em certo sentido, é possível entender a filosofia como a secularização da teologia. Por fim, é possível haver cientistas movidos por um espírito absoluto, que formulam questões absolutas, mas é claro que suas respostas serão sempre relativas.*

Quadro 2.1 – Tipos de interpretação e suas características

Tipos de interpretação	Características	
Religião (teologia)	Absoluta	Sintética
Filosofia	Absoluta ou relativa	Sintética
Ciência	Relativa	Analítica

É necessário, agora, apresentar algumas características distintivas da ciência. Em primeiro lugar, ela baseia-se em investigações **empíricas**. Empregando variados métodos e técnicas, entre seus objetivos está o de **descrever** a realidade observada. As afirmações científicas idealmente mudam de acordo com as observações empíricas. Em contraposição, nem a filosofia nem a religião mantém relações tão estreitas com as observações. Nesse sentido, pode-se dizer que a filosofia e a religião são mais **discursivas**, ao passo que a ciência é mais **observacional**.

De maneira correlata a esse caráter empírico da ciência, apresentam-se dois problemas próximos entre si, o da **neutralidade** do conhecimento e o de sua **objetividade**.

A **neutralidade** refere-se à capacidade ou, antes, à possibilidade de o conhecimento ser neutro em relação aos juízos de valor. O que são os juízos de valor? São as avaliações de caráter moral feitas sobre algo (por exemplo: "a democracia é um **bom** regime político"). Ao discutir-se a neutralidade do conhecimento, o que está em questão para a ciência é se ela, ao elaborar seus conceitos e suas teorias e ao realizar suas observações, consegue ser neutra. Em outras palavras, será que os conceitos científicos, além de descrever a realidade, expõem valores morais?

Essa é uma questão importante e, no fundo, difícil. Talvez possamos dividir a resposta em duas partes. Por um lado, a ciência como um projeto intelectual é imbuída de valores. A busca do conhecimento e da verdade é um valor em si, da mesma forma que os parâmetros de funcionamento da ciência também apresentam determinados valores, como a busca de rigor conceitual, o respeito às observações empíricas, a aceitação da crítica, do debate e das mudanças teóricas. Além disso, a ciência como um todo é um instrumento intelectual para a ação humana no mundo. Às vezes, a utilidade desse instrumento consiste em apresentar concepções sobre o mundo (cósmico e humano), assim como, outras vezes, ele serve também para permitir intervenções práticas na realidade (as tecnologias propriamente ditas). Em qualquer um desses casos, a ciência está embebida por motivações subjetivas e morais[3].

Por outro lado, cada ciência tem seus objetos de pesquisa e seus métodos específicos. Alguns objetos são mais distantes do ser humano, subjetivamente falando: por exemplo, a matemática não se refere de verdade a nenhuma realidade humana, embora ela seja uma elaboração do homem; a astronomia, por seu turno, estuda os corpos celestes, cuja existência é muitíssimo anterior aos seres humanos

---

3 *Além disso, convém notar que a ciência deve ser limitada e orientada em função de parâmetros éticos (isto é, morais), tanto no que se refere aos seus objetivos últimos quanto no que diz respeito aos métodos empregados. Esses parâmetros éticos vão na direção da busca do bem comum, da realização da felicidade humana etc., mas também no de evitar o mal ao meio ambiente, aos seres vivos e ao próprio homem. É possível dizer que desde sempre há essa preocupação com a moralidade do conhecimento, mas o fato é que, durante o século XX, isso se tornou um tema urgentíssimo em função do uso consciente dos conhecimentos científicos para explorar, escravizar e matar os seres humanos (nas guerras e nos regimes totalitários), e também porque inúmeras pesquisas usaram, de maneira monstruosa, seres humanos vivos e escravizados (ou quase escravizados), como nos casos das pesquisas médicas feitas pelos nazistas sobre judeus e a raça ariana e pelos estadunidenses com negros pobres, sobre a sífilis. Por fim, desde a década de 1990, em virtude do crescimento do chamado* produtivismo *acadêmico e da busca de financiamento para pesquisas, mais e mais casos de plágio têm sido denunciados na comunidade acadêmica em todo o mundo.*

e com certeza independente de nós. Os instrumentos usados para pesquisar esses fenômenos contribuem para essa distância subjetiva. A lógica formal, por exemplo, estabelece critérios claros para diversas operações matemáticas que, dessa forma, não variam de acordo com as preferências pessoais ou sociais dos pesquisadores. Aliás, de modo geral a matemática é um dos instrumentos mais poderosos para controlar a subjetividade dos pesquisadores[4].

Assim como há ciências cujos objetos e métodos são mais distantes do ser humano, há ciências que, por definição, são-lhe próximas, ou melhor, que estudam o próprio homem – para o que nos interessa, trata-se da *sociologia*. Nesse caso, a subjetividade está presente de maneira clara, seja como objeto de estudo, seja na forma de juízos de valor que interferem poderosamente nas teorias e nos métodos, seja como instrumento de pesquisa.

A esse respeito, há correntes teóricas que propõem uma **ciência pura** em relação a valores, isto é, uma sociologia que descreveria e explicaria a realidade sem se influenciar por outras noções e valores que não a busca da verdade, o respeito ao escrutínio contínuo da comunidade acadêmica (é o que poderíamos chamar de *valores cognitivos*, pois normatizam em termos gerais a prática intelectual da ciência) etc. Na sociologia política e na ciência política, por exemplo, tais correntes aproximam-se das primeiras gerações do comportamentalismo (ou *behavioralism*), especialmente nos Estados Unidos, nas décadas de 1940 e 1950. Aliás, em termos mais amplos, as correntes próximas ao neopositivismo, ou positivismo lógico, apresentam essas concepções.

---

4   *Todavia, convém notar que, muitas vezes, o uso da matemática em pesquisas científicas é confundido com o rigor conceitual, e a simples matematização, com cientificidade. Não são raras as pesquisas e os projetos intelectuais que substituem ingenuamente ideias e conceitos por símbolos matemáticos, como se essa troca fosse capaz de evitar a reflexão teórica e as investigações empíricas adequadas a cada ciência particular.*

Por outro lado, há outras correntes que defendem a possibilidade de **combinação** entre uma prática científica imbuída de valores morais e de valores cognitivos, de tal maneira que os valores morais influenciem as pesquisas e contribuam para elas, mas não as deformem. Apesar das marcadas diferenças que apresentam entre si, as propostas de Comte e as de Weber seriam representantes dessa perspectiva[5].

Por fim, desde os anos 1970 há diversas correntes que podem ser chamadas coletivamente de *pós-modernas*, para as quais o conhecimento é sempre e necessariamente submetido a valores, de tal maneira que não existiria(m) a(s) ciência(s), mas somente distintas maneiras de cada indivíduo e cada grupo representar a realidade e expor seus próprios valores.

Isso nos conduz ao segundo aspecto do caráter empírico da ciência, o da sua **objetividade**. Suscintamente, a objetividade equivale

---

5   *O caso de Comte é o mais desconhecido a esse respeito, em virtude da associação habitual, mas incorreta, entre sua obra e o positivismo acadêmico, conforme indicamos no capítulo anterior. O seu método subjetivo, característico da ciência por ele denominada justamente de* moral, *lança mão de análises subjetivas para o estudo dos indivíduos, das sociedades e do próprio empreendimento científico. No caso de Weber, a sua sociologia "compreensiva" baseia-se no que ele chamava de* interpretações empáticas – *que, por definição, são subjetivas – para o estudo da sociedade.*

Já o pensamento de Marx é um caso à parte. A obra de Marx é evidentemente carregada em termos morais, mas, ao mesmo tempo, ele afirmava a objetividade de suas pesquisas e o distanciamento em relação à moral de sua época. Em virtude de sua concepção da sociedade como caracterizada pela luta de classes e, assim, dos conhecimentos e concepções de mundo como inevitavelmente classistas, todas as ideias que não fossem em defesa do proletariado e da libertação revolucionária da exploração sofrida pelo proletariado, conforme os esquemas por ele definidos, seriam ideológicas, isto é, visariam à dominação por meio da criação de falsas representações da realidade. Dessa forma, como notou com clareza Donald Levine (1997, cap. 10), em Marx, a moral é negada ou deixada de lado, de tal sorte que discutir se a ciência é imbuída de valores é um tema pelo menos espinhoso para essa corrente.

a perceber algo independentemente das preferências pessoais. Isto é, ao examinar algo – um objeto, uma situação, uma pessoa, um grupo de pessoas ou as relações entre objetos, situações, pessoas e grupos –, a objetividade consiste em deixarmos de lado se gostamos ou desgostamos desse algo e percebermos suas características específicas. Outra forma de referirmo-nos a isso é esta: deixarmos de lado um pouco as preferências pessoais e observarmos o objeto em si mesmo, ou seja, em passar de nós para considerarmos o que está fora de nós. É necessário notar que não se trata de deixar de gostar ou de desgostar, nem de fingir que não se gosta ou se desgosta. Trata-se de suspender um pouco essas preferências. Na verdade, em um importante sentido, não há contradição entre gostar ou desgostar de algo e suspender temporariamente o juízo de valor a respeito desse algo. Se gostamos, conhecer suas características é útil para fruirmos mais e melhor aquilo que apreciamos; se desgostamos, conhecer suas características é importante para saber o que e como é possível mudá-lo ou, caso não seja possível mudar, para saber o que é necessário para simplesmente aceitar.

> Por outro lado, é claro que conhecer objetivamente algo pode mudar a maneira como avaliamos esse algo, na medida em que a avaliação prévia podia basear-se em características que julgávamos existir mas que não existem – ou, talvez, julgávamos não existir mas existem ou, ainda, existem de maneira diferente da que pensávamos.

Há pelo menos mais dois aspectos importantes na realização da objetividade que envolvem a subjetividade. Em primeiro lugar, como indicou o filósofo da ciência Karl Popper (1902-1994), a objetividade do conhecimento é constituída por meio da **intersubjetividade** (cf. Popper, 1978). O que isso quer dizer? Isso significa que é por meio da discussão e da reflexão entre os indivíduos que se constitui a objetividade de algo. É claro que uma única pessoa pode perceber algo de maneira mais ou menos objetiva, ou seja, deixando de lado suas preferências pessoais. Todavia, quando diversos indivíduos que estejam preocupados com a objetividade comunicam-se e trocam suas impressões, a objetividade se firma e se amplia. Quando sentimos algo (alegria, tristeza, angústia, felicidade) ou quando pensamos algo, esses sentimentos ou pensamentos são pessoais, isto é, subjetivos.

Quando os exprimimos – seja escrevendo, seja falando –, os sentimentos ou pensamentos adquirem certa realidade que não dependem mais de nós mesmos, ou seja, tornam-se mais objetivos[6]. O diálogo não precisa ser apenas entre dois indivíduos, nem precisa acontecer de uma única vez. É perfeitamente possível que ele ocorra no decorrer do tempo, isto é, durante anos e até mesmo séculos e milênios. No capítulo anterior, por exemplo, as ideias e as observações de Aristóteles, Tucídides, Maquiavel, Hobbes, Montesquieu, Comte, Marx e Weber têm, todas, séculos de existência. Ao lermos seus textos ou ao considerarmos suas obras, mantemos hoje diálogos com eles e com inúmeros outros autores. Em outras palavras, o conhecimento apresenta um caráter necessariamente histórico, entendendo-se por *histórico* vários sentidos: por um lado, a cumulatividade e as alterações que o conhecimento sofre com o passar do tempo; por outro, a vinculação a cada contexto, isto é, a cada momento e a cada lugar.

---

6 *Todavia, cabe notar que a objetividade do conhecimento não consiste simplesmente em* **exteriorizar** *as ideias íntimas. É necessário haver uma correspondência entre o exterior e o interior. Por exemplo, é perfeitamente possível imaginarmos a existência dos unicórnios, mas não é porque os unicórnios existem em nossa imaginação (isto é, em nosso interior) que eles existem de fato. É preciso vermos esses seres fora de nós para que possamos considerar que eles existem.*

É necessário refletirmos sobre mais um aspecto da relação entre objetividade e subjetividade. Consideramos que a objetividade consiste em suspender nossos juízos pessoais sobre algo e fazer um esforço para indicar as características próprias desse algo, tendo em vista seus elementos específicos e as relações que esse algo mantém com seu ambiente. Há pelo menos duas formas diferentes de descrevermos os objetos: a princípio, podemos considerar tipos diferentes de características; contudo, após definirmos um tipo específico de características, consideramos apenas algumas delas.

Figura 2.1 – Popper
André Müller

Em relação a uma caneta, por exemplo, eis algumas possibilidades de seu estudo: seu tamanho e seu formato; sua relação espacial com outras canetas, com lápis, borrachas, papéis; sua dureza, sua opacidade, seu cheiro; as substâncias que a compõem e as reações químicas que lhe deram origem; a facilidade ou a dificuldade para mantê-la na mão ou a segurança que ela oferece para os olhos; a história da tecnologia da caneta e os processos econômicos que resultaram em sua produção e sua aquisição por nós; sua utilidade e o valor sentimental que ela apresenta para nós.

Cada uma dessas possibilidades indicam formas diferentes de objetivar a caneta ou, dito de outra maneira, são formas diferentes de orientar nossa subjetividade para a descrição do objeto. Cada uma delas busca **tipos específicos de relações** que se pode examinar na caneta. Ora, cada uma dessas relações específicas estudadas conduz a ciências particulares. Veja o Quadro 2.2, a seguir, que procura relacionar as perspectivas adotadas com as ciências que se concentram nelas[7].

Quadro 2.2 – Relações estudadas e ciências

Características estudadas	Tipo de relações
Tamanho e formato	Matemáticas
Relação espacial com outras canetas, lápis, borrachas, papéis	Astronômicas
Dureza, opacidade, cheiro	Físicas
Substâncias que a compõem e as reações químicas que lhe deram origem	Químicas
Facilidade ou dificuldade para mantê-la na mão ou a segurança que ela oferece para os olhos	Biológicas
História da tecnologia da caneta, processos econômicos que resultaram em sua produção e sua aquisição	Sociológicas
Utilidade e valor sentimental	Psicológicas

Fonte: Elaborado com base em Comte, 1972.

Assim, é possível perceber que cada ciência estuda aspectos específicos da realidade. Inversamente, esses aspectos são chamados de *objetos* de cada ciência. Por outro lado, cada ciência pode aprofundar as diferentes perspectivas que adota no estudo de um objeto, não somente indicando faces variadas dele mas também – e, para nossos propósitos agora, principalmente – alterando as concepções que tem do objeto. O seguinte exemplo ilustrará bem o que estamos considerando: qual a forma correta de definir *sociedade* – ela existe **antes** dos indivíduos ou ela é formada **pelos** indivíduos? Em ambas

---

7 *Esse quadro baseia-se na classificação das ciências proposta por Comte (1972).*

as possibilidades, reconhece-se que existem duas realidades. De um lado, agregados de pessoas; de outro, as próprias pessoas.

Se considerarmos que as sociedades existem antes dos indivíduos, enfatizaremos que em diferentes sociedades a ação particular de cada indivíduo é valorizada de diferentes maneiras e que a própria ideia de *indivíduo* muda de sociedade para sociedade[8]. Partindo do pressuposto de que os indivíduos compõem as sociedades, enfatizaremos as capacidades individuais de ação, bem como as escolhas pessoais, e tenderemos a recusar a existência da sociedade como algo que existe em si mesmo, além dos indivíduos. Nas ciências sociais, a primeira perspectiva é conhecida como *holismo metodológico* (porque enfatiza a totalidade social) e, a segunda, é o *individualismo metodológico*.

O exemplo apresentado não foi escolhido nas ciências sociais por acaso. De fato, as ciências sociais – e, de modo mais amplo, as ciências humanas – apresentam grande variedade de perspectivas básicas sobre a sociedade, sobre o ser humano e sobre a própria ciência. Tais perspectivas também são chamadas de *pressupostos teórico-metodológico-epistemológicos* e, como se viu, resultam em concepções bastante diferentes dos objetos. Outras possibilidades de encarar os objetos de diferentes maneiras nas ciências sociais, ou seja, outras oposições dos pressupostos teóricos, são estas:

- O objetivo das ciências humanas é estabelecer relações de sucessão e semelhança, relações causais ou relações de sentido subjetivo?
- Existe um âmbito social fundamental para as explicações sociológicas (economia, religião, política, natureza humana) ou os

---

8   Por exemplo: o antropólogo francês Dumont (1985) enfatizou que a noção de **individualismo** existe apenas em algumas sociedades, como a ocidental.

vários âmbitos relacionam-se de diferentes maneiras nas várias sociedades?
- Existe o progresso histórico-social ou a história é apenas a sucessão de eventos?
- O mundo é sempre conflituoso, é sempre pacífico ou ele muda de acordo com o lugar e com a época?
- O que é mais importante na sociedade – a liberdade, a justiça, a ordem social, a felicidade, a vontade divina, alguns desses valores, todos eles?

As diferentes questões indicadas, que constituem os **pressupostos teóricos** das várias teorias sociológicas, vinculam-se com grande frequência a opções pessoais, de caráter filosófico, político e religioso. Elas influenciam bastante a discussão sobre a objetividade nas ciências sociais, na medida em que modificam as perspectivas pelas quais se estudam os objetos, quando não alteram os próprios objetos. Nesse sentido, como proceder em relação às várias possibilidades que surgem com os diversos pressupostos teóricos?

Uma primeira possibilidade é entender que cada um dos pressupostos enfatiza aspectos diferentes da realidade social. Com isso, é possível tentar unir os diversos resultados em visões mais ou menos coerentes entre si. Uma segunda possibilidade, inversa, consiste em recusar as pesquisas diversas da perspectiva que nós mesmos defendemos, ao considerá-las erradas. Uma terceira possibilidade é verificar se as pesquisas que adotam pressupostos dos nossos são coerentes em termos de métodos empregados e resultados obtidos.

Na prática, o que os cientistas sociais fazem é uma combinação dessas três possibilidades, em que se busca incorporar aos próprios pressupostos os resultados de outras pesquisas, recusam-se outras pesquisas por serem vistas como inaceitáveis (em termos teóricos, epistemológicos, políticos, morais) e, de qualquer maneira, sempre se leva em consideração se as pesquisas são coerentes e consequentes consigo próprias[9].

> De qualquer maneira, isso realça duas características comuns às ciências sociais e às ciências naturais, ou seja, dois traços da própria ciência como um todo: por um lado, embora a ciência não seja neutra, ela busca ser objetiva; por outro, a ciência tem maiores ou menores graus de objetividade e, portanto, de subjetividade, nenhuma das quais existe sem a outra.

Essas observações serviram para caracterizar as ciências e, na medida do possível, também as ciências sociais, tendo como base a contraposição delas com a religião e a filosofia. Para finalizar esta seção, podemos dizer que as investigações da sociologia política são científicas, ou seja, são relativas e analíticas; elas tratam apenas de uma pequena parte da realidade. Todo o resto é deixado de lado ou é assumido como dado (isto é, como imodificável). Assim, a sociologia política investiga apenas algumas relações, aquelas que se definem como políticas e, com certa frequência, de modo mais específico, entre a sociedade e as instituições (políticas). Além disso, a sociologia política busca ser objetiva, mas não neutra.

---

9   *É interessante notar que, nas ciências naturais, os diferentes pressupostos teórico-metodológico-epistemológicos também geram várias grandes perspectivas, muitas delas francamente opostas umas em relação às outras. Assim, Rossi (2001) narra as profundas divergências havidas entre Descartes, Newton, Leibinz e seus sucessores, a respeito das descrições do universo, nos séculos XVI a XVIII. Nas décadas iniciais da mecânica quântica, também havia profundas divisões entre as várias perspectivas, embora elas não se caracterizassem por disputas morais, mas apenas teóricas e epistemológicas (cf. Pessoa Junior, 2010).*

2.1.2 Ciência política, filosofia política, política prática

Dando um passo adiante, convém distinguirmos a **ciência política**, a **filosofia política** e a **política prática** (a sociologia política será comentada logo na próxima seção).

Com base no que vimos no item anterior, é fácil entender as diferenças entre a ciência política e a filosofia política: a primeira busca estudar **analítica e empiricamente** os fenômenos percebidos como políticos, ao passo que a segunda propõe-se a avaliar **normativamente** a política, adotando uma perspectiva analítica ou sintética. É claro que ambas essas perspectivas são complementares entre si, afinal de contas, enquanto a ciência política idealmente investiga como é a realidade política, a filosofia política discute o que seria uma realidade política boa (ou justa).

A política **prática**, por outro lado, consiste nas ações cotidianas que envolvem a política. Evidentemente, a política prática – nos vários sentidos que ela pode assumir – é a matéria-prima para as investigações da ciência política e da filosofia política. É a política prática que fornece o objeto de análise das outras duas.

De modo geral, consideramos que a política refere-se aos órgãos governamentais – o governo, os parlamentos, os tribunais etc. –, aos partidos políticos e também aos sindicatos. Todavia, podemos considerar que a política prática inclui vários outros sentidos. Por exemplo: no interior das empresas há relações hierárquicas entre os chefes e os subordinados – tais relações são políticas, na medida em que envolvem poder; ou a constituição de grupos sociais que buscam influenciar tanto a sociedade como um todo quanto o governo a respeito de determinados temas (como o ensino laico ou religioso, o aborto, a reforma agrária etc); ou, como têm argumentado vários pensadores feministas, no interior das famílias as relações entre maridos e mulheres também são políticas, pois se caracterizam como relações de poder[10]; ou o relacionamento entre médico e paciente, ou entre professor e aluno – vários teóricos sugerem que são relações de poder, ou seja, seriam relações políticas. O interessante dessas possibilidades é que é possível adotar-se concepções mais ou menos amplas da política. Podemos restringi-la às instituições do Estado, considerá-la como própria de qualquer organização e assumi-la como característica das relações sociais de maneira geral. Entretanto, nenhuma delas está mais certa do que as outras. O que importa é definir com clareza o que se deseja pesquisar ou a que se refere.

Forma diversa de encarar a política prática é por meio das chamadas *políticas públicas*, isto é, os vários projetos e programas que os governos mantêm para regular, estimular ou reprimir determinados aspectos da vida social. Nesse sentido, fala-se em política econômica, política social, política habitacional, política industrial, assim como política de combate ao crime e política de proteção à infância. Em certo sentido, é possível afirmar que o objetivo do Estado como um todo é desenvolver e implementar políticas públicas.

Outra grande possibilidade de entender a política prática é considerando-a como o conjunto das instituições sociais e políticas, seus valores fundamentais, os grandes objetivos que buscam realizar.

---

10 Aliás, desde a Antiguidade reconhece-se que as relações familiares também são relações de poder, como observava Aristóteles (1985).

Em inglês, há três palavras para descrever cada uma dessas possibilidades de política prática. São elas:

- *Politics* – É a política do dia a dia, das relações governamentais, dos partidos políticos, das relações de poder em organizações e associações.
- *Policy* – É cada uma das políticas públicas implementadas pelo Estado.
- *Polity* – É o conjunto das instituições sociais e políticas e os valores que lhes servem de base. Nesse sentido, alguns autores traduzem essa palavra como *constituição*, querendo com isso dar a entender *arranjo fundamental* – embora essa tradução gere confusão com as atuais leis fundamentais chamadas de *constituições* (das quais o Brasil, por exemplo, já teve sete[11]).

A ciência política e a filosofia política alimentam-se e baseiam-se nas várias possibilidades da política prática, em particular, mas não exclusivamente na *politics* (no caso da ciência política) e na *polity* (no caso da filosofia política). Nos últimos anos, a *policy* tem recebido grande atenção da ciência política. Inversamente, as políticas públicas e também os arranjos políticos gerais beneficiam-se das reflexões científicas e filosóficas no que tange às avaliações de sistemas mais ou menos eficientes, aos valores mais ou menos aceitos e assim por diante.

---

11   As constituições brasileiras foram promulgadas nos seguintes anos: 1824; 1881; 1934; 1937; 1964; 1967; 1988.

2.1.3 Ciência política, sociologia política, sociologia da política

Na seção anterior, falamos em **ciência política** em oposição à **filosofia política** (e, em menor escala, em oposição à política prática). Usamos a palavra *ciência* para poder fazer uma oposição clara com a *filosofia*. Por esse motivo, usamos de maneira um pouco indiscriminada e intercambiável as expressões *ciência política* e *sociologia política*. Importa aqui distinguirmos cada uma dessas disciplinas.

Comecemos com as *ciências humanas*: essa é uma expressão bastante geral e bastante imprecisa que abrange as áreas do conhecimento que estudam o ser humano. Assim, ela incluiria a sociologia, a antropologia, a ciência política, assim como a história, a filosofia, a psicologia; há autores que incluiriam também o direito, as letras, a pedagogia e até a economia[12].

Nesse grande conjunto, há as ciências sociais, que, no Brasil, incluem três ou quatro áreas: tradicionalmente a sociologia, a antropologia e a ciência política e, mais recentemente, também as relações internacionais. Como no caso da diferença entre as ciências humanas e as ciências sociais, o que distingue entre si cada uma das ciências sociais é basicamente o objeto estudado.

A **sociologia** foi fundada na Europa como ciência geral da sociedade, mas com o passar do tempo – e, de modo mais específico, com a especialização da disciplina – ela passou a concentrar-se em algumas questões, como a estrutura social e as relações de classe. A **ciência política** é uma criação dos Estados Unidos e estuda em linhas gerais as relações políticas, em particular as relacionadas ao Estado. As **relações internacionais** (RI), como disciplina acadêmica,

---

12 Algumas instituições incluem nas ciências humanas a teologia, embora trate-se evidentemente de uma contradição em termos, pois a teologia, por definição, não é científica.

também são uma criação dos Estados Unidos e investigam basicamente a política internacional, isto é, as relações de poder que os vários estados mantêm entre si, mas também todas as outras possibilidades sociais que se dão além das fronteiras nacionais: assim, as RI têm um caráter multidisciplinar. Por fim, a **antropologia**: até há algumas décadas ela definia-se pelo objeto – as sociedades tribais, ou simples –, mas a progressiva redução na quantidade desse objeto e a busca da modernização das sociedades oriundas das antigas colônias europeias conduziram à ampliação do objeto da antropologia, que passou a definir-se mais por seu método do que por seu objeto. Dessa forma, a marca distintiva da antropologia seria a etnografia, que é uma técnica qualitativa de pesquisa, caracterizada pela reflexividade, pela observação participante[13] e pela importância dada pelo pesquisador às concepções de mundo do grupo estudado.

> Pois bem: com base nessas definições, o que distinguiria a sociologia política da sociologia e da ciência política? O **objeto específico** de cada uma, sem dúvida alguma, mas também a relação entre as **variáveis explicativas**.

Comecemos considerando a **ciência política**. Assumindo que ela investiga o Estado e adota variáveis estritamente políticas para suas explicações, o ambiente social mais amplo é tomado como pressuposto e, nesse sentido, ele seria imutável. Assim, o cientista político Maurice Duverger (1917-2014), em seu clássico *Os partidos políticos*, propôs algumas leis sociológicas relacionando a quantidade de partidos políticos importantes às regras eleitorais:

---

13 *A observação participante é mais facilmente compreensível quando o antropólogo está em sociedades tribais. Por meio dela, o pesquisador participa da vida social, usando esse convívio como forma de conhecer os usos, os costumes e as práticas da sociedade em questão.*

> *Pode-se esquematizar a influência geral da forma de escrutínio nas três fórmulas seguintes: 1º) a representação proporcional tende a um sistema de partidos múltiplos, rígidos, independentes e estáveis [...]; 2º) o escrutínio majoritário de dois turnos tende a um sistema de partidos, flexíveis, dependentes e relativamente estáveis [...]; 3º) o escrutínio majoritário de turno único tende a um sistema dualista, com alternância de grandes partidos independentes.* (Duverger, 1970, p. 241)

As regras citadas indicam que as eleições proporcionais estimulam o pluripartidarismo, com partidos independentes entre si. As eleições majoritárias em dois turnos estimulam o pluripartidarismo com partidos dependentes entre si. Já as eleições majoritárias de turno único estimulam o bipartidarismo. Não vem ao caso discutir se essas regras são válidas ou em que situações elas podem ser verificadas. O que importa notar é que se escolhe um **objeto estritamente político** (sistema partidário) que é estudado em função de **variáveis estritamente políticas** (regras eleitorais).

Consideremos, agora, a famosa frase de Karl Marx e Friedrich Engels no *Manifesto comunista*: "O [poder] Executivo do Estado moderno não é mais do que um comitê para administrar os negócios coletivos de toda a classe burguesa" (Marx; Engles, 1998, p. 7). Essa frase sugere que um órgão político – na verdade, o órgão político por excelência, que é o Estado – tem de ser entendido e explicado por meio da análise da estrutura da sociedade. Assim, o objeto é político, mas a abordagem – e, portanto, a variável empregada – é sociológica. Nesse sentido, Marx e Engels propõem, no fundo, uma sociologia **da** política, isto é, uma análise sociológica que investiga questões políticas, assim como poderia investigar, da mesma maneira e seguindo os mesmos raciocínios e procedimentos, questões religiosas, econômicas, artísticas etc.

Convém notar que há uma diferença entre os papéis desempenhados pelas variáveis, pois existem as variáveis **dependentes** e as variáveis **independentes**. As dependentes são os fenômenos que se deseja explicar; as variáveis independentes são os elementos que explicam o que estamos estudando: mudando a variável independente, a variável dependente muda de maneira correspondente. *Explicar*, nesse sentido, é estabelecer a relação de subordinação entre a variável dependente e a variável independente. No exemplo anterior, a variável dependente – que desejamos explicar, isto é, entender como é que varia – é a estrutura ou a função global do Estado; a variável independente – que serve de explicação, isto é, que acarreta a variação – consiste na estrutura de classes da sociedade capitalista[14].

Assim, a sociologia **da** política estabelece como variável dependente a política e, como variável independente, a estrutura social. Em contraposição, a ciência política estabelece tanto a variável dependente quanto a independente a própria política.

> Pois bem, a **sociologia política** fica no meio da sociologia da política e da ciência política, ao adotar como variáveis explicativas (independentes) tanto as de caráter social quanto as de caráter político. Além disso, por vezes, a sociologia política não apenas investiga como as estruturas políticas variam de acordo com a sociedade e com a política, mas, inversamente, como a política modifica a sociedade.

Nesse sentido, vale a pena citar um trecho bastante famoso do cientista político italiano Sartori (1972, p. 112, grifos do original), que resume o que expusemos até agora:

Estabelecida a linha divisória entre a Ciência Política e Sociologia, a questão passa a gravitar em torno do modo como superar o hiato existente

---

14 O filósofo da ciência alemão Carl Hempel (1905-1997) denominava a variável dependente de explanandum e a variável independente de explanans (cf. Hempel, 1974).

entre elas, isto é, o problema de construir pontes interdisciplinares. A **sociologia política** *é uma dessas pontes de ligação [sic] – sob a estrita condição, porém, de que a sociologia política* **não seja** *considerada um sinônimo de sociologia da política. Proponho, de fato, o uso de dois rótulos contrastantes. A sociologia política é um* **híbrido interdisciplinar** *que tenta combinar as variáveis sociais e políticas explanatórias, isto é, os insumos (insights) sugeridos pelo sociólogo e os sugeridos pelo cientista político. A sociologia da política é, pelo contrário, uma* **redução sociológica** *da política.*

É interessante notar que, entre a data da publicação do texto de Sartori citado (originalmente publicado em 1969) e os dias atuais, houve mudanças importantes nas ênfases da sociologia política. Nesse sentido, Sartori defendia que se constituísse uma sociologia política conforme a definição dada acima, mas lembrando que era necessário que as variáveis estritamente políticas também fossem levadas a sério. Para ilustrar seu argumento, ele exemplificava com os estudos sobre partidos políticos, que até então eram estudados na Europa e nos Estados Unidos de uma perspectiva principalmente social[15], ou seja, entendendo os partidos políticos como representando mecanicamente as classes sociais.

Sartori argumentou que essa "representação" era, como ainda é, bastante problemática, pois seria necessário determinar a origem social dos membros dos partidos, o processo de formulação dos programas partidários, a correspondência entre as propostas partidárias

---

15 É una literatura da ciência política o uso do neologismo societal *como uma tradução literal do inglês* societal. *Todavia, essa é uma não tradução, ou uma tradução mal feita, pois o inglês* societal *corresponde ao português* social.

Outra palavra de uso comum na literatura especializada é politicista, *empregada no sentido de variável estritamente política e em contraposição a* societal. *A dificuldade com a palavra* politicista *é que ela também é um neologismo.*

e os interesses dos vários membros das classes sociais, a correspondência entre os programas partidários e as vicissitudes cotidianas da política, e assim por diante. Em outras palavras, seria necessário distinguir com maior clareza a base social do eleitorado de cada partido político e os beneficiários principais das políticas implementadas (ou defendidas) por cada partido – ou seja, os aspectos propriamente sociológicos do sistema partidário – e a estrutura interna de cada partido e da participação dos partidos no governo – o que corresponderia às variáveis políticas.

Uma reivindicação inversa à de Sartori foi recentemente feita pelo cientista político brasileiro Renato Perissinotto, em um artigo que se tornou famoso, intitulado "Política e sociedade: por uma volta à sociologia política" (Perissinotto, 2004). O argumento do autor é simples: ele nota que, tanto na ciência política brasileira quanto, de modo mais amplo, na estadunidense, as pesquisas baseadas em **variáveis estritamente políticas** aumentaram bastante em número e auxiliaram de fato a explicar e a entender um sem-número de problemas teóricos e práticos, como processos decisórios, dinâmicas institucionais etc. As teorias e os modelos empregados em tais análises foram de caráter neoinstitucionalista e da escolha racional[16]. Perissinotto

---

16 *O neoinstitucionalismo é uma família de teorias e abordagens que, grosso modo, afirma que "as instituições importam" e, portanto, caberia aos pesquisadores analisarem qual a dinâmica de cada instituição, de que maneira elas modificam o comportamento dos atores etc. Um artigo que já se tornou clássico sobre o neoinstitucionalismo é o de Hall e Taylor (2003), "As três versões do neoinstitucionalismo". O artigo de Peres (2008) – "Comportamento ou instituições? A evolução histórica do neo-institucionalismo da ciência política" – também é interessante.*

A teoria da escolha racional também é uma família de abordagens e teorias que considera que os atores sociais (indivíduos ou organizações) agem de maneira racional, basicamente egoísta, procurando maximizar suas vantagens e minimizar suas perdas. Esse comportamento estratégico é particularmente visível em negociações. Uma exposição didática da teoria da escolha racional pode ser encontrada em Downs (1999).

argumenta que, todavia, essas pesquisas, por mais esclarecedoras que sejam e que tenham sido, deixam de lado alguns aspectos importantes – justamente os relativos ao **entorno social** das instituições (aí incluídos os partidos), isto é, os grupos sociais que apoiam ou combatem instituições políticas, as divisões de classe que influenciam a política, os processos mais amplos de seleção de pessoal e de valores, os beneficiários e os prejudicados com as políticas públicas etc. Aliás, nesse sentido, os exemplos que ele apresenta referem-se justamente às relações do Estado com a sociedade, à composição das elites e à teoria da democracia. De qualquer maneira, não se trata de negar a validade das pesquisas feitas com variáveis estritamente políticas, mas de realizar também investigações que consideram as **variáveis sociais**. É nessa lógica que Perissinotto advoga um retorno à sociologia política, ou seja, enquanto nos anos 1960 e 1970 era necessário investir mais nos aspectos políticos, atualmente são os sociais que necessitam de maior ênfase[17].

---

17 *A utilidade teórica da sociologia política como o "híbrido interdisciplinar" pode ser exemplificada de outra maneira. Nas décadas de 1950 e 1960, a ciência política e a sociologia dos Estados Unidos mantiveram uma viva polêmica a respeito do caráter de sua sociedade e, de maneira mais específica, sobre se os seus grupos dirigentes seriam mesmo democráticos ou não, isto é, abertos a novos participantes. Assim, de um lado, os sociólogos (por exemplo, Floyd Hunter e Charles Wright Mills) afirmaram que, nos EUA, havia uma elite mais ou menos homogênea, mais ou menos impermeável, ao analisarem a estrutura de classes do país. Os cientistas políticos (como Robert Dahl e Nelson Polsby), ao analisarem os grupos sociais e políticos que disputavam o poder, fosse em cidades, fosse no governo central, percebiam uma pluralidade de grupos interessados em questões variadas. Esse debate opôs "elitistas" aos "pluralistas" e, no que se referia ao nível municipal, tornou-se conhecido como "debate sobre a estrutura do poder comunitário" (community power structure). Como observa Susan Fainstein (2001), no final dos anos 1960 esse debate acabou mas não se encerrou, ou seja, sem chegar a um consenso, cada um dos lados passou a estudar outros objetos.*

2.1.4 Ciência política e relações internacionais

Para concluir nossas oposições, faremos uma contraposição entre a ciência política e a área que chamamos de *relações internacionais (RI)*. Nesta seção, é mais ou menos indiferente se usamos a expressão *ciência política* como equivalente ou não à *sociologia política*, pois o que importa é fazermos a contraposição delas com as relações internacionais ou, de modo mais específico, entre a(s) disciplina(s) que estuda(m) o âmbito **interno** aos países e a disciplina que estuda o âmbito **externo** a eles. Os âmbitos pesquisados por essas disciplinas, embora sem dúvida tenham elementos de contato, diferem entre si: temos apenas de perceber que, no interior do território de um país, as leis e a ordem são estabelecidos e mantidos pelo Estado, sendo possível claramente identificar as instituições e os respectivos titulares – sem contar que se cobra ativamente que o Estado faça valer as leis e mantenha a ordem. Há diversos elementos e aspectos no exterior dos estados, como as relações que os próprios países mantêm entre si, as organizações internacionais públicas – como o sistema da Organização das Nações Unidas (ONU) –, as organizações internacionais privadas – como as igrejas e as organizações não governamentais (ONGs) – e as empresas multinacionais. Esses vários aspectos constituem uma realidade sociológica específica, cuja característica fundamental é a ausência de um poder superior, dotado ao mesmo tempo de legitimidade, capacidade e interesse em impor a ordem.

Os historiadores e pesquisadores da política John Gunnell (2004) e Andrew Vincent (2004) comentam que a ciência política surgiu no final do século XIX, nos Estados Unidos, unindo objetivos tanto descritivos quanto normativos, tanto intelectuais quanto práticos. Essa área visava ser uma ciência da democracia, ou seja, ela surgiu com os objetivos de legitimar, aperfeiçoar, estudar e justificar o arranjo social e político daquele país. Assim, a ciência política tinha desde o início uma posição institucional segura face a outras áreas acadêmicas, especialmente a sociologia, a filosofia, a história, ainda que todas essas áreas acadêmicas atuassem conjuntamente umas com as outras, isto é, mesmo que muito da ciência política do final do século XIX se apoiasse em investigações históricas, filosóficas e, em menor medida, sociológicas.

O internacionalista estadunidense Stanley Hoffmann (1977), há vários anos, observou que a área acadêmica de relações internacionais também teve origem nos Estados Unidos, ocupando-se dos temas com que a então recém-superpotência lidava: a organização das instituições internacionais, a obrigação de assumir-se como líder do mundo livre e a responsabilidade de conduzir a Guerra Fria. Levando em consideração esse impressionante contexto, Hoffmann destaca como ponto de partida teórico para a disciplina de Relações Internacionais o livro de Hans Morgenthau, *Política entre as nações*, publicado em 1947 nos Estados Unidos[18].

Em seu livro, o alemão naturalizado estadunidense Hans Morgenthau tinha preocupações antes de mais nada teóricas, em vez de metodológicas. Ao focalizar sua investigação no conceito de *poder* e na ideia de que a política internacional baseia-se na constante busca do poder, Morgenthau evidenciava que o fundamento das relações internacionais é **político** e que, portanto, a disciplina curricular de Relações Internacionais também tem de se basear em investigações políticas.

---

18 *Hoffmann faz essa observação sem, todavia, procurar negar o fato histórico de que a primeira disciplina universitária com o nome de* Relações Internacionais *surgiu em 1919, na Universidade de Aberystwyth, no País de Gales. Assim, o que importa notar aqui não é a disciplina isolada, mas a criação de um campo estruturado de estudos, com temas, objetos, métodos específicos e pesquisadores profissionais.*

Uma consequência da origem estadunidense tanto da área de relações internacionais quanto, antes, da ciência política é a de que ambas sofreram (e sofrem) **influência** da vida política e intelectual própria aos EUA que, dessa forma, acaba exportando suas consequências para o resto do mundo. O Brasil não é exceção a tal processo de exportação político-intelectual, uma vez que inúmeras de nossas disputas, de nossas querelas, de nossas propostas teóricas, metodológicas e epistemológicas refletem, quando não simplesmente copiam, as polêmicas originadas nos Estados Unidos[19]. Aliás, uma forma simples de verificar essa influência é por meio dos autores, dos artigos e dos livros mais citados nas discussões de ciência política e relações internacionais e, como ficará bastante evidente no próximo capítulo, de modo geral, eles são em inglês e dos Estados Unidos.

Outro aspecto da origem essencialmente estadunidense das duas disciplinas é o de que a ciência política **surgiu** antes das RI, de tal sorte que forneceu a esta última, com grande facilidade, os seus principais elementos teóricos, metodológicos e epistemológicos. Assim, tanto em razão da disponibilidade de materiais intelectuais quanto do contexto político da época, é fácil entender por que a ênfase básica da disciplina de RI era, e em grande parte ainda é, na investigação dos elementos **políticos** da dinâmica entre as nações.

O exposto não busca negar a capacidade de produção intelectual autônoma nas áreas de relações internacionais e ciência política em outros países que não os Estados Unidos. Da mesma forma, não querem afirmar que somente nos Estados Unidos essas áreas terão polos de pesquisas importantes. O que nos interessa é apontar para outro

---

19   *Para não sermos injustos com os EUA: até pelo menos meados dos anos 1970, a influência que sofríamos era de países europeus, notadamente a França e a Inglaterra. Na verdade, há áreas acadêmicas que até hoje sofrem grande influência desses países (embora não somente deles).*

aspecto, qual seja, o de que as duas disciplinas mantêm, necessariamente, relações bastante próximas entre si no que se refere a teorias, métodos e de epistemologia empregados.

O importante sociólogo e filósofo francês Raymond Aron (1986; 1997) observou que o elemento que distingue as relações sociais internas de um país das relações externas e internacionais são as **fronteiras** estabelecidas entre os países. Dito de outra maneira, é a **soberania**, entendida como proposta teórica e como realidade jurídica e política.

> A *soberania* pode ser entendida como a doutrina segundo a qual, no interior de um território determinado, não há autoridade superior ao Estado, ao mesmo tempo em que o Estado não se subordina a nenhuma outra autoridade, seja interna, seja externa.

De acordo ainda com a brilhante observação de Aron, assim que as fronteiras deixarem de existir, também deixará de existir o que chamamos de *relações internacionais*. Essa possibilidade pode vir a ocorrer devido a dois motivos: ou os estados, por variadas razões, concordam em eliminar as fronteiras entre si, ou um estado nacional conquistador avança sobre todos os demais e cria, literalmente, um "super-estado". Como é fácil perceber, esse raciocínio evidencia mais uma vez que o elemento fundador das relações internacionais (isto é, da realidade sociológica existente fora dos estados nacionais) e das Relações Internacionais (isto é, da disciplina acadêmica que estuda as realidades sociológicas chamadas de *relações internacionais*) é **político**.

Existem inúmeros elementos e questões derivadas da realidade da soberania, que, por esse motivo, são objeto da disciplina de relações internacionais. Entre eles, porventura o mais simples seja a contraposição entre estruturas **anárquicas** e **hierárquicas**, proposta em 1979 pelo internacionalista estadunidense Kenneth Waltz (1924-2013) em seu clássico livro intitulado *Teoria das relações internacionais*. Esses dois conceitos derivam diretamente da existência da soberania. De acordo com Waltz, as **estruturas hierárquicas** são aquelas em que, em um território e em um âmbito determinados, existe um poder superior, de tal sorte que se estabelece uma relação hierárquica. O poder do Estado em seu território é, por definição, hierárquico e corresponde à proposta de Waltz. Já a **estrutura anárquica** é aquela em que, em determinado território e em determinado âmbito, **não** há um poder superior e, literalmente, as relações que daí surgem são anárquicas, isto é, caracterizadas pela ausência de poder[20]. A ciência política, por seu turno, investiga as questões internas aos estados e toma por pressuposto a realidade da soberania. As teorias e os métodos desenvolvidos por essa disciplina são adequados a esse aspecto hierárquico dos países.

Dito isso, surge naturalmente a pergunta: como as relações internacionais e a ciência política enfatizam âmbitos diversos da vida sócio-política, definidos em função da soberania? Será que elas têm teorias, métodos e epistemologias diferentes? Ou, dito de outra maneira: as diferenças nos **objetos** implicam diferenças em outros elementos científicos?

O primeiro elemento a considerar são as **teorias**. Na medida em que a ciência política e as relações internacionais estudam objetos diferentes, suas respectivas teorias também têm de ser diferentes. Em particular, as RI tem um pouco mais de clareza, ou melhor, de consciência

---

20 *É importante lembrarmos que a "ausência de um poder superior" não equivale a "ausência de ordem", mesmo que essa ordem possa ser injusta. Nas relações internacionais, é perfeitamente possível identificar padrões de comportamento, valores compartilhados, práticas regulares etc., isto é, uma série de elementos que constituem a ordem. Por outro lado, como observou o internacionalista inglês Bull (2002), a existência da ordem internacional não garante, pois precede, a existência da justiça internacional.*

da existência da soberania e de suas consequências, ao contrário da ciência política. Ainda assim, ao dizermos que as teorias específicas de cada uma dessas disciplinas devem ser diferentes, é necessário qualificarmos essa diferença. Afinal de contas, como vimos, pelo menos o fundamento lógico e prático das relações internacionais é comum a ambas as áreas, pois é de caráter **político**. Há elementos teóricos que são necessariamente comuns às duas áreas, entre os quais podemos citar, de modo particular, as discussões sobre o conceito de *poder* (que será examinado no próximo capítulo). Por outro lado, há produções teóricas elaboradas por uma disciplina que podem ser utilmente empregadas pela outra. Por exemplo, as pesquisas sobre eleições e representação, que são originadas na realidade da política interna, podem ser aplicadas aos órgãos internacionais, como a Assembleia-Geral da Organização das Nações Unidas (ONU) ou o Parlamento Europeu. Ou, inversamente, as inúmeras alterações ocorridas no cenário internacional nos últimos 20 ou 30 anos, com o fim da Guerra Fria e os vários aspectos da globalização, influenciam de maneira intensa a realidade interna dos países. Em outras palavras, há tanto teorias específicas a cada área quanto teorias comuns a ambas, da mesma forma que há investigações de uma área que são úteis para a outra.

Em termos metodológicos, o relacionamento entre a ciência política e as relações internacionais é similar ao que ocorre em termos teóricos, isto é, há **metodologias compartilhadas**, há metodologias específicas e há desenvolvimentos de uma área que são úteis para a outra. Dito isso, talvez seja importante observarmos que os problemas metodológicos são maiores em RI em razão de alguns aspectos especialíssimos de seu objeto. Com frequência, um pesquisador investiga um objeto que está distante vários milhares de quilômetros, ou cuja produção está em outra língua, ou cujos documentos são guardados por camadas e décadas de sigilo[21].

> Há um aspecto que é próprio das relações internacionais e que consiste na forma como se entende e define o **funcionamento do Estado**. A esse respeito, há duas possibilidades: ou o Estado é entendido como uma unidade homogênea, inteiriça e, em última análise, como se a abstração que é o Estado fosse dotada verdadeiramente de vontade; ou o Estado é entendido como composto por diversos órgãos, que mantêm entre si diversas relações de subordinação e dependência, com interesses variados, e que a vontade manifestada por um país no exterior é o resultado oficial de disputas internas.

Dependendo da maneira como essas perspectivas são tratadas, ambas estão corretas. Inversamente, dependendo da maneira como o pesquisador as aborda, elas podem apresentar diversos vícios e problemas. Por exemplo: alguns países são mais centralizados do que outros no que tange aos processos decisórios, e as decisões tomadas pelos seus líderes são equivalentes à própria vontade do Estado, como a Coreia do Norte, desde seu surgimento, em 1953, e a União Soviética, durante o período estalinista (1924-1953). Outro exemplo é o das negociações internacionais de armas nucleares. Os grupos envolvidos são tão poucos que é possível falar **de modo geral** em "os Estados Unidos", "a Rússia", "a China", sem muitas preocupações. Por outro lado, quando pesquisamos negociações comerciais, a imagem do Estado inteiriço é problemática, pois temos de levar em consideração os sindicatos de trabalhadores, os sindicatos patronais, as

---

21 *Essas dificuldades metodológicas, que não são pequenas e, portanto, não podem ser menosprezadas, não são específicas de RI: a antropologia, por exemplo, com frequência vê-se envolta nos mesmos problemas, ao investigar povos que falam outras línguas e que vivem em regiões às vezes a milhares de quilômetros de distância. Da mesma forma, a dificuldade idiomática no fundo é um problema de todas as áreas, na medida em que a produção científica é um empreendimento internacional e que atravessa o tempo e o espaço.*

associações comerciais, a burocracia estatal, os líderes políticos, as organizações internacionais e assim por diante[22]. Em outras palavras, impõe-se a imagem do Estado fragmentado[23].

O último aspecto que podemos comparar entre relações internacionais e ciência política é a respeito das formas como essas áreas encaram o conhecimento e a **produção do conhecimento** científico. A esse respeito, podemos dizer que elas estão extremamente próximas – isso quando suas perspectivas não são as mesmas. De modo geral, as duas áreas baseiam-se nas premissas do comportamentalismo, ou seja, a busca de generalizações, a separação entre fatos e valores, o forte empirismo. Apesar disso, é importante notarmos que, a partir dos anos 1980, o que se chama de *pós-positivismo* – caracterizado, entre outros elementos, pela rejeição crítica e historicizante ao comportamentalismo – tem-se afirmado em RI, e as chamadas

---

22 *Uma das elaborações teóricas que, nas últimas décadas, tornou-se justamente famosa, é a de Putnam (2010), a respeito dos "jogos de dois níveis". Tomando como exemplo as negociações comerciais internacionais, o autor indica que a posição de cada Estado negociador na verdade é o resultado da interação entre influências políticas e econômicas internas e externas e nas quais atuam tanto os grupos de interesses "substantivos" (trabalhadores, patrões, industriais etc.) quanto os grupos de intermediários (ou seja, as burocracias e os negociadores). O modelo dos "jogos de dois níveis" é uma elaboração das RI que se baseia na imagem do Estado fragmentado e que, ao mesmo tempo, considera a política internacional e a política interna.*

23 *Algumas palavras sobre os vícios intelectuais em que essas imagens do Estado – inteiriço ou fragmentado – podem resultar. No caso do Estado inteiriço, pode-se recair na concepção de que a abstração (que é o Estado) existe concretamente e que essa abstração teria "vontade" e "agiria". Isso consiste em antropomorfizar a abstração, ou seja, em passar de uma concepção positiva para a metafísica (alguns autores descrevem esse processo como sendo de "reificação" dos conceitos). No caso do Estado fragmentário, o problema que pode surgir é o oposto do problema anterior, em que, em vez de abstrair-se demais, abstrai-se* **de menos**. *Nesse caso, não se veem grupos e coletividades – isto é, unidades sociológicas –, mas apenas* **indivíduos**, *que agem sem maiores vínculos sociais e históricos entre si.*

epistemologias compreensivas – que afirmam que as interpretações subjetivas das intenções humanas são o cerne da ciência – ganharam terreno na ciência política desde a década de 2000[24]. Em todo caso, a disciplina de Relações Internacionais tem a particularidade de, desde a década de 1990, estruturar sua própria história em debates, isto é, de grandes oposições temáticas e metodológicas que dominaram a área durante várias décadas[25]. O resultado dessa concepção de debates é que as RI tem maior consciência disciplinar, ou seja, tem maior clareza a respeito das etapas de sua constituição e dos elementos que a compõem.

Em suma: a **comparação sistemática** entre ciência política e RI resulta no fato de que elas diferem em alguns objetos específicos – próprios a RI – e, em consequência disso, em algumas elaborações teóricas. Em linhas gerais, suas teorias são semelhantes (para não dizermos iguais) ou complementares. No que diz respeito aos aspectos metodológicos e epistemológicos, essas duas áreas andam verdadeiramente juntas.

---

24 *Comentaremos, na próxima seção, o que querem dizer as expressões* comportamentalismo *e* compreensivismo.

25 *Os debates em RI são uma forma interessante e didática de organizar a história da disciplina durante o século XX em relação às disputas teóricas, metodológicas e epistemológicas. A ideia de entender a área de RI em debates foi do pesquisador Lapid (1989). Ele propôs três debates, mas também há pessoas que consideram haver* **quatro** *debates: em 1919-1939, entre realismo e idealismo; nos anos 1950 e 1960, entre comportamentalismo e abordagens tradicionais; nos anos 1970 e 1980, entre neo-realismo e neoliberalismo; desde fins dos anos 1980, entre positivismo e pós-positivismo. Sarfati (2005) e Jackson e Sorensen (2007) apresentam os debates de maneira bastante didática.*

(2.2)
Definindo o método

Toda ciência estuda um aspecto específico da realidade. É o seu **objeto**. Para estudá-lo, é necessário empregar determinados procedimentos, que podem ser específicos de algumas ciências ou podem ser mais ou menos comuns a todas as elas. Esses procedimentos são os **métodos**. Cumpre notar que os métodos são, antes de mais nada e acima de tudo, **instrumentos** intelectuais e práticos para a realização das pesquisas.

Conforme vimos na discussão apresentada na seção anterior, em que abordamos algumas das características da ciência, a **observação** da realidade é um método indiscutivelmente geral a todas as elas. Da mesma forma, como dizia Comte (1972), também é comum a todas as ciências a "subordinação da imaginação à observação", ou seja, a conjugação entre observações empíricas e teorias que coordenem, expliquem e prevejam essas observações.

> Há de se notar que à medida em que cada ciência define seu objeto também deve definir os procedimentos próprios ao estudo desse objeto. Assim, não é possível tratar do objeto sem considerar o método. Inversamente, não faz sentido tratar do método de maneira puramente isolada do objeto, pois os métodos são apenas instrumentos para as pesquisas.

Aliás, assim como um objeto específico pode sugerir alguns métodos determinados, as teorias também podem sugerir alguns métodos específicos. Por exemplo, uma teoria sociológica que se baseie na evolução histórica requer o estudo de pesquisas historiográficas; já uma teoria que busque afirmar o que há de comum em todas ou em várias sociedades necessita de pesquisas comparativas. É claro que esses métodos não são exclusivos. Mesmo que algumas teorias tenham implícitos alguns métodos preferenciais, isso não impede que **outros** também sejam usados em benefício dessas teorias. Uma teoria historicista pode empregar, por exemplo, análises do discurso e de conteúdo, ou mesmo comparações ou análises estatísticas, mas, inversamente, pode acontecer de uma teoria recusar alguns métodos. Por exemplo, a sociologia compreensiva realiza comparações **qualitativas** entre alguns poucos casos semelhantes e rejeita as comparações **quantitativas** entre muitos casos, considerando que essas grandes comparações produzem resultados inválidos.

No caso das ciências sociais, os métodos básicos foram estabelecidos há muito tempo – o que, por outro lado, não quer dizer que eles não sejam aperfeiçoados e refinados continuamente por meio da revisão das técnicas e da introdução de novos instrumentos. Todavia, como nosso objetivo é apresentar em linhas gerais a sociologia política, não vem ao caso exporrmos detalhadamente todos os métodos empregados e suas variações. Por esse motivo, citaremos e comentaremos rapidamente, a seguir, alguns dos métodos mais importantes. Para apresentações mais detalhadas, sugerimos aos leitores interessados a consulta a manuais e guias especializados.

- **Análises históricas** – Com base no estudo das evoluções históricas das sociedades, em períodos de tempo maiores (décadas, séculos, milênios) ou menores (anos, meses), busca-se determinar os elementos mais relevantes para explicar tais evoluções. Há diversas formas de realizar análises históricas: algumas pesquisas buscam determinar as regularidades (adotando também perspectivas ou procedimentos comparativos); outras buscam retraçar a origem e as transformações de instituições e categorias analíticas (sendo às vezes chamadas de *pesquisas arqueológicas* ou *pesquisas genealógicas*). As análises históricas e comparativas foram o procedimento básico adotado tanto pelos predecessores quanto pelos fundadores da sociologia política, seja porque a história é vista como um laboratório natural do ser humano, seja porque, com um registro historiográfico cada vez maior, é possível perceber as possibilidades efetivas de organização social. É importante notar que o cientista político ou o sociólogo político não realiza propriamente trabalho historiográfico; o que lhe interessa não é a narrativa histórica em si, mas, **com base** nessas narrativas, busca investigar as características comuns a todas ou a várias sociedades.

- **Comparação** – Pode-se dizer que as comparações são o método sociológico mais antigo. Aristóteles (1985), em sua *Política*, comparou sistematicamente as leis e as organizações sociais de cerca de 150 pólis gregas. É possível comparar uma mesma sociedade em vários momentos diferentes no tempo e, ainda, comparar várias sociedades em um mesmo momento. Também é possível comparar várias sociedades em momentos diferentes. É importante notar que, nessas comparações, é necessário definir as variáveis dependentes e as independentes, isto é, quais fatores afetam outros fatores. Na verdade, bem vistas as coisas, as comparações são o procedimento científico por excelência, na medida em que todos os cientistas investigam vários casos para, com base nesses exames, definir qualidades, relações, propriedades etc. Mas, de qualquer maneira, na sociologia política, a expressão *método comparativo* refere-se ao **confronto explícito** entre dois ou mais casos. Grosso modo, podemos dizer que há dois grandes tipos de comparações na sociologia política, um mais qualitativo e outro mais quantitativo: o primeiro compara algumas poucas situações a fim de realçar determinados aspectos específicos dos casos comparados, ou seja, seu objeto não é generalizar, mas apenas pôr em evidência os traços analisados de um caso por meio do contraste com outros exemplos; o segundo destaca as características de vários casos e, com base nisso, busca estabelecer generalizações, isto é, regras, padrões gerais, regularidades. Dizemos que esse tipo de comparação é **mais** quantitativa porque, atualmente, ela emprega refinadas técnicas estatísticas para produzir seus resultados, mas também é possível fazer generalizações apenas com análises qualitativas, como indicam as obras clássicas de Augusto Comte e de Karl Marx ou, mais recentemente, como realizam as pesquisas de Theda Skocpol (1985) e Charles Tilly (1996) (todas elas, aliás, baseadas em investigações históricas)[26].

- **Observação participante** – É um método desenvolvido especialmente pela antropologia, em que o pesquisador convive com o grupo pesquisado durante períodos de tempo mais ou menos longos[27]. Com base nesse convívio, conhece os hábitos, os usos, os costumes, os modos de pensar e de agir do grupo, bem como obtém informações sobre a estrutura social e as relações desse grupo com os demais. Como observam os próprios antropólogos, a subjetividade do pesquisador é utilizada como instrumento de trabalho. A observação participante resulta em um relato escrito sistematizando as observações: esse relato é a **etnografia** do grupo pesquisado. Enquanto a pesquisa histórica baseia-se em documentos que registram as sociedades do passado, a observação participante permite o estudo atual de um grupo determinado.

---

26 *De qualquer maneira, Munck e Snyder (2007) apresentam diversas possibilidades e reflexões sobre o método comparativo em sociologia política. Além disso, Bohn (2005) também é didático a respeito.*

27 *Considera-se que o criador desse método foi o antropólogo britânico de origem polonesa Bronislaw Malinowski, que, no início do século XX, permaneceu durante dois anos entre os trobriandeses, um povo da Oceania. A experiência de vida de Malinowski está registrada no livro* Os argonautas do Pacífico Ocidental *(Malinowski, 1976). Mas a longa permanência do pesquisador em um grupo não é sempre necessária. Claude Lévi-Strauss, por exemplo, ficou apenas algumas semanas no Mato Grosso (cf. Lévi-Strauss, 1996).*

Dessa forma, esses dois métodos são complementares entre si, embora possam ser usados independentemente um do outro (por exemplo, se um povo já deixou de existir mas há registros dele, a pesquisa histórica tem de ser empregada; por outro lado, se um grupo existe atualmente mas não tem registros escritos sobre si mesmo, a observação participante é mais indicada).

- **Pesquisas com questionários** – É um dos procedimentos mais adotados desde meados do século XX, embora Marx já o empregasse no século XIX para conhecer as condições de vida e de trabalho de operários franceses (cf. Marx, 1979b). Podem ser estruturados, semiestruturados ou abertos, isto é, com respostas pré-determinadas ou com questões que concedem maior liberdade de resposta para o entrevistado. Os questionários podem ser aplicados a toda uma população ou a partes dela. A seleção de quem será entrevistado depende de inúmeros fatores, como disponibilidade dos respondentes, facilidade de acesso, necessidade de respondentes com determinadas características pessoais ou sociais (por exemplo, faixa etária, faixa de renda, sexo, etnia-raça) etc. A vantagem das pesquisas com questionários é que permitem a padronização dos procedimentos e, com frequência, também permitem o tratamento estatístico das respostas e da seleção de respondentes, com maior ou menor refinamento. Por outro lado, dependendo da quantidade de questionários aplicados e das técnicas estatísticas empregadas, podem exigir consideráveis recursos financeiros.
- **Estudos de caso** – Consistem no exame de uma situação social específica, à luz de uma teoria sociológica qualquer, em que se busca ao mesmo tempo usar a teoria para esclarecer a realidade estudada e verificar, com base nessa realidade, se a teoria empregada é correta ou adequada. É claro que o caso estudado pode

tanto apresentar um caráter histórico (por exemplo, os fatores que levaram à eclosão da Revolução Francesa) quanto pode ser uma situação atual (a negociação de um acordo comercial, por exemplo), de modo que as técnicas específicas para obtenção dos dados primários podem variar bastante, conforme as necessidades e as possibilidades do pesquisador.

- **Uso de estatísticas** – São cada vez mais usadas nas pesquisas sociológicas e apresentam cada vez maior refinamento técnico. As estatísticas têm algumas vantagens evidentes: permitem um controle preciso, com base na manipulação matemática e, assim, aumentam a objetividade das análises. É claro que, por outro lado, para que se manipulem as estatísticas é necessário que previamente os dados estejam disponíveis e que esses dados refiram-se às questões que interessam aos pesquisadores. Dessa forma, o pesquisador deve ter um cuidado muito grande com o chamado *projeto (ou desenho) da pesquisa (research design)*, a fim de que os dados coletados em campo (isto é, empiricamente) sejam passíveis de tratamento estatístico e que sejam aqueles que o pesquisador deseja que sejam avaliados estatisticamente. Desde meados do século XIX, empregam-se estatísticas para o estudo da sociedade, seguindo a proposta do belga Adolphe Quételet. O sociólogo francês Emile Durkheim (2000), no seu clássico estudo *O suicídio*, lançou mão extensivamente de estatísticas para avaliar sociologicamente os tipos e as causas de suicídios em toda a Europa e, com isso, serviu de modelo de como é possível usar proveitosamente as estatísticas para investigações sociológicas. Além disso, a ciência política dos Estados Unidos, desde o início do século XX, usa extensivamente técnicas estatísticas para suas análises, até certo ponto em função do impulso dado nessa direção por Paul Lazarsfeld (1901-1976). Por fim, algumas áreas usam mais extensivamente as estatísticas do que outras, em particular aquelas cujos dados são mais facilmente quantificáveis, como os estudos sobre a opinião pública ou sobre o sistema partidário[28].

- **Análise de conteúdo e análise do discurso** – São duas técnicas que investigam os argumentos e as ideias apresentadas em textos ou em falas. Assim, elas são aplicáveis seja a textos previamente escritos e de alguma forma publicados (cartas íntimas, artigos de jornais, textos acadêmicos etc.), seja a falas registradas pelos pesquisadores em entrevistas. Tanto no caso da análise de conteúdo quanto na análise do discurso o que importa é esquadrinhar os argumentos e as palavras usados, embora as perspectivas específicas de cada uma dessas técnicas varie. A análise do discurso concentra-se na parte propriamente argumentativa dos textos, investigando a retórica empregada, as contraposições e as afirmações feitas, as ideias deixadas implícitas etc. Nesse sentido, é possível dizer que a análise do discurso aproxima-se de uma investigação de caráter mais filosófico (embora, sem dúvida, não esteja no âmbito da filosofia). A análise de conteúdo, por seu turno, examina as palavras e os termos usados, as frequências com que são empregados, os respectivos campos semânticos e assim por diante. Em outras palavras, ela permite uma análise mais quantitativa dos textos[29].

Assim, a riqueza metodológica da sociologia política é bastante grande, como se pode perceber. Aliás, como observou Sartori (1981),

---

28 O livro organizado por Detlef Sprinz e Yael Wolinsky-Nahmias (2004), Models, Numbers, and Cases, *embora seja primariamente dedicado a relações internacionais, é útil para qualquer pesquisador de sociologia política que queira usar modelos e procedimentos mais quantitativos.*

29 *Uma exposição que já se tornou clássica da análise de conteúdo é Bardin (1977).*

os métodos em si são propriedade comum, se não de todas as ciências, pelo menos de todas as **ciências sociais**. Mesmo que uma área específica desenvolva uma técnica mais apropriada às suas particularidades, essa técnica pode ser apropriada, com modificações e adaptações, por outras áreas. A observação participante é um exemplo claro disso, na medida em que foi empiricamente desenvolvida pelos antropólogos, mas tem sido cada vez mais empregada na sociologia política (cf. Kuschnir; Carneiro, 1999; Montero; Arruti; Pompa, 2011). Dessa forma, lembrando que os métodos são **instrumentos** intelectuais e físicos para a obtenção e a análise de dados, o acervo metodológico disponível é cada vez maior. O pesquisador pode escolher o que lhe interessa, de acordo com seus interesses intelectuais, suas orientações filosóficas, epistemológicas e teóricas e suas possibilidades físicas e financeiras.

Dito isso, nas ciências humanas, em geral, e nas ciências sociais, em particular, há algumas polêmicas envolvendo os métodos. Algumas delas são questões mais de ênfase do que substantivas – as disputas entre métodos qualitativos e quantitativos, por exemplo –, mas há algumas disputas que se referem a problemas de fundo, como a que opõe as ciências do espírito às ciências naturais. As próximas subseções tratarão desses temas.

2.2.1 A QUERELA CIÊNCIAS NATURAIS *VERSUS* CIÊNCIAS DO ESPÍRITO

Talvez uma das polêmicas mais antigas e recorrentes nas ciências sociais é a que opõe as ciências do espírito às ciências naturais. Ela também é conhecida como *problema do método das ciências sociais*, embora a referência feita ao **método**, aqui, seja imprecisa e um tanto enganadora. Essa querela vincula-se, ou melhor, origina-se na tradição filosófica alemã e, desde meados do século XIX, afirma a particularidade irredutível do ser humano face à natureza. Parte dessa particularidade define-se pela **subjetividade humana** – por definição, inexistente na natureza, que só é atingível pela objetividade –, mas uma parte também se vincula à concepção de alma humana, ou de espírito humano, que é o que caracteriza o ser humano de maneira radicalmente diversa da natureza. O espírito, uma elaboração claramente metafísica, pode ser individual ou coletivo, dependendo do autor que trate dele. De qualquer maneira, o que importa notar é que cada cultura ou cada indivíduo tem um espírito que é irredutível a qualquer outro espírito.

Essas concepções têm algumas consequências claras e importantes. Por um lado, de acordo com elas, não tem sentido aplicar às ciências do espírito os mesmos procedimentos das ciências naturais, pois os objetos são radicalmente diversos (a diferença seria ontológica, isto é, relacionada à constituição dos objetos). Nesse sentido, não se trata de buscar a objetividade, mas de pesquisar as subjetividades (coletivas e individuais)[30]. Por outro lado, como o que importa é a individualidade irredutível do espírito, também não faz sentido tentar elaborar generalizações, pois elas, além de basearem-se na objetividade própria às ciências naturais, buscam o que é comum a vários casos e deixam de lado o que é específico de cada caso, ou seja, deixam de lado precisamente o que se deve valorizar. Assim, é possível realizar comparações entre diferentes casos, mas essas comparações não são feitas entre muitos casos e, portanto, não buscam identificar o que há de comum entre todos eles; elas ocorrem entre poucos casos e o que importa é evidenciar os traços **particulares** de cada caso considerado.

---

30 *Assim, as ciências do espírito seriam aquelas que estudam e sistematizam as produções do espírito humano: história, literatura, legislação, jurisprudência, filosofia, sociologia, psicologia – e mesmo teologia.*

Outro importante motivo para que as comparações não sejam aceitáveis, de acordo com a tradição das ciências do espírito, é que as particularidades não recaem somente sobre os objetos estudados – cujas especificidades devem ser mantidas e valorizadas –, mas também sobre os próprios analistas. Assim, as concepções dos pesquisadores seriam particulares (ou contextuais), de tal modo que, mudando as sociedades, ou os contextos, as concepções mudariam e, portanto, não seria possível efetivamente elaborar generalizações. Uma derivação dessa concepção é que existem várias correntes – com frequência chamadas coletivamente de *pós-modernas* – que afirmam que as interpretações, na medida em que são subjetivas e que dependem de indivíduos localizados em contextos sociais bastante específicos (variando em função do gênero, do sexo, da raça, da classe social, do país, da civilização, da religião, do grupo político etc.), inserem elementos imponderáveis que influenciam decisiva e definitivamente as ciências (naturais e humanas), de tal sorte que não haveria objetividade científica, mas apenas representações do mundo adequadas às posições que os indivíduos nele ocupam. Caberia ao pesquisador, então, propor contraleituras, isto é, realizar pesquisas que desmascarassem os vieses e os interesses ocultos nas interpretações que se apresentam como científicas[31].

---

31 *O termo pós-moderno é um dos mais complicados que há para serem empregados em razão de, pelo menos, dois motivos: por um lado, há uma grande imprecisão teórica e histórica no seu emprego, tanto da parte de seus defensores quanto da parte de seus críticos; por outro, ele é um termo adotado para referir-se a um sem-número de perspectivas diferentes em termos teóricos, metodológicos, epistemológicos e políticos. Talvez um dos poucos traços comuns a todos eles seja a* **crítica** *ao mundo moderno – embora essa crítica resulte por vezes em um* **anti***modernismo e por vezes em uma ultrapassagem do modernismo (literalmente, um* **pós***-modernismo), entendendo-se por* moderno *uma pluralidade de significados: objetivismo, materialismo, ocidentalismo, machismo (ou falocentrismo), eurocentrismo, racialismo, essencialismo, cientificismo etc. Uma discussão circunstanciada e interessante do pós-moderno pode ser lida em Kumar (1997).*

Além disso, considera-se que outras duas características do espírito são a liberdade, ou seja, a ausência de restrições, e a ação intencional, no sentido de que, se alguém age de alguma forma, o faz porque quis agir dessa forma[32]. Assim, não se deve buscar **explicar** as ações humanas – pois as explicações estabelecem relações objetivas e naturais de causalidade –, mas deve-se **interpretar** as ações humanas, ou seja, estabelecer subjetivamente as relações de sentido.

Um exemplo concreto pode ser útil. De acordo com a concepção interpretativa, ou compreensiva, não é adequado perguntar "Como explicar a composição de *Ilíada*, de *Homero*?"; tal pergunta pressupõe a possibilidade de estabelecimento de uma relação causal entre sociedade específica, com instituições determinadas, e a redação do poema grego, no sentido de que o indivíduo chamado Homero teria sido obrigado a escrever esse poema da forma como foi escrito. Para a perspectiva interpretativa, a pergunta correta a ser feita é: "Qual a intenção de Homero ao escrever a *Ilíada*?". Essa nova indagação põe claramente em relevo as intenções de Homero, ao mesmo tempo em que permite que se investiguem as influências que o ambiente social produziram sobre essa obra.

Para realizar uma interpretação, o pesquisador deve conhecer a vida daquele a quem interpretará, lendo suas obras e estudando os relacionamentos que tiver mantido. Com isso, buscará inferir quais foram os pensamentos, os sentimentos, as ideias que o indivíduo interpretado teve quando agiu. Alguns autores dessa linha teórico-metodológica sugerem que essas interpretações, ou esses

---

32 *É necessário esclarecer que não se trata de toda e qualquer ação ou interação humana. Um indivíduo que acidentalmente tropece ao andar na rua não tem a intenção de tropeçar; da mesma forma, não importa para a análise interpretativa o esbarrão que alguém dá acidentalmente ao andar na rua, uma vez que apenas as ações realizadas conscientemente, intencionalmente, importam.*

procedimentos de compreensão subjetiva, baseiam-se no espírito, que seria comum a todos os seres humanos e que ligaria uns aos outros por algum processo incognoscível; outros autores afirmam a existência da subjetividade em todos os seres humanos.

Cada um desses fundamentos tem diferentes consequências para as possibilidades de compreender. Se o entendimento basear-se no compartilhamento do espírito, a interpretação proposta pelo pesquisador será muito mais correta do que no caso de a compreensão fundamentar-se apenas na subjetividade de cada um. No âmbito das ciências sociais, o autor mais importante que propôs e defendeu a **metodologia compreensiva** foi Max Weber. Ele não explicitou o fundamento das interpretações, mas sempre afirmou o caráter provisório, tentativo, desse expediente.

> As interpretações seriam apenas possíveis descrições da subjetividade do indivíduo pesquisado, feitas com base na subjetividade do próprio pesquisador.

Como a **metodologia interpretativa** busca o que há de específico em cada situação social ou em cada ação individual, ela foi denominada pelo filósofo alemão Wilhem Windelband (1848-1915) – um de seus defensores – de **metodologia idiográfica**. O que isso quer dizer? *Idiográfico* significa "descrever o específico" (do grego *idio*, próprio, específico; *grafo*: descrever, descrição). Em contraposição à pesquisa idiográfica, há as **pesquisas nomotéticas**, que buscam a produção de leis (ou de generalizações – *nomotético* também vem do grego e significa "relativo a lei"). As ciências do espírito seriam idiográficas, as ciências naturais seriam nomotéticas.

Além disso, embora alguns teóricos da compreensão opusessem a explicação à interpretação – como no caso do filósofo Wilhem Dilthey –, o próprio Weber aceitava unir os dois procedimentos, ainda que subordinasse a explicação à compreensão, no sentido de que explicar um acontecimento seria ligar entre si as várias ações dotadas de sentido. Para isso, seria necessário que a interpretação subjetiva se baseasse em dados objetivos (relatos históricos, documentos, estatísticas etc.)[33]. Por exemplo: para ele, explicar a Revolução Francesa consistiria em relacionar entre si as ações intencionais dos políticos, dos grupos sociais, dos indivíduos que, por diferentes motivos, reuniram-se em Paris a partir de 1789 e que, progressivamente, mudaram as leis da França, aboliram o feudalismo e o absolutismo e, depois, proclamaram a República e executaram os antigos monarcas.

> A ênfase nos aspectos distintamente humanos da **metodologia compreensiva** e os vieses, por vezes mecanicistas, das explicações científicas levou muitos autores a considerar que as pesquisas idiográficas seriam as específicas das ciências sociais. Além da particularidade metodológica e ontológica, essas pesquisas gozariam e ainda se qualificariam como humanistas, ao proporem-se a não recair na desumanização das explicações científicas[34].
>
> As **propostas interpretativas** consideram estudar e concentrar-se no que há de especificamente humano. Nesse sentido, elas percebem-se como as únicas metodologias adequadas ao ser humano, afirmando ao mesmo tempo que as metodologias explicativas e nomotéticas são adequadas, mas restritas às ciências naturais. Disso se conclui que aplicar ao ser humano os métodos específicos das ciências naturais o desumanizaria, ao ignorar suas particularidades. A busca de generalizações, isto é, de leis sociológicas seria a coroação da desumanização.

Essa forma de encarar as relações entre ciências humanas e ciências naturais fez e faz bastante sucesso. Mesmo autores que consideram ser possível aplicar ao ser humano o que se considera serem os métodos das ciências naturais tendem a concordar com a visão geral proposta pelos teóricos das ciências do espírito. Por esse motivo, não

---

33 Ringer (2004) e Schluchter (2014) expõem em detalhes essas concepções de Weber.
34 Essa é, por exemplo, a concepção de Hughes (1983). Levine (1997), sem necessariamente concordar com essa perspectiva, apresenta os argumentos dos interpretativistas e dos positivistas.

é raro encontrar na literatura das ciências sociais observações desse tipo, apresentadas implícita ou explicitamente: as interpretações são exclusivas das ciências humanas. Quando as ciências naturais fazem interpretações, elas adotam procedimentos das ciências humanas ou afastam-se da objetividade. As leis sociológicas são sempre objetivistas e incompatíveis com a consideração das subjetividades (do objeto e do pesquisador). Como as ciências do espírito são diferentes das ciências naturais, é natural que tenha uma metodologia específica – daí a particularidade e a importância da interpretação.

> Essas concepções integram o que chamamos no início desta seção de *querela do método*. Como se vê, a proposta das ciências do espírito ou interpretativista ou idiográfica (ou, ainda, humanista), apresenta-se claramente contra outra concepção: a nomotética ou científica ou, com imprecisão, até de positivista. De modo mais específico, no âmbito da ciência política, a abordagem nomotética assumiu a forma do comportamentalismo (ou behaviorismo) durante o século XX.

O **comportamentalismo** desenvolveu-se nos Estados Unidos a partir da década de 1940, com base na confluência de várias tradições e preocupações. Os pensadores do chamado *círculo de Viena* ou **neopositivistas** – que, em virtude da Segunda Guerra Mundial (1939-1945), emigraram da Europa para os Estados Unidos –, difundiram suas concepções sobre a ciência. Entre outros elementos, defendiam que a teologia e, acima de tudo, a metafísica são concepções sem sentido, na medida em que elas não se baseiam no conhecimento empírico e que as afirmações teológicas e metafísicas não têm correspondência com a realidade. Também defendiam que a ciência elabora afirmações teóricas e que essas afirmações podem e devem ser passíveis de comprovação empírica, isto é, as ideias devem corresponder aos fatos, que é possível reduzir as várias ciências umas às outras[35] e que, portanto, **faz sentido defender a unidade da ciência e do método científico**. Aliás, com os *emigrés* europeus[36], também foram alguns pesquisadores com tradição de investigações estatísticas, como Paul Lazarsfeld, que refinaram metodologicamente as pesquisas feitas nos EUA e iniciaram novas linhas de pesquisa (como sobre o comportamento eleitoral). Por outro lado, desde o início do século XX havia nos EUA uma forte tradição de pesquisa empírica na sociologia, especialmente na sociologia urbana.

Esses vários fatores reforçaram-se mutuamente e, a partir da década de 1950, o cientista político David Easton (1917-2014) propôs que se praticasse a ciência política adotando-se **critérios científicos**. O que ele entendia por isso? Além dos elementos empíricos, antimetafísicos e de correspondência entre as teorias e a realidade, ele propunha a elaboração de generalizações, a existência de uma realidade objetiva, externa ao pesquisador. Da mesma forma, propunha que a ciência política deveria ser tanto objetiva quanto neutra em termos de valores. Em virtude da **objetividade** e da **neutralidade**, seria possível examinar várias situações particulares independentemente dos contextos específicos e, com isso, elaborar generalizações capazes de explicar e predizer os fatos.

---

35 *A redução de uma ciência a outra consiste em que é possível explicar uma ciência por meio dos dados de outra ciência. Assim, por exemplo, a sociedade seria explicável pelo comportamento dos indivíduos, o qual seria explicável pela biologia, a qual seria explicável pela física e pela química. Essa concepção foi exposta por Carnap (1978).*

36 *Os emigrés ("emigrados", em francês) eram pesquisadores europeus que foram da Europa aos EUA, fugindo do nazismo e da Segunda Guerra Mundial. É claro que entre tais pesquisadores não foram apenas os membros do círculo de Viena, mas muitos outros, pertencentes a inúmeras correntes e escolas teóricas e metodológicas. No âmbito das ciências sociais, podemos citar também os alemães Hannah Arendt, Hans Morgenthau, Léo Strauss, Theodor Adorno e Max Horkheimer, além do francês Claude Lévi-Strauss. Todos eles produziram importantes obras, que influenciam até hoje as ciências sociais.*

Em conformidade com essas características, Easton afirmava que a teorização deveria assumir um caráter diverso daquele praticado até então: em vez de a teoria política consistir na recapitulação cerimonial das ideias dos filósofos políticos clássicos, na elaboração de filosofias da história[37] e na proposição de propostas do que a política deve ser, ela deveria consistir em enunciados teóricos sobre fatos, de caráter empírico e axiologicamente neutras. Ele também considerava que os enunciados científicos deveriam ter a capacidade de ampliar-se progressivamente em termos de abrangência dos fatos considerados, isto é, ele propunha que a ciência política deveria ter um **caráter cumulativo** (cf. Easton, 1968; 1970). Todas essas características compõem o que chamamos de *teoria empírica* (em contraposição às *teorias normativas*). Por que a proposta de Easton recebeu o nome de *comportamentalismo*? Porque ele propunha que se estudasse a política a com base nas características objetivamente observáveis, em vez de especular-se quais seriam as motivações subjetivas dos indivíduos.

Evidentemente, uma forma mais ou menos simples de obter-se todos esses elementos é por meio do tratamento estatístico de determinadas variáveis, como dos votos obtidos pelos partidos políticos no decorrer do tempo, em diversas eleições, ou por meio do tratamento estatístico das respostas dadas a questionários sobre os hábitos políticos dos indivíduos. Nesse sentido, não é difícil encontrar-se ainda hoje cientistas políticos que lançam mão extensamente de estatísticas, afirmando serem positivistas. De qualquer maneira, a proposta de David Easton também resultou em pesquisas sobre o sistema político, sobre o conceito de *poder*, sobre a estrutura e a organização das

---

37 *No presente contexto, uma filosofia da história consiste em uma narrativa que abranja o conjunto da história humana e que afirme a existência de um sentido geral para a história. Assim, por exemplo, para Marx, o sentido da história seria a realização do comunismo via luta de classes e, para Augusto Comte, seria a realização da positividade.*

lideranças e das elites políticas, em cidades e em países, e sobre a formulação de políticas públicas.

> A objetividade no comportamentalismo não excluía a investigação do que os indivíduos pensam ou sentem a respeito da política (como no caso do estudo do comportamento político, em que se questionam as preferências dos eleitores – isto é, aspectos por definição subjetivos), mas, sem dúvida, evitava que a subjetividade do próprio pesquisador surgisse como um elemento das investigações. Além disso, embora por si mesmo o comportamentalismo não rejeitasse investigações históricas, o fato é que ele tendia a valorizar pesquisas sobre o momento presente ou que considerassem lapsos temporais mais ou menos restritos, em virtude da facilidade de obtenção de dados.

Entre as décadas de 1950 e 1960, o comportamentalismo teve grande sucesso, tanto na ciência política quanto na área de relações internacionais. A partir do final dos anos 1960, as críticas a essa proposta teórica, metodológica e epistemológica avolumaram-se e outras concepções surgiram (ou reapareceram). Devemos notar que críticas ao comportamentalismo sempre existiram, mas somente então elas assumiram o primeiro plano no cenário intelectual. Quais eram as críticas? Eram muitas, referentes a vários aspectos.

Criticava-se a pretensão de objetividade e de neutralidade do comportamentalismo, ao afirmar-se que os pesquisadores não são neutros ao realizar suas pesquisas e ao propor suas teorias, assim como a subjetividade está sempre em ação (o aprofundamento dessa crítica, em alguns casos, resultou na consideração de que a objetividade simplesmente não existe). Além disso, ainda no âmbito da subjetividade, alguns afirmavam que o pesquisador faz parte da própria realidade que pesquisa e que, portanto, ele é parte integrante e interessada nos resultados da pesquisa e, ainda, ao integrar essa realidade (como cidadão e como pesquisador), o investigador a modifica.

A possibilidade de comparar diferentes contextos e, assim, de obter generalizações amplas foi posta em questão, com base na consideração de que as ações dos indivíduos pautam-se por motivações que variam de acordo com os contextos. Uma ação que objetivamente pode ser a mesma – digamos, o voto em determinado partido político – pode variar muito em termos subjetivos – por exemplo, esse voto pode ser motivado pela concordância com a ideologia partidária, ou pela rejeição ao partido rival, ou pelo apoio que determinado líder deu ao partido em que se votou, ou pela teoria do voto útil[38] ou, ainda, por uma combinação desses motivos.

Outra crítica ao comportamentalismo consiste na valorização das teorias normativas, para além da dúvida em relação às generalizações comparativistas. David Easton era claro a respeito do que entendia por teoria política: para ele, deveriam ser as teorias que descrevem objetivamente a lógica e o funcionamento de fenômenos políticos, ou seja, seriam teorias científicas, que deveriam dizer como a realidade é, não como a realidade **deveria ser**. As críticas a essa concepção entendem que as teorias políticas normativas, isto é, que sugerem como a realidade deveria ser, são tão ou mais importantes do que as teorias empíricas, na medida em que estabelecem os parâmetros de uma sociedade e de uma organização política boa, justa, correta, legítima.

Uma consequência da valorização das teorias normativas e da afirmação dos contextos sociais específicos é a rejeição da ideia de cumulatividade nos conhecimentos sobre a política. Em outras palavras, não seria possível elaborar concepções generalizantes cada vez mais amplas; poderíamos apenas conhecer cada vez mais casos particulares.

---

38 *O voto útil consiste em um cálculo que os eleitores podem fazer, especialmente em eleições para cargos majoritários (prefeitos, governadores, presidente, senadores): ao reconhecer que o candidato de sua preferência não será eleito, mas que um candidato de quem não gosta pode ser eleito, o eleitor vota em outro candidato mais próximo de seu perfil político-ideológico e que tenha condições de ser eleito, a fim de não "desperdiçar" seu voto.*

Como se vê, de modo geral as críticas feitas ao comportamentalismo referem-se às ideias de objetividade e de neutralidade, bem como às suas consequências. Ao rejeitar a possibilidade e a validade de amplas generalizações, essas críticas, de modo geral, orientaram-se para metodologias que valorizam mais a subjetividade, tanto dos grupos pesquisados quanto, de modo mais importante, do próprio pesquisador. Além disso, essas críticas valorizam a história, entendida como a sucessão de contextos particulares, seja de acontecimentos concretos, seja de ideias e conceitos. Embora essas críticas tenham provindo dos mais variados âmbitos e tenham considerado os mais diversos aspectos (teóricos, epistemológicos, metodológicos, políticos), é fácil perceber que muitas delas retomam concepções próximas daquelas feitas pelos adeptos das ciências do espírito – e, de fato, Max Weber é um autor citado positivamente com frequência por tais críticos e é entendido como uma abordagem alternativa ao comportamentalismo.

No decorrer das décadas de 1970 a 1990, as críticas e as concepções críticas ao comportamentalismo desenvolveram-se bastante. Assumindo que o comportamentalismo seria positivista, essas concepções críticas seriam pós-positivistas[39]. Não há dúvida de que o comportamentalismo não deixou de ser praticado nesse período. Todavia, muitas críticas dirigidas a ele foram reconhecidas como legítimas – por exemplo, a respeito de seu objetivismo ingênuo e da busca da neutralidade – e pelo menos desde o início do século XXI as críticas, sem deixar de existir, diminuíram de intensidade e de quantidade, ao mesmo tempo em que uma espécie de comportamentalismo

---

39 *A expressão* pós-positivista *é reconhecidamente vaga e tem como objetivo apenas abarcar as concepções críticas ao positivismo. Assim, inclui desde críticas menores ao comportamentalismo até as perspectivas* **anti***positivistas, passando pelas posturas* **não** *positivistas.*

renovado passou a ser praticado⁴⁰. Contudo, essa **nova fase** do comportamentalismo convive com um maior pluralismo teórico, metodológico e epistemológico. Como afirmamos anteriormente, não que na primeira fase do comportamentalismo não houvesse tal pluralismo, mas as outras perspectivas eram francamente secundárias, o que não ocorre atualmente, em que as concepções rivais ao comportamentalismo têm maior espaço institucional e intelectual.

Dois comentários para concluir a presente seção. Em primeiro lugar, devemos observar que, em linhas gerais, a literatura das ciências sociais (o que inclui, evidentemente, a sociologia política) apresenta brevemente a perspectiva nomotética, indica a existência da querela do método e expõe em detalhes as concepções e as críticas que a abordagem interpretativista formula à nomotética. Entretanto, deixa de lado as eventuais respostas que esta última apresentaria, o que gera um sério desequilíbrio teórico e epistemológico. A dificuldade consiste em que esse desequilíbrio é tão mais sério quanto considera-se que ambas as abordagens são extensamente praticadas nas ciências sociais.

Em segundo lugar, ao iniciarmos esta seção, comentamos que a expressão *querela metodológica* é enganadora: neste ponto, parece fácil entender o porquê dessa avaliação. A querela não se refere primariamente ao método empregado, isto é, aos instrumentos intelectuais e físicos empregados para pesquisar a realidade. Como vimos, a disputa refere-se, antes de mais nada, às diversas concepções sobre o que é a

---

40 Assim, por exemplo, Munck (2007) considera que desde 1989 a ciência política vive um período de "segunda revolução científica" (a primeira revolução teria sido a do comportamentalismo), após a ocorrência e a absorção das críticas ao comportamentalismo. É interessante notar que, embora valorize essa fase de síntese, Munck não deixa de perceber defeitos teóricos, metodológicos e epistemológicos nela (por exemplo, a falta de integração teórica entre os vários níveis analíticos).

ciência e sobre o processo de conhecimento do ser humano. Não se trata, portanto, de uma disputa entre **métodos**, mas entre concepções **epistemológicas**. Ainda assim, o nome perdura, em virtude do peso da tradição.

Cada uma dessas abordagens – a nomotética e a idiográfica – representa uma forma específica de conceber e de realizar as pesquisas nas ciências humanas, de modo geral, e na sociologia política, de modo particular. Por vezes essas concepções apresentam-se de maneira mais pura, por vezes de maneira combinada. Assim, entre as inúmeras disputas e propostas teóricas, metodológicas e epistemológicas, é possível ver traços dessa querela – ou, por outro lado, é possível ver nas diversas propostas e disputas versões renovadas da presente querela. Nas duas próximas subseções, apresentaremos rapidamente outras disputas que têm suas características específicas, mas que também ressoam, de alguma forma, a querela metodológica entre abordagens nomotéticas e idiográficas.

2.2.2 Métodos quantitativos e métodos qualitativos: a lógica da inferência

A oposição que abordaremos agora é entre "famílias" de metodologias: apresentaremos os métodos **qualitativos** e os métodos **quantitativos** e, na medida do possível, faremos alguns contraposições entre eles na sequência.

Os métodos quantitativos são os mais facilmente compreensíveis. Trata-se de métodos que buscam **quantificar** a realidade social, isto é, buscam entender a sociedade por meio da manipulação de modelos e técnicas numéricas e, dessa forma, costumam levar em consideração grandes quantidades de dados. Os métodos qualitativos são habitualmente definidos em contraposição aos quantitativos. Eles procuram

definir as concepções, as avaliações que os indivíduos têm da realidade social. Às vezes, os elementos não são passíveis de quantificação, mas, na maioria das vezes, nas pesquisas qualitativas isso não é relevante. Assim, também é possível entender cada uma dessas "famílias" metodológicas considerando a quantidade de dados envolvida: caso deseje-se analisar **muitos** casos, a metodologia será quantitativa; caso a pesquisa envolva **poucos** casos, ela será qualitativa.

Ora, para que se faça uma boa medição – isto é, para que se empregue bem um método quantitativo – é necessário previamente estabelecer com clareza quais são os parâmetros da pesquisa, quais os conceitos que se utilizará, o que se pesquisará etc. Em outras palavras, um bom trabalho teórico, ou seja, um bom trabalho **qualitativo** precede qualquer investigação quantitativa[41]. Inversamente, embora seja sempre importante conhecer os vários tipos sociológicos que há na sociedade, com frequência também é importante saber qual a sua participação na sociedade, qual a sua evolução no tempo e assim por diante, de tal sorte que uma pesquisa quantitava pode ser consequência de (ou a base para) uma pesquisa qualitativa. Em suma: como os métodos são instrumentos para conhecimento da realidade e como um instrumento não é bom ou ruim por si mesmo, mas mais ou menos útil, mais ou menos adequado, não há motivo para adotar-se uma posição de princípio em favor de uma ou outra variedade metodológica. Na maioria das vezes, o que ocorre é o uso combinado de metodologias qualitativas e quantitativas, dependendo

---

41 *Essa observação parece-nos óbvia; contudo, é necessário apresentá-la explicitamente, na medida em que, por vezes, os pesquisadores com viés mais quantitativo consideram que a mera apresentação de dados numéricos basta por si mesma, sem observarem com muito rigor a obtenção desses dados ou a importância que eles podem ter para confirmar ou rejeitar uma teoria qualquer. Uma discussão excelente a respeito pode ser lida em Sartori (1970).*

das preferências, das necessidades e das possibilidades dos pesquisadores. Em outras palavras, é sempre recomendável, como possivelmente necessário, o **pluralismo metodológico**[42].

Notemos de passagem que, assim como há métodos mais ou menos úteis e mais ou menos complementares em relação a outros métodos, evidentemente há especializações profissionais e preferências pessoais e institucionais. De modo geral, na prática da ciência, a especialização dos pesquisadores tem sua importância lógica e teórica ao permitir o aprofundamento do conhecimento humano em vários campos. O aprofundamento teórico com frequência também acarreta o aperfeiçoamento metodológico, ou seja, buscam-se novos e melhores meios para investigar-se o que se deseja pesquisar. A recíproca costuma ser verdadeira: o aperfeiçoamento metodológico, por sua vez, também costuma resultar em importantes resultados teóricos, ao indicar com maior precisão dados conflitantes com as teorias, dados coletados anteriormente de maneira imprecisa e assim por diante[43].

---

42 *Por outro lado, devemos observar que a recomendação em favor do pluralismo metodológico exige que os vários métodos adotados sejam realmente complementares entre si, ou seja, que permitam investigar diversas facetas do fenômeno investigado e que essas facetas devem compor uma imagem única no final. Por que fazemos essa observação? Porque o pluralismo metodológico pode ser entendido – erroneamente – como uma justificativa para o uso acrítico de métodos de pesquisa, resultando no fato de que se fazem várias pesquisas, mas elas apontam para direções muito diferentes. Nesse caso, o método acaba desempenhando mais uma função retórica do que instrumental. Uma discussão interessante a respeito é a apresentada por Oliveira Filho (1995).*

43 *Com o objetivo de ajudar os pesquisadores a empregarem métodos de pesquisa em suas investigações sociocientíficas, indicamos Bauer e Gaskell (2005), Yin (2005; 2016) e Poupart et al. (2010) para os métodos qualitativos; Cervi (2017; 2019) para os métodos quantitativos; e Creswell (2010) para ambas as modalidades, bem como para os métodos mistos.*

A **oposição** entre metodologias qualitativas e quantitativas muitas vezes é apresentada apenas com fins didáticos. Nesse sentido, não há maiores problemas com isso. A dificuldade surge quando se propõe que essa oposição entre esses métodos não é apenas didática, mas de caráter mais profundo – política, ideológica, filosófica –, de tal sorte que o investigador tem de decidir qual o método que adotará de maneira rígida e dicotômica: ou adota os quantitativos, ou adota os qualitativos – ambos ao mesmo tempo não seria possível.

Uma possível explicação para a oposição dicotômica entre os métodos de pesquisa pode ser a de que os elementos gerais das metodologias quantitativas são próximas do *comportamentalismo*, assim como os elementos das metodologias qualitativas aproximam-se das perspectivas interpretativistas. Outra possibilidade para essas oposições marcadas pode estar no âmbito **político**. Alguns métodos permitem que os grupos sociais se expressem, ou melhor, que se expressem mais, isto é, tais métodos fazem entrevistas (estruturadas, semiestruturadas ou abertas) e recolhem os depoimentos de grupos sociais. Assim, por meio de métodos seria possível que grupos sociais considerados excluídos manifestassem suas perspectivas, suas opiniões – e, dessa forma, esses métodos seriam progressistas, ao mesmo tempo em que os métodos que impedem essas manifestações populares seriam conservadores ou reacionários[44].

> Vários autores – como Sartori (1981) e Bourdieu, Chamboredon e Passeron (2010) – recomendam explicitamente o pluralismo metodológico, ou seja, a combinação de métodos para realizar as pesquisas sociais, de acordo com as necessidades, as possibilidades e os pendores de cada pesquisador.

---

44 *É possível encontrar exatamente essa opinião em Minayo (2010).*

A despeito disso, o fato é que os cultores de algumas metodologias tendem a enfatizar em demasia a importância intelectual e filosófica de suas próprias metodologias e, com isso, o método deixa de ser visto como um instrumento (ao mesmo tempo intelectual e físico) para a investigação, tornando-se o símbolo de adesão a projetos políticos e intelectuais variados. Em outras palavras, os métodos deixam de tratar de pesquisas e passam a ser objeto de disputas sobre si mesmos. Com isso, perde-se a necessária complementaridade entre as metodologias, perdem-se as virtudes de cada um dos métodos e acabam ressaltando-se os seus vícios (particulares e/ou conjugados). Aliás, por mais evidente que pareça a recomendação feita por grandes pesquisadores no sentido de que é necessário adotar um pluralismo metodológico, o simples fato de que essa recomendação deve ser afirmada e reafirmada já indica algo, isto é, que a recomendação do pluralismo com frequência é **esquecida**.

A relação – complementar ou exclusivista – entre as "famílias" metodológicas é algo que vem pelo menos desde o século XIX, quando a sociologia foi fundada. Em 1994, o livro *Designing Social Inquiry* (*Projetando a pesquisa social*), de Gary King, Robert Keohane e Sidney Verba[45], fez esse debate entrar em uma nova etapa. De que maneira? Os autores propuseram que as duas "famílias" metodológicas, mesmo tendo seus procedimentos específicos, devem obedecer à mesma lógica fundamental, a **lógica da inferência**. Com isso, eles propuseram que as famílias devem unificar-se, ou seja, seus resultados devem tornar-se realmente complementares. Como ocorreria a lógica da inferência?

---

45 *A despeito de seu nome formal, esse livro é mais conhecido por "KKV", em referência às letras iniciais dos sobrenomes de seus autores (King, Keohane e Verba).*

Recentemente, Renato Perissinotto (2009b) reviu os argumentos apresentados pelo filósofo inglês John Stuart Mill a respeito da lógica científica e notou que a inferência deve ser entendida como a passagem entre o que é conhecido e o que é desconhecido. Os casos de fato conhecidos são relativamente poucos, tendo em vista a totalidade do que existe, e a inferência consiste em uma afirmação que extrapola os casos conhecidos, generalizando o que se conhece para a totalidade de situações semelhantes (essa totalidade, por definição, é desconhecida).

> Dessa forma, a lógica da inferência permite que, com base nos casos conhecidos – e conhecidos por meio dos mais diferentes métodos –, sejam feitas generalizações que descrevam e expliquem o comportamento dos casos estudados. É importante notarmos que cada generalização feita – que é no que consiste, precisamente, a inferência – é uma **hipótese**. Dito de outra maneira, consiste em uma espécie de "aposta intelectual".

No caso particular dos métodos **qualitativos**, é fácil entender o funcionamento da lógica da inferência. A busca de dados mensurados, com a elaboração de gráficos e a aplicação de métodos estatísticos cada vez mais refinados, permite que se proponham tendências para os diversos fenômenos estudados. De modo mais específico, é **relativamente** fácil estabelecer a maneira como duas (ou mais) variáveis agem uma em relação à(s) outra(s), como há variações de taxa de uma variável em relação à(s) outra(s), e assim por diante. Determinar se essas variações simultâneas ocorrem equivale a identificar as **correlações**; o passo seguinte é determinar se as correlações estão ligadas entre si por meio de relações de causalidade, em que a variação de um índice vincula-se à variação do outro índice ou em que ambos estão ligados entre si por outro índice que também varia. Esse passo é o do estabelecimento da **relação causal**[46].

A inferência causal já se torna um pouco problemática quando aplicada às metodologias **qualitativas**, pois estas com frequência buscam realizar **descrições** da realidade humana, seja individual, seja coletiva. Essas descrições podem ser interessantes por si sós, mas – é esse o argumento de Keohane, King e Verba (KKV) – em termos sociológicos elas são insuficientes, pois não estabelecem relações lógicas e causais dos eventos que elas descrevem com proposições teóricas mais amplas. Sem estabelecer esses vínculos teóricos, as pesquisas qualitativas tendem a ser meramente descritivas, recaindo em uma forma pobre de empirismo, ou seja, no empirismo que acredita que só apresentar determinada realidade basta para conferir-lhe o *status* de cientificidade e que nenhum passo além disso é necessário. Nesses termos, o livro de KKV propõe que as pesquisas qualitativas não se encerrem em si mesmas e que se relacionem de maneira mais clara, mais intensa, com outras modalidades metodológicas e com o esforço científico das ciências sociais de modo mais amplo.

---

46 *A diferença entre* correlação *e* relação causal *é importante. A correlação indica apenas que duas coisas ocorrem mais ou menos ao mesmo tempo, ou uma em seguida à outra. Porém, a coexistência ou a sucessão no tempo, por si só, não indica nem implica que um fato liga-se ao outro. A correlação em que dois fatos são simultâneos ou coexistentes entre si, mas não há relação causal entre ambos é chamada de* correlação espúria*. Dito de outro modo, a* correlação espúria *consiste na mera coincidência do comportamento das tendências analisadas. Um exemplo banal de correlação espúria: (1) todos os seres humanos tomam água a vida inteira; (2) todos os seres humanos morrem, mais cedo ou mais tarde. A correlação espúria seria a seguinte: as pessoas morrem em virtude da ingestão de água; como se sabe, o erro está em que a morte ocorre pela falta de água, não em razão de seu consumo.*

Bem vistas as coisas, os objetivos do livro de KKV foram estabelecer um parâmetro de rigor e uma finalidade científica mais clara para as metodologias qualitativas, ao mesmo tempo que uma base sistemática para o diálogo entre as "famílias" metodológicas. Entretanto, KKV também deu início a uma intensa disputa referente à ocorrência ou não da redução dos métodos qualitativos aos quantitativos, a que se associa à possibilidade de que a lógica específica dos métodos qualitativos seja desvirtuada.

Em que consistiria a redução dos métodos qualitativos aos quantitativos? Consistiria em **forçar a matematização** das pesquisas qualitativas, deixando de lado, ou jogando fora, os aspectos de fato importantes revelados por essas pesquisas (ideias, conceitos, valores, avaliações, qualidades). Além disso, os críticos de KKV consideram que as comparações feitas com base em uma quantidade grande de casos individuais – que, em última análise, seria o objetivo da aplicação da lógica da inferência causal – têm pouco poder explicativo. Dessa forma, além de perder o que as pesquisas revelam de importante, a lógica causal não resulta em nada de positivo.

No lugar de integrar as duas famílias metodológicas, muitos críticos propõem a manutenção de suas particularidades e, acima de tudo, a separação entre elas. Não se trataria apenas de diferenças menores em um esforço maior único, mas, acima de tudo, cada família metodológica corresponderia a concepções diversas do ser humano e das possibilidades de investigação social. Nesse sentido, o título que Gary

Goertz e James Mahoney (2012) escreveram como crítica a KKV é bastante explícito: trata-se de duas culturas (*two cultures*) intelectuais[47].

Não que Goertz e Mahoney sejam, em princípio, contrários a uma possível complementaridade entre métodos; sua preocupação maior consiste em preservar o que consideram ser as particularidades epistemológicas e humanas dos métodos qualitativos, rejeitando a sua incorporação à lógica da inferência causal. Nesse sentido, no que se refere às pesquisas comparativistas no âmbito da sociologia política, Goertz e Mahoney valorizam, de um lado, um comparativismo **qualitativo** e, de outro, um comparativismo **quantitativo**: o primeiro descreveria e compararia poucos casos, em que as particularidades de cada caso serviriam para iluminar e guiar a análise dos demais casos; o comparativismo quantitativo analisaria inúmeros casos – às vezes centenas, mas também apenas dezenas – para determinar a presença e a variação de elementos julgados importantes, muitas vezes, por meio de técnicas estatísticas. Além disso, o comparativismo quantitativo busca generalizações amplas, ao passo que o qualitativo, na

---

47 A expressão duas culturas *não é casual, na medida em que lembra a discussão de Snow (1990) sobre a oposição entre ciência e humanidades. Em 1959, Snow – que era químico e novelista – fez uma palestra em que observava que, embora em períodos históricos anteriores, a cultura reunia tanto elementos da ciência (isto é, das ciências naturais) quanto das humanidades (isto é, da literatura e, de modo mais amplo, das belas artes), em meados do século XX esses dois campos estavam dividindo-se e isolando-se. Para Snow, além de o ser humano tornar-se mais incompleto dessa forma, o resultado da afirmação social e acadêmica dessas duas culturas era que os cientistas conheceriam menos das artes e, por extensão, daquilo que seria próprio do ser humano e, por outro lado, os cultores das humanidades conheceriam menos da realidade cósmica, além de considerarem que a ciência não deveria integrar a cultura. Em outras palavras, a afirmação coletiva da ideia e da realidade das duas culturas conduziria a tipos opostos de alienação.*

formulação de Goertz e Mahoney, na melhor das hipóteses, busca generalizações fracas e bastante limitadas[48].

2.2.3 Teorias empíricas *versus* teorias normativas

Para concluir as oposições deste capítulo, é importante abordarmos uma de âmbito teórico, entre o que se chama de *teoria empírica* (ou, por vezes, de *teoria positiva*) e a chamada *teoria normativa*. Na ciência política e na sociologia política, as teorias normativas muitas vezes são simplesmente chamadas de *teorias políticas*, omitindo-se seu caráter normativo.

As relações entre os dois tipos de teorização aproximam-se, como não poderia deixar de ser, das relações que esboçamos nas subseções anteriores, ou seja, há algumas similaridades entre a forma como a teoria empírica e a teoria normativa relacionam-se, nas relações entre os métodos quantitativos e os qualitativos e entre as ciências naturais e as ciências do espírito.

As teorias empíricas buscam realizar generalizações e, com grande frequência, lançam mão de métodos quantitativos para isso, embora também empreguem os métodos qualitativos. As teorias normativas, por sua vez, assumem aspectos mais filosóficos e interpretativos. Da mesma forma, os cultores das teorias positivas procuram pôr à prova suas formulações, elaborando testes, propondo procedimentos de comprovação ou refutação. Em contraposição a esses procedimentos, os adeptos das teorias normativas adotam perspectivas mais

---

48 *É fácil perceber que os argumentos de Goertz e Mahoney retomam bastante os usados pelos interpretativistas na querela do método, conforme apresentado na seção anterior. De qualquer maneira, uma exposição muito didática das variantes teórico-metodológicas e epistemológicas do comporativismo na sociologia política pode ser lida em Bohn (2005).*

especulativas e elaboram prescrições políticas e sociais com base em valores claramente morais.

> Em suma: as teorias empíricas adotam os métodos quantitativos e os qualitativos, ao passo que as teorias normativas, quase que por definição, preferem os métodos qualitativos.

Há um aspecto adicional na relação entre os dois tipos de teorização política que também se relaciona aos procedimentos metodológicos preferenciais de cada uma: trata-se das constantes e recorrentes críticas que os cultores das teorias normativas fazem às teorias empíricas e, de modo um pouco mais específico, ao comportamentalismo. Como vimos antes, o comportamentalismo foi o projeto intelectual lançado na década de 1950 por David Easton, que afirmava a necessidade de profissionalização da ciência política, bem como de aumento do caráter científico das teorias políticas.

Dessa forma, o comportamentalismo fazia uma crítica intensa ao que entendia por história das ideias (políticas) – que, naquela altura, consistia em grande medida na apresentação e na reafirmação ritualística de uma sucessão de autores considerados clássicos[49]. Desde os anos 1970, mas ainda mais a partir da década de 1980, o comportamentalismo é que passou a ser criticado pela teoria política (bem entendido: pela teoria normativa), que o via como objetivista, naturalista, mecanicista e contrário à história. Por oposição, a própria teoria normativa ver-se-ia como afirmadora da subjetividade, do humanismo, do contextualismo e da historicidade.

Um sinal claro dessa (re)afirmação da teoria normativa é o fato de que ela costuma apresentar-se apenas pelo nome de *teoria política*, sem

---

49 *Como pode ser visto de maneira exemplar em Levin (1973), essa relação começaria com Platão e Aristóteles, passaria pelos romanos e pelos pensadores medievais, apresentaria os contratualistas e chegaria aos federalistas dos EUA, a John Stuart Mill e a Marx.*

nenhum qualificativo adicional, ao contrário da teoria empírica que, para ser reconhecida, exige o normativa. Como a teoria política normativa é chamada apenas de *teoria política*, surge a impressão de que ela seria o verdadeiro estilo de teorizar no âmbito da ciência política.

Pelo menos no Brasil, mas também em vários círculos no exterior, essa forma de proceder assumiu um verdadeiro aspecto ritualístico, em que não apenas se preocupa com a afirmação da validade da teoria normativa, mas também há a preocupação em negar, ou rejeitar, a validade das pretensões de cientificidade da teoria empírica, por meio da crítica ao comportamentalismo. O resultado disso é bastante direto, ainda que por vezes ele não se torne evidente: põe-se em questão a cientificidade da **ciência** política – afinal de contas, se a ciência exige teorias testáveis, parâmetros sistemáticos de comparação, procedimentos de confirmação ou refutação e se tais requisitos seriam incorretos ou inválidos, é a ciência política como um projeto de investigações positivas que se torna incorreta ou inválida. Inversamente, se a forma correta de teorizar no âmbito político é o das teorias normativas, a chamada *ciência política* deveria restringir-se à interpretação de textos e discursos[50].

É perfeitamente possível, e em certos casos também é válido, argumentar que esse imperialismo intelectual da teoria normativa é uma **reação** ao imperialismo da teoria empírica. Esse é um argumento interessante e que não pode ser posto de lado. Ele sugere o problema da **desvinculação das teorias empíricas em relação às investigações normativas**, em que, como expusemos antes, os pesquisadores expõem-se a um objetivismo ingênuo, desconsiderando os aspectos

---

50 Partindo, de modo geral, das premissas expostas acima, foi exatamente a essa conclusão que chegou o pesquisador inglês Mark Bevir, que rejeita o comportamentalismo e propõe uma ciência política interpretativa. É possível ler seu projeto em Bevir e Kedar (2008).

subjetivos das pesquisas sociais, e um neutralismo também ingênuo, em que não se percebe nem se reconhece os aspectos normativos e morais das pesquisas sociológicas.

Todavia, o problema intelectual que queremos comentar é outro e simétrico: trata-se da separação entre as teorias normativas e as teorias empíricas e, mais especificamente, da **separação das teorias normativas em relação às investigações empíricas**. Essa disjunção, com frequência, tem como resultado o fato de que as pesquisas no âmbito das teorias normativas reduzem-se a exercícios lógicos e semânticos de interpretação de textos. Dessa forma, no esforço de afirmar a própria identidade, a teoria normativa acaba exagerando (e muito) e fica à deriva, pois rompe na prática os vínculos que deveria manter com a ciência política, ao mesmo tempo em que não é nem filosofia, nem história (ainda que mantenha laços maiores ou menores com estas duas áreas-irmãs).

É interessante considerarmos o que se entende por *teoria* nas ciências naturais: quase sempre, para não dizermos simplesmente sempre, são teorias **empíricas**. O que chamamos, no âmbito das ciências sociais, de *teorias normativas*, no caso das ciências naturais, são reflexões de fundo que, com frequência, são mais pressupostas pelos pesquisadores (muitas vezes de maneira inconsciente) que apresentadas de maneira explícita, ou são considerações de ordem epistemológica, que as aproximam da filosofia[51]. Uma teoria física, por exemplo, consiste em elaborações abstratas que descrevem um determinado aspecto da realidade física e também indicam os princípios e as condições de funcionamento desse aspecto da realidade, de tal sorte, que busca ao mesmo tempo **descrever e predizer** os

---

51 Assim, por exemplo, é exatamente nesse sentido que Barker (1969) desenvolve seu argumento. As investigações na área de história das ciências realizadas por Rossi (2001) e por Canguilhem (2012) apontam para a mesma direção.

acontecimentos. Quando há várias filosofias disponíveis – o que nem sempre ocorre –, essa pluralidade fica subjacente à prática cotidiana dos cientistas ou, então, tornam-se explícitas em momentos de transição paradigmática, ou seja, de crise e de incerteza quanto aos fundamentos, aos objetos e aos métodos da ciência em questão[52].

O conjunto das discussões feitas até o momento neste capítulo e, de modo mais amplo, neste livro evidenciam um dos traços característicos das ciências sociais, que é a sua **pluralidade teórica, metodológica e epistemológica**. Em tal pluralismo, várias perspectivas e vários projetos intelectuais e políticos concorrem entre si. Evidentemente, também há disputas e concorrências entre perspectivas diversas nas ciências naturais, mas parece-nos que em menor grau. De qualquer maneira, também importa reafirmar algo que dissemos há pouco: nas ciências naturais, a palavra *teoria* refere-se ao que nas ciências sociais chamamos de *teorias **empíricas**.*

> O pluralismo das ciências sociais deve sua existência, em parte considerável, à importância intelectual e institucional das teorias normativas que, por seu turno, desempenham pelo menos dois papéis importantes: por um lado, elas estabelecem parâmetros epistemológicos e teóricos para a pesquisa propriamente científica (correspondendo, portanto, ao papel desempenhado pelas filosofias no caso das ciências naturais); por outro, elas estipulam também os valores do bem viver, indicando o que é a boa sociedade, o bom arranjo político, o que é justo e assim por diante, desempenhando um papel moral e politicamente relevante. Essas duas funções estão intimamente vinculadas, embora a diferenciação institucional entre as teorias políticas empíricas e as teorias políticas normativas indique claramente que elas possam receber diferentes ênfases no cotidiano intelectual.

---

52 *Como vimos em subseções anteriores, há ainda uma terceira possibilidade, relativa às consequências éticas e morais da prática científica. Por exemplo, se é correto um físico ajudar na construção de uma bomba nuclear; ou se um médico deve fazer experimentos clínicos em seres humanos que não autorizaram as experiências; ou se é correta a manipulação genética. Essas questões claramente têm consequências sociais e políticas enormes, mas, ainda assim, não se referem às teorias científicas em si.*

Além disso, parece claro que reservar a expressão *teoria política* apenas para a teorização normativa desconsidera um importante aspecto dessa atividade, da mesma forma como, em décadas passadas, a ênfase na teorização empírica desconsiderou o elemento normativo da teoria política. Em outras palavras, essas observações não buscam desvalorizar as teorias normativas, nem negar sua legitimidade intelectual ou institucional. O que desejamos fazer é evidenciar um **forte desequilíbrio** que tem estado em vigor na ciência política e na sociologia política há algumas décadas. Esse desequilíbrio, de maneira estreitamente análoga à disputa estreita entre os métodos qualitativos e os quantitativos, ou à querela dos métodos, entre as ciências naturais e as ciências do espírito, tende a rachar em duas a ciência política (e, evidentemente, também a sociologia política e a área de relações internacionais), o que é daninho tanto para os cientistas políticos como pesquisadores, quanto para os cientistas políticos e o público em geral como cidadãos.

O que propomos, por mais evidente que possa parecer, é que se deve buscar e manter um equilíbrio delicado entre os dois gêneros de teorização política. Uma proposição como essa integra o óbvio ululante de que falava o dramaturgo e cronista brasileiro Nelson Rodrigues (1912-1980): é tão óbvio e tão evidente que ninguém presta atenção a ele...

Em outras palavras, consideramos que os dois tipos de teorias constituem parte integrante das ciências sociais – e, portanto, da sociologia política. Dessa forma, ambos são legítimos e têm seus espaços específicos de ação; reconhecendo cada qual suas características e seu âmbito, a convivência entre eles é possível e permitirá que haja fecundações mútuas.

Para ilustrar a ideia de que os dois tipos de teorias políticas são importantes, podemos considerar alguns aspectos de uma proposta elaborada pelo sociólogo estadunidense Michal Burawoy (2009). Esse pesquisador tem há vários anos defendido a ideia de uma **sociologia pública**. É claro que, ao usar a palavra *sociologia*, o autor pensa não apenas na disciplina acadêmica atualmente especializada, mas, acima de tudo, nas ciências sociais de modo geral. Assim, a *sociologia pública* proposta por Burawoy é uma das quatro possibilidades da produção intelectual no âmbito das ciências sociais, que ele identifica ao cruzar duas grandes variáveis, a audiência (o público para o qual as produções sociológicas são dirigidas) e o tipo de conhecimento (se ele visa mais à aplicação prática ou à reflexão política). Essas quatro variedades estão indicadas no Quadro 2.3, a seguir.

Quadro 2.3 – Tipos de produção sociológica

	Audiência acadêmica	**Audiência extra-acadêmica**
Conhecimento instrumental	sociologia profissional	sociologia para políticas públicas
Conhecimento reflexivo	sociologia crítica	sociologia pública

Fonte: Burawoy, 2009, p. 222.

A classificação de Burawoy reconhece dois **públicos-alvo** para a produção sociológica: por um lado, a **academia**, isto é, os pesquisadores profissionais, os professores e os alunos; de outro lado, o **público não acadêmico**, que compreende o governo, as empresas, os sindicatos, organizações da sociedade civil e o público e os cidadãos em geral.

No que se refere ao tipo de conhecimento, ele propõe o **instrumental** e o **reflexivo**, ou seja, aquele que busca obter resultados mais ou menos concretos e aquele que busca esclarecer e orientar em termos políticos e morais. As modalidades são estas: sociologia profissional; sociologia para políticas públicas; sociologia crítica; sociologia pública. A sociologia profissional é praticada pelas comunidades de pesquisadores e seu interesse é conhecer a realidade e desenvolver modelos e teorias capazes de explicar, de maneira geral, os fenômenos sociais[53]. Ainda no âmbito acadêmico, a sociologia crítica busca elaborar reflexões mais teóricas, no sentido de fazer análises mais amplas da sociedade, incluindo explicitamente para isso critérios morais de julgamento.

A sociologia para políticas públicas, como o próprio nome indica, desenvolve análises específicas e setoriais, visando à intervenção prática na realidade. É claro que os órgãos públicos são os clientes básicos desse gênero sociológico, mas organizações da sociedade civil, empresas e sindicatos também podem utilizá-la. Finalmente, a sociologia pública visa constituir e integrar os debates coletivos e a opinião pública. Essa seria a faceta mais ampla, e talvez a mais politizada, da sociologia[54].

Para Burawoy (2009), as quatro variedades de produção sociológica dialogam frequentemente entre si e, dentro dos respectivos âmbitos, todas são legítimas, isto é, cada uma delas corresponde a uma necessidade e a um público específico. Retornando à discussão

---

53 Parece-nos equivocado considerar que a sociologia profissional é mais instrumental do que reflexiva. Aliás, parece-nos que o inverso ocorre com a sociologia pública, que teria um caráter mais instrumental que reflexivo, na medida em que busca interferir nos debates públicos. Mas, para a nossa presente exposição, esses problemas são secundários; o que nos interessa aqui é o reconhecimento das várias formas da atividade sociológica e das suas possíveis aplicações.

54 Burawoy (2009, p. 220-223) usa os seguintes critérios para expor as características de cada uma dessas variedades de produção sociológica: tipo de conhecimento; critério de verificação; parâmetro de legitimação coletiva; público a quem se presta contas; forma patológica mais comum; função política.

sobre tipos de teorias políticas – **empíricas e normativas** –, não é difícil perceber que cada um desses gêneros de teorização cumpre um papel mais ou menos saliente em cada uma das possíveis formas de desenvolvimento do conhecimento sociológico (ou político-sociológico). Assim, as teorias políticas empíricas teriam maior importância no eixo instrumental da classificação de Burawoy, ao passo que as teorias normativas teriam maior importância no eixo reflexivo.

O presente capítulo procurou expor algumas características importantes da sociologia política (e, de modo geral, das ciências sociais). Convém realçarmos estes aspectos: as discussões sobre o **objeto** da sociologia política e sobre suas **particularidades metodológicas** não são secundárias, mas constituem parte integrante das suas reflexões teóricas e da sua prática. Entender como é que se produz o conhecimento na **sociologia política** – e, para alguns autores, **se** é possível produzir tal conhecimento – com frequência é tão importante quanto o próprio conhecimento, seja para os pesquisadores profissionais, seja para o público leigo interessado na área.

Ao tratarmos do seu **objeto**, notamos com Sartori (1972; 1981) que ela, **a sociologia política, é um híbrido disciplinar, ou seja, é o resultado do cruzamento de algumas áreas previamente existentes.** Sua característica seria a formulação de perguntas às relações entre sociedade e política, de tal forma, que ao mesmo tempo seja possível responder politicamente a problemas sociais e sociologicamente a problemas políticos. Dito de maneira mais formal, a característica da sociologia política seria sua possibilidade de estabelecer como variáveis dependentes e independentes, de maneira alternada, os elementos políticos e sociais. Esse é um dos motivos porque expusemos, neste capítulo, debates, problemas, questões, disputas que dizem respeito a várias áreas particulares. Às vezes, essas discussões eram mais específicas da ciência política, em outros momentos eram mais próprias da sociologia, em várias ocasiões são comuns a todas as ciências sociais. O cruzamento de debates e discussões, resultante da hibridização própria à sociologia política, torna suas pesquisas mais complexas, sem dúvida alguma. Por outro lado, o panorama resultante é muito mais interessante (do ponto de vista intelectual) e satisfatório (do ponto de vista político), pois a realidade abrangida é mais ampla. Mais do que uma **dificuldade**, consideramos que esse desafio é um **convite** à reflexão político-sociológica.

Síntese

No estudo da sociologia política, é importante ter clareza a respeito de seu **objeto** e de seus **métodos**. No que se refere ao objeto, como é uma ciência, a sociologia política é **analítica** e **relativa**, contrapondo-se, nesse sentido, à filosofia (sintética, relativa ou absoluta) e à religião (sintética e absoluta). Além disso, em princípio, a sociologia política busca estudar a realidade como ela é, deixando para a filosofia política especulações sobre como a política **deveria ser**. Como conhecimento da realidade, a sociologia política auxilia os cidadãos, os políticos práticos e as várias instituições sociais na prática política, considerando as três possibilidades da política prática: a *polity*, as *policies* e a *politics*.

O mais importante em termos de objeto é que a sociologia política é um **híbrido disciplinar**, como argumentou Sartori (1972;1981), que busca explicar a realidade política por meio de variáveis tanto estritamente políticas quanto sociais. Dessa forma, a sociologia política mantém relações próximas à área de relações internacionais, da qual se distancia por uma pequena particularidade: a sociologia política concentra-se na política **interna** aos estados, e as relações internacionais trata da política **entre** os estados.

No que se refere aos métodos, a sociologia política pode adotar uma série de procedimentos, que devem ser utilizados conforme as necessidades lógicas e teóricas e também conforme as possibilidades financeiras e de recursos humanos. Os métodos são **instrumentos intelectuais** e há muitos bem formalizados: análise histórica, comparação, observação participante, aplicação de questionários, estudos de caso, uso de estatísticas, análise de conteúdo etc.

Existem algumas disputas entre cultores de diferentes métodos. Há quem oponha as abordagens quantitativas (numéricas) às qualitativas (discursivas); há quem oponha as abordagens científicas (ou generalistas, ou nomotéticas) às abordagens compreensivas (ou particularizantes, ou idiográficas). Por fim, há disputas entre as teorias políticas de cunho científico (ou empírico, ou positivo) e as teorias normativas. A disputa quali-quanti pode ser solucionada por meio de um cuidadoso pluralismo metodológico. As outras duas disputas não têm propriamente solução e o posicionamento de cada pesquisador depende de suas preferências filosóficas e intelectuais pessoais.

Questões de autoavaliação

1. A respeito da distinção entre ciência, filosofia e religião, indique a opção **incorreta**:
    a) Como a ciência busca conhecer toda a realidade, ela é sintética.
    b) A religião busca apresentar uma concepção geral da realidade, por isso ela é sintética.
    c) A filosofia pode ser absoluta ou relativa.
    d) O relativismo é uma das características da ciência.

2. A respeito das relações entre ciência política, filosofia política e política prática, indique a opção **incorreta**:
   a) A ciência política tem um caráter mais descritivo; a filosofia política tem uma característica mais normativa.
   b) A política prática precisa da ciência política para ser exercida.
   c) A filosofia política influencia a política prática ao propor parâmetros de avaliação e legitimação.
   d) A ciência política busca determinar os aspectos mais recorrentes da vida política.

3. A respeito das relações entre ciência política, sociologia política e sociologia da política, indique a opção **incorreta**:
   a) A ciência política adota variáveis explicativas de caráter político em sentido estrito.
   b) A sociologia da política pode ser entendida como uma redução sociológica da política.
   c) Entre a sociologia **da** política e a sociologia política, não há diferenças além do nome.
   d) A sociologia política adota variáveis explicativas sociais e políticas.

4. A respeito das relações entre a sociologia política e relações internacionais (RI), indique a opção **incorreta**:
   a) São duas áreas diferentes, mas que compartilham métodos e teorias.
   b) Como o âmbito de estudos de RI é diferente do da sociologia política, não há possibilidade de diálogo entre elas.

c) A área de RI estuda a realidade externa aos países.
   d) Se não houvesse a soberania, não haveria diferença entre as duas áreas.

5. A respeito da querela do método, indique a opção **incorreta**:
   a) Essa querela refere-se a diferentes interpretações sobre o *Discurso sobre o método*, de René Descartes.
   b) No âmbito das ciências sociais, é possível entender *métodos* como epistemologia e como técnicas.
   c) A sociologia compreensiva alemã afirma que há um método exclusivo das ciências humanas.
   d) Segundo alguns autores, é possível entender *querela* segundo a oposição explicação *versus* interpretação.

6. Tendo em vista as relações entre os métodos qualitativos e quantitavos, assinale a opção **correta**:
   a) A oposição quali *versus* quanti reproduz a querela do método.
   b) Como a sociologia é muito diferente da matemática, não faz sentido adotar métodos matematizantes para estudar a sociedade.
   c) Os métodos de pesquisa devem ser entendidos de maneira instrumental.
   d) As variáveis quantitativas são puramente numéricas e não exigem definições conceituais.

7. Tendo em vista as relações entre teorias políticas empíricas e teorias políticas normativas, assinale a opção **correta**:
   a) As teorias empíricas são elaboradas com base na coleção de vários casos concretos.
   b) O comportamentalismo defende a elaboração de teorias empíricas.

c) As teorias normativas, ao descreverem normas, são de cunho empírico.
d) As teorias empíricas e as teorias normativas são mutuamente excludentes.

8. A respeito das relações entre objetividade e neutralidade, indique a opção **incorreta**:
   a) A neutralidade refere-se à forma como o pesquisador entende a realidade.
   b) Uma ciência completamente objetiva é possível.
   c) A objetividade pode ser entendida como a adequação entre o pensamento e a realidade.
   d) A neutralidade consiste em deixar de lado os valores e os preconceitos ao analisar-se algo.

9. Relacione as áreas às afirmações que a elas dizem respeito:
   1. Ciência
   2. Filosofia
   3. Religião

   ( ) Procura ser analítica.
   ( ) Responde a perguntas, como "De onde viemos?", por meio das divindades.
   ( ) Pode ser tanto absoluta quanto relativista.
   ( ) Oferece uma visão de conjunto com base no supra-humano.
   ( ) É relativista e combina a objetividade com a subjetividade.

   Agora, assinale a alternativa que corresponde corretamente à sequência obtida:
   a) 1, 3, 2, 3, 1
   b) 1, 3, 2, 3, 2

c) 3, 2, 1, 2, 3
d) 2, 1, 3, 2, 1

10. Relacione as áreas às afirmações que a elas se referem:
    1. Ciência política
    2. Filosofia política
    3. Política prática

    ( ) Propõe critérios normativos para a política.
    ( ) É esclarecida pelas pesquisas, mas desenvolve-se por si só.
    ( ) Desenvolve pesquisas analíticas históricas.
    ( ) Pode e deve beneficiar-se de pesquisas acadêmicas, como guias e conselheiras.
    ( ) Elabora definições sobre o que é o bem viver político.
    ( ) É orientada conceitualmente em suas investigações por parâmetros da filosofia política.

    Agora, assinale a alternativa que corresponde corretamente à sequência obtida:

    a) 1, 2, 3, 2, 3, 1
    b) 3, 2, 3, 1, 3, 2
    c) 2, 3, 1, 3, 2, 2
    d) 2, 3, 1, 3, 2, 1

11. Relacione as áreas às afirmações que a elas dizem respeito:
    1. Ciência política
    2. Sociologia política
    3. Sociologia da política

    ( ) Explica os partidos políticos por meio das classes sociais.
    ( ) Entre outras teorias, adota o institucionalismo para investigar a realidade.

( ) Emprega variáveis estritamente políticas para suas pesquisas.
( ) Combina variáveis sociais com variáveis políticas.
( ) Já foi chamada de *híbrido disciplinar*.
( ) Pode ser entendida como uma subdisciplina da sociologia.

Agora, assinale a alternativa que corresponde corretamente à sequência obtida:

a) 1, 2, 3, 2, 3, 1
b) 3, 2, 3, 1, 3, 2
c) 3, 1, 1, 2, 2, 3
d) 3, 1, 2, 1, 2, 3

12. Relacione os métodos às afirmações a eles pertinentes:
    1. Métodos nomotéticos
    2. Métodos idiográficos
    3. Métodos qualitativos
    4. Métodos quantitativos

    ( ) Preocupam-se mais com a descrição densa de um fenômeno do que com a frequência com que ele ocorre.
    ( ) Preocupam-se com o estudo de fenômenos particulares.
    ( ) Procuram estabelecer generalizações sobre a sociedade.
    ( ) Adotam, com frequência, a interpretação no lugar da explicação.
    ( ) Investigam as diferentes frequências dos acontecimentos.
    ( ) Adotam principalmente raciocínios de mecanismos causais.

Agora, assinale a alternativa que corresponde corretamente à sequência obtida:

a) 1, 2, 3, 2, 4, 1
b) 3, 2, 1, 2, 4, 1
c) 3, 4, 1, 2, 2, 3
d) 1, 4, 2, 1, 2, 3

13. Relacione as expressões às afirmações que a eles se referem:
    1. *Polity*
    2. *Politics*
    3. *Policy*

    ( ) As opções políticas básicas, como república ou monarquia, são exemplos dela.
    ( ) As negociações realizadas entre patrões e empregados são exemplos dela.
    ( ) Pode ser entendida como o conjunto de ações governamentais que beneficiam a sociedade.
    ( ) A política externa é um bom exemplo dela.
    ( ) Pode ser entendida como as práticas cotidianas entre os agentes políticos.
    ( ) Pode ser entendida como a arquitetura política fundamental.

    Agora, assinale a alternativa que corresponde corretamente à sequência obtida:

    a) 1, 2, 3, 3, 2, 1
    b) 1, 2, 3, 1, 2, 3
    c) 3, 2, 1, 3, 2, 1
    d) 2, 1, 2, 3, 3, 1

Atividades de aprendizagem

Questões para reflexão

1. Usando suas palavras e adotando como base o conteúdo deste capítulo, responda: quais as diferenças entre filosofia política e sociologia política?

2. Explique com suas palavras as diferenças entre a ciência, a filosofia e religião mostradas no Quadro 2.1. Dê atenção especial para os conceitos de *absoluto* e *relativo*.

3. É possível afirmar que a ciência é neutra? Por quê? Quais as relações entre a neutralidade e a objetividade?

4. De modo sucinto, qual a posição sobre a neutralidade científica para Augusto Comte, Karl Marx e Karl Popper?

5. Embora não tenhamos discutido o tema a seguir ao tratarmos das relações entre a ciência política e a política prática, podemos refletir a respeito dele aqui: trata-se da *tecnocracia*. Pode-se considerar que a tecnocracia é o governo dos técnicos, em que somente os indivíduos com determinadas formações acadêmicas podem governar. Nesses termos, será que os cientistas e sociólogos políticos têm mais chances de exercerem um governo tecnocrático? Se sim, por quê? Se não, quais seriam os limites às suas ações?

6. Como vimos neste capítulo, o tema da neutralidade científica não é uma questão puramente intelectual, pois tem outras consequências além das questões cognitivas (referentes à percepção e ao entendimento da realidade). Essas outras consequências e questões referem-se, de modo geral, aos

problemas éticos, isto é, aos limites e às motivações dos cientistas. No âmbito das ciências naturais, é fácil pensarmos em exemplos desses problemas: a clonagem humana, na biologia e na medicina, e a produção de armas de destruição em massa, na física, na química e na biologia. Nesse sentido, quais seriam os problemas éticos ligados à sociologia política? Pense em um exemplo, discuta o que há de problemático nele e também indique quais seriam as possibilidades de comportamento aceitável.

7. Neste capítulo, observamos que os métodos de pesquisa devem ser encarados de maneira instrumental, isto é, considerando quais os procedimentos mais adequados para cada investigação específica e para cada pesquisador em particular. Entretanto, também constatamos que há pesquisadores que **politizam** os métodos, tendo em vista algumas abordagens mais progressistas e outras mais conservadoras. Às vezes, o progressismo é atribuído às metodologias qualitativas; outras vezes, às quantitativas (e vice-versa: o conservadorismo seria atribuído às quantitativas ou às qualitativas). Com base nessas considerações, pesquise um exemplo concreto de metodologia considerada progressista e outro de metodologia vista como conservadora, determinando os argumentos utilizados e discutindo se é realmente sustentável politizar os métodos.

8. Estudamos, neste capítulo, que a querela dos métodos é um dos aspectos mais centrais das ciências sociais, perpassando muitas de suas discussões teóricas. Com base na obra de alguns pensadores alemães – por exemplo, Wilhelm Dilthey e Max Weber –, estabeleceu-se a oposição entre as explicações e as interpretações (ou compreensões), que poderiam até mesmo

ser procedimentos incompatíveis entre si. Todavia, seriam mesmo incompatíveis? Dessa forma, pesquise as perspectivas específicas de Augusto Comte e de Max Weber e verifique se, de fato, cada um deles considera que explicar e interpretar são procedimentos incompatíveis.

Atividade aplicada: prática

1. No final da Seção 2.2.3, apresentamos rapidamente as concepções de Michael Burawoy a respeito dos tipos de atividades sociológicas. Como vimos, esse autor distingue quatro grandes formas da prática da sociologia, classificadas de acordo com os critérios da reflexividade e da audiência. Com base nessa tipologia, realize as seguintes atividades:
    a) Escolha um dos quatro tipos de atividade sociológica e explique suas características de acordo com a proposta de Burawoy.
    b) Dê exemplos concretos de aplicação ou de realização de cada um dos tipos de atividades sociológicas propostas por Burawoy, considerando as diversas áreas das ciências sociais (sociologia política, ciência política, relações internacionais, sociologia, antropologia).

CAPÍTULO 3
Alguns conceitos fundamentais

Neste capítulo, apresentaremos alguns conceitos fundamentais da sociologia política: poder, Estado, governo, regimes políticos, associações e movimentos políticos, partidos políticos. Esses conceitos estão organizados por ordem de generalidade teórica, ou seja, começamos pelo mais geral e mais abstrato (poder) e terminamos com o mais específico e concreto (partidos políticos).

O objetivo deste capítulo, portanto, é fornecer ao leitor elementos específicos mínimos para que possa estudar e compreender as relações sociais com base na perspectiva da sociologia política. No capítulo anterior, expusemos um pouco do histórico da disciplina e apresentamos algumas ideias de determinados autores; neste capítulo, inverteremos a relação e analisremos alguns autores importantes para a reflexão sobre determinados conceitos.

Ao término de cada uma das seções deste capítulo, dedicaremos um ou dois parágrafos para considerar se os conceitos apresentados devem ser pesquisados pela ciência política ou pela sociologia política, nos termos expostos na Seção 2.1. Em outras palavras, consideraremos se esses conceitos são exclusivamente políticos ou se variáveis sociais mais amplas podem ou devem ser mobilizadas para as investigações.

(3.1)
Poder: características básicas

O filósofo inglês Bertrand Russell (1957, p. 4) uma vez afirmou que **poder** é o conceito fundamental da política, da mesma forma que energia é o conceito fundamental da física. Talvez os físicos discordem da parte que lhes cabe nessa observação, mas, no que se refere à sociologia política, Bertrand Russell estava certo. Na verdade, de modo geral podemos considerar que são políticos os fenômenos, os acontecimentos e as questões que, precisamente, relacionam-se de alguma forma com o poder. Talvez também em razão da centralidade desse conceito, mas, com certeza, em virtude do pluralismo teórico e metodológico da sociologia política, há bem mais do que **uma** formulação do conceito de *poder*. Por esse motivo, em grande medida esta seção consistirá na exposição de várias, entre muitas, formas de entendê-lo.

Antes de tudo, é importante termos uma definição preliminar do que é o *poder*. Assim, podemos entendê-lo como a **capacidade de produzir os efeitos desejados**. Os vários conceitos que apresentaremos em seguida qualificarão essa definição, mas, de qualquer modo, ela é importante para que tenhamos clareza a respeito de alguns aspectos preliminares. Devemos notar que o poder, conforme trataremos na sociologia política, é um **conceito social**, isto é, refere-se à capacidade que indivíduos, grupos e sociedades têm de produzir os efeitos desejados. Dessa forma, não se trata de maneira algum do conceito **físico** de poder. Sem dúvida, indivíduos, grupos e sociedades podem lançar mão de objetos físicos para obter os efeitos desejados, mas esses estes referem-se ao comportamento de outros indivíduos, grupos e sociedades.

Figura 3.1 – Bertrand Russel

André Müller

Nos últimos séculos, em virtude dos avanços tecnológicos propiciados em primeiro lugar pela Revolução Científica e, depois, pela Revolução Industrial, a capacidade que o ser humano, de modo geral, tem de intervir na natureza aumentou drasticamente: mudamos os cursos de rios, criamos lagos e ilhas artificiais, tornamos férteis regiões que antes eram desérticas. Todas essas intervenções costumam ser citadas para indicar o poder humano ou, mais precisamente, o poder sobre a natureza. Contudo, não é esse tipo de poder o que nos interessa aqui. Em todas as sociedades, em todas as épocas e em todos os lugares, constata-se que indivíduos, grupos e sociedades conseguem modificar, ou orientar, a conduta de outros indivíduos, grupos e sociedades. **Esse "modificar, ou orientar a conduta alheia" é o que genericamente chamamos de *poder* e é isso que nos interessa aqui.**

Convém notar que a mudança de comportamento produzida tem de ser a mudança desejada. Isso tem duas consequências importantes para nós. Primeiramente, há um sem-número de interações humanas que **modificam o comportamento** alheio, por exemplo, um indivíduo que, ao caminhar na rua, esbarre por acidente em outro indivíduo, provavelmente mudará o comportamento dessa segunda pessoa: irá fazê-la mudar de direção, ou fazê-la cair no chão, ou de fazê-la parar etc. O esbarrão acidental é uma interação que muda o comportamento alheio, mas essa mudança, por ser acidental, não é intencional. Logo, não se pode dizer que aquele que esbarra tem poder sobre aquele que sofre o esbarrão.

Isso já nos indica a segunda consequência: terá poder aquele indivíduo, grupo ou sociedade que produzir sobre outro indivíduo, grupo ou sociedade precisamente o **efeito desejado** – isto é, na definição de poder há um elemento de **intencionalidade**. No caso hipotético do esbarrão na rua, digamos que o indivíduo que esbarra faça-o propositalmente e seu objetivo é que a outra pessoa, ao ser esbarrada, caia e fique parada; se essa pessoa, após sofrer o esbarrão, continuar andando, o resultado é que a primeira pessoa não tem poder sobre ela. Ou outro exemplo, agora de caráter histórico. Diz-se que Zumbi, rei do quilombo dos Palmares, teve de enfrentar diversos ataques de exércitos que buscavam reconduzir a ele e a seus súditos à escravidão. Após muitas disputas, ele pessoalmente se viu acuado, às bordas de um precipício. Em tal situação, Zumbi poderia entregar-se; poderia lutar e morrer (na luta ou caindo no precipício); ou poderia simplesmente pular e matar-se. Conta a lenda que ele preferiu pular e morrer a entregar-se. Ao tomar essa decisão, ele clara e conscientemente recusou o comportamento desejado pelos escravistas. Assim, os escravistas não lograram ter poder sobre Zumbi.

A ideia de que o poder consiste, de modo geral, em **relações** é importante. Com frequência, os indivíduos ou grupos que têm poder sobre outros exercem esse poder lançando mão de instrumentos ou de meios determinados. Nesses casos, possuir esses instrumentos é importante para o poder. Entretanto – e é isto que queremos enfatizar –, **a simples posse dos meios não garante o exercício do poder.** Por exemplo, um multimilionário que tenha a maior parte de sua riqueza aplicada na caderneta de poupança. Sem dúvida, o dinheiro corresponde a um dos instrumentos de poder mais evidentes que há, mas, em nosso exemplo, o indivíduo rico não usa pessoalmente sua riqueza para modificar o comportamento de ninguém (aliás, bem ao contrário: a escolha da aplicação absolutamente conservadora que é a caderneta de poupança indica a falta de interesse desse indivíduo em usar seu dinheiro como instrumento de poder). Outra possibilidade: um sindicato de trabalhadores com grande números de associados e com recursos financeiros disponíveis que, todavia, em um cenário eventual de demissão em massa, não faça greve ou que não negocie com os patrões, seja em razão da incompetência, seja em razão da pusilanimidade (isto é, a peleguismo); possui os recursos para exercer o poder, mas não os utiliza, isto é, não exerce o poder[1].

Mais uma consequência da característica relacional do poder é o fato de que não se **possui** poder. É bem verdade que, no dia a dia, costumamos falar que indivíduos, grupos ou sociedades **possuem** ou **têm** poder sobre outros indivíduos, grupos ou sociedades. Ao dizermos isso, o que se quer dizer é que com frequência quem tem poder emprega determinados meios com fins específicos e que tais fins são atingidos. Porém, como o poder só se realiza quando um meio qualquer é utilizado com o objetivo específico de ser um recurso de poder e quando o comportamento esperado ocorre, não é cientificamente apropriado falar-se em possuir ou ter poder. Essa é uma questão terminológica, ou seja, referente à linguagem empregada. Embora à primeira vista ela possa parecer secundária ou até irrelevante, não é nem uma coisa nem outra. As palavras que utilizamos podem indicar, sugerir ou descrever diferentes situações ou propriedades. No presente caso, ter ou possuir poder sugere que o poder é um objeto material, passível de ser guardado ou estocado em algum lugar. Em contraposição, o caráter relacional do poder é evidenciado

---

[1] *Esse é outro motivo porque o "poder sobre a natureza" não está incluído no conceito sociológico de "poder". Por outro lado, é claro que o próprio "poder sobre a natureza" pode ser um recurso de poder sociológico. Um exemplo óbvio é a bomba nuclear, cujo potencial destrutivo baseia-se em um conjunto de técnicas e conhecimentos científicos extremamente especializados e que modifica o comportamento alheio, seja como instrumento de dissuasão (convencimento), seja como instrumento de morte.*

ao dizermos que **alguém exerce o poder sobre outros**[2]. Ainda assim, nas páginas seguintes usaremos a expressão *ter poder*: é importante que o leitor tenha em mente os comentários feitos acima e que usamos a expressão *ter poder* apenas por uma questão de facilidade de escrita, isto é, apenas porque é mais cômodo escrever dessa forma.

Nas observações anteriores usamos diversas vezes a expressão *indivíduos, grupos ou sociedades*. É claro que não a empregamos por acaso. Ao tratarmos do conceito de *poder*, temos de evidenciar qual o **tipo de relação** que consideramos; mais do que isso: como regra geral, as várias teorias e perspectivas metodológicas tendem a dividir-se em relação ao que, ou quem, tem poder sobre os seres humanos. Conforme observa Renato Perissinotto (2008), a esse respeito podemos identificar duas grandes vertentes analíticas: a subjetivista e a objetivista. A **subjetivista** concentra-se na relação entre indivíduos ou entre indivíduos e grupos. Em qualquer uma dessas possibilidades, é possível determinar, pelo menos em princípio, quem exerce o poder sobre quem. Assim, a característica da intencionalidade é plenamente verificável. A vertente **objetivista**, por seu turno, concentra-se nas relações estabelecidas pelas estruturas sociais, pelas formas como as sociedades organizam-se em suas grandes linhas. Dessa forma, alguns comportamentos são favorecidos e outros são desprestigiados (quando não reprimidos), beneficiando alguns grupos

---

2   A ideia de que o poder é uma "coisa" tem uma consequência que pode ser empiricamente interessante: ela sugere que é possível mensurar o poder. Bertrand Russell, por exemplo, adota exatamente essa concepção. Algumas formulações de Hobbes (1996) também sugerem essa interpretação materialista. Todavia, conforme observam com clareza Dahl (1988) e Stoppino (2002b), devemos ter a clareza de que é possível comparar as capacidades de ação de grupos e indivíduos e, assim, termos um parâmetro de avaliação. Dessa forma, não se recai no sofisma de que o poder é um objeto passível de ser possuído e estocado.

em detrimento de outros grupos. O elemento intencional é bem menos evidente aí (se é que ele existe), mas, ainda assim, trata-se de relações sociais de poder.

3.1.1 Concepções subjetivistas do poder

Comecemos com as concepções subjetivistas. A formulação mais conhecida, sem dúvida alguma, é a de Max Weber, cuja obra, como já tivemos ocasião de notar diversas vezes, baseia-se no exame das relações entre indivíduos. Recordemos como ele definia ***poder***: "[O] Poder significa a probabilidade de impor a própria vontade, em uma relação social, ainda que contra toda a resistência e qualquer que seja o fundamento dessa probabilidade" (Weber, 2002, p. 43). Como o próprio autor notava, essa definição é sociologicamente amorfa, ou seja, ela não se refere a nenhum contexto específico e, dessa forma, é aplicável a todos os contextos possíveis. Os aspectos relacionais e intencionais do poder também estão evidentes nessa formulação; dois elementos adicionais têm de ser comentados ainda.

Por um lado, Weber literalmente observa que o poder é uma **relação probabilística**, ou seja, que pode ou não ocorrer. O elemento probabilístico, como vimos antes, refere-se em particular à possibilidade de que quem sofre o poder submeta-se ou não à vontade de quem impõe o poder. Por outro lado, terá poder quem (ou o grupo que) conseguir que sua **vontade seja realizada, mesmo que quem realiza essa vontade não o queira**. Na verdade, a resistência de quem sofre o poder é um dos sinais mais claros de que se trata, precisamente, de uma relação de poder. Em certo sentido, podemos dizer que, quanto maior a resistência enfrentada, maior o poder de quem dobra essa resistência. Ainda que um pouco cansativo, é necessário repetir: caso a resistência não seja vencida, quem tentou dobrá-la não terá poder[3].

Weber refere-se ainda ao **fundamento da probabilidade** em que se verifica a relação de poder. Esse fundamento consiste nos meios disponíveis e nos contextos específicos em que se verifica o poder. Um professor que busca manter a disciplina em sala de aula; uma tropa de choque que tenta conter uma multidão; um ladrão que executa um roubo; um sacerdote que aconselha um fiel; um grupo de pressão que tenta aprovar determinada lei: todos eles são contextos diferentes em que alguém tenta modificar a conduta alheia, enfrentando maior ou menor resistência da outra parte. Os fundamentos, isto é, os meios e os motivos que permitem que essas tentativas tenham (ou não) êxito são profundamente diversos entre si, mas, caso os esforços de cada um desses casos sejam bem-sucedidos, ocorrerão relações de poder.

A ciência política estadunidense utilizou amplamente a definição de Weber. Entre seus vários autores, podemos considerar, por exemplo, Robert A. Dahl (1915-2014), que discutiu várias vezes não apenas o próprio conceito de *poder*, mas também formas de operacionalizá-lo, isto é, de empregá-lo utilmente em pesquisas empíricas. Em seu livro *Análise política moderna*, de 1963, ele sugere o uso da noção e da

---

[3] *A literatura comportamentalista – portanto, os pesquisadores da ciência política estadunidense – adotavam a definição de Max Weber com um sentido causal, ou seja, um indivíduo ou um grupo age de determinada forma porque foi obrigado por outro indivíduo ou grupo; sem essa obrigação não agiria da forma como agiu (ou pura e simplesmente não agiria). Nessa obrigação, haveria uma relação de causalidade (em que é necessária uma causa específica – a relação de poder – para que ocorra um efeito – o comportamento observador).*

Mario Stoppino (2002b) observa que, ao adotar-se essa perspectiva causal, além de pressupor que aqueles que sofrem os efeitos do poder não agiriam da forma como agiram sem o poder, também é necessário indicar com bastante precisão o âmbito da ação, os instrumentos do poder e as intenções desejadas.

palavra *influência* no lugar de *poder*, haja vista a confusão então reinante entre pesquisadores e o público leigo entre *poder, autoridade, domínio, comando* etc.

Contudo, para os nossos propósitos, a influência de Dahl pode ser entendida como poder. Ele define a **influência** da seguinte maneira: "[...] Se há duas pessoas num sistema, A e B, A influenciará B na medida em que o comportamento de B se alterar no sentido desejado por A" (Dahl, 1988, p. 36). Essa frase retoma em grandes linhas a concepção de Weber, embora altere a terminologia, usando os termos genéricos A e B – o que, sem dúvida alguma, facilita a compreensão. Ela pode ser entendida de outra maneira, em que a influência de A sobre B é a **causa** do comportamento de B, em que B age da maneira X.

Além disso, buscando uma **concepção operacional** do poder, Robert Dahl (1988, p. 34-35) alerta para a possibilidade de três falácias:

- **Falácia da unidade do poder** – O poder seria considerado como algo homogêneo e indivisível, de tal maneira que alguém pode ou não tê-lo – e, no caso de tê-lo, tem todo o poder possível. Para Dahl, isso é incorreto por dois motivos: não há uma única forma de poder, ou seja, há inúmeras relações sociais em que ele pode ocorrer; e como os fundamentos do poder são inúmeros, não é correto dizer que uma única pessoa (ou um único grupo) detém integralmente todo o poder da sociedade. Dessa forma, o poder pode ser distribuído, em diferentes proporções e segundo variados critérios.
- **Falácia da confusão do poder com os recursos** – Tratamos dessa confusão antes, em que alguém possuir um recurso determinado não é a mesma coisa que esse alguém exercer o poder que se baseia nesse recurso.

- **Falácia da confusão do poder com prêmios e privações** – Dahl nota que, com frequência, considera-se que alguém ou algum grupo possui poder porque recebeu algum benefício dos governantes ou, inversamente, não possui poder porque sofreu algum revés em determinada decisão. Esse tipo de raciocínio é problemático em razão de dois aspectos: limita a definição do poder à distribuição de prêmios e punições, deixando de lado muitas outras possíveis relações sociais; e pressupõe que a mera atribuição de benefícios a um indivíduo ou a um grupo constitui sinal de poder desse indivíduo ou grupo. É claro que um grupo ser beneficiado com alguma decisão, ou alguma lei, pode significar que esse grupo tem poder (de impor suas decisões sobre o governo ou em relação a outros grupos rivais). Contudo, isso é apenas uma possibilidade, pois esse grupo pode ser beneficiado justamente porque é socialmente desfavorecido.

Dahl (1988, p. 36-37) dá um passo além nessas definições e propõe também a distinção entre a influência manifesta e a influência implícita. Na sequência, teremos ocasião de ver outras classificações do poder que retomam a ideia subjacente a essa distinção de Dahl. Em todo caso, é o próprio autor quem reconhece que, embora logicamente possível e mesmo importante, essa distinção tem aspectos pouco operacionais, isto é, que são difíceis de serem verificados empiricamente.

A **influência manifesta** é aquela cujos resultados são perceptíveis de maneira mais ou menos clara: **B** age como **A** explicitamente deseja. Já a **influência implícita** é um pouco mais sutil. Para explicar essa variante da influência, Robert Dahl refere-se ao conceito de *regra das reações antecipadas*, proposta pelo cientista político Carl Friedrich (1901-1984): **B** age de determinada maneira porque pressupõe, ou espera, que **A** deseje que ele aja daquela forma. Nesse caso, não há da parte de **A** uma orientação explícita desse desejo. O exemplo de Friedrich, citado por Dahl, é o do comportamento do Ministério das Relações Exteriores britânico (o *Foreign Office*) que procura ajustar a política externa inglesa ao que supõe ser a vontade predominante no Parlamento britânico.

O livro de Dahl o qual citamos é originalmente de 1963, mas, em 1962, foi publicada uma interessante crítica a pesquisas anteriores de Dahl. Essa crítica, de autoria de Peter Bachrach e Morton Baratz (2011), afirmava a necessidade de investigar-se também o que eles chamaram de *segunda face do poder*. A **primeira face do poder** corresponderia às decisões explícitas tomadas no governo (incluindo aí o parlamento); e a **segunda face do poder** consideraria as reações antecipadas dos vários grupos sociais e políticos. Entretanto, a concepção dessas reações antecipadas é mais abrangente e, até certo ponto, mais radical do que a exposta por Dahl. Para Bachrach e Baratz, ela consiste nos cálculos que os grupos sociais e políticos fazem a respeito das possibilidades de suas demandas serem reconhecidas como válidas, discutidas e aceitas pelos órgãos governamentais. Ao fazerem tais cálculos, deixariam de lado todas aquelas propostas com (maior) potencial de rejeição. Assim como a primeira face do poder analisaria as **decisões tomadas**, o foco da segunda face seriam as **não decisões**.

Evidentemente, por definição só é possível estudar o que acontece, não o que não acontece. Esse é um sério motivo para a dificuldade de operacionalização empírica das não decisões. Mas, em termos conceituais, a ideia da segunda face do poder sugere um viés para as decisões políticas (aí incluídas também as políticas públicas) e, nesse sentido, certa homogeneização delas. Aliás, Bachrach e Baratz retomam a expressão *mobilização de vieses*, de Elmer Schattschneider (1892-1971), que significa a capacidade de um sistema político ou, no limite, de um grupo político dar preferência a determinados valores, práticas e interesses em detrimento de outros valores, práticas e interesses. Enquanto as decisões (a primeira face do poder) consideram as propostas vencedoras, as não decisões (a segunda face do poder) consideram as propostas antecipadamente preteridas.

Embora possam ter concepções de poder mais ou menos amplas, as propostas de Dahl e Bachrach e Baratz concentram-se no governo, seja ele municipal (Robert Dahl afirmou o pluralismo dos grupos no poder após investigar a cidade de New Haven, capital do estado de Connecticut, nos Estados Unidos), seja ele estadual, seja ele federal. Entre a vertente subjetivista do poder e a vertente objetivista, uma passagem possível pode ser dada pelas concepções do sociólogo e cientista político Steven Lukes, com sua **visão tridimensional** do poder, exposta no texto "O poder – uma visão radical" (Lukes, 1980).

> Com essa visão tridimensional, Lukes amplia as concepções das decisões e das não decisões, apresentando uma variável mais ampla, qual seja, o poder como a possibilidade de organizar um sistema político que estabeleça e filtre quais as questões importantes e quais as desimportantes.

Trata-se, portanto, da legitimação de alguns assuntos como aceitáveis e, inversamente, da deslegitimação de outros assuntos, vistos como inaceitáveis. Nesse caso, terá poder quem conseguir estabelecer essas grandes linhas valorativas em uma sociedade.

No que a visão tridimensional de Lukes diferencia-se da visão bidimensional de Bachrach e Baratz? O argumento de Lukes é o de que tanto a perspectiva do **poder como decisão** (de Dahl) quanto a do **poder como não decisão** (Bachrach e Baratz) baseiam-se na existência observável de conflitos. Em outras palavras, elas consideram que só existe poder (porque só se pode verificar a ocorrência do poder) quando ocorrem conflitos e um indivíduo ou grupo submete-se à vontade de outro indivíduo ou grupo.

No caso do poder como **decisão**, o conflito examinado ocorre em órgãos decisórios, em que há pelo menos duas perspectivas rivais, das quais uma surge como vitoriosa. No caso do poder como **não decisão**, o conflito é perceptível por meio das reclamações de indivíduos ou grupos que afirmam que suas perspectivas ou propostas foram barradas em algum ponto do processo decisório antes de chegarem à fase decisória propriamente dita. De qualquer forma, em ambos esses casos, a referência aos grupos pode sempre ser reduzida a indivíduos, pois os grupos são representados ou liderados por indivíduos – e são estes que realizam as queixas e os conflitos (que permitirão, em seguida, determinar a existência ou não de poder, seja ele decisional, seja ele não decisional).

A visão tridimensional, na argumentação de Lukes, busca evidenciar e estudar não os conflitos abertos ou potenciais, mas os **conflitos latentes**, isto é, os conflitos que foram silenciados desde o início. Assim, em vez de considerar que a ausência de conflito corresponde à ausência de poder e à aceitação unânime de uma perspectiva, Lukes observa que é perfeitamente possível que a inexistência de conflitos ou de reclamações corresponde a uma organização do sistema político e social que silencia, que impede que outras perspectivas manifestem-se. Essas outras perspectivas são mantidas em silêncio. Com isso, os **interesses reais** dos grupos e dos indivíduos não podem manifestar-se (e, portanto, nem chegam a apresentar-se sob a forma de conflitos, abertos ou encobertos). Desse modo, a ênfase não é nos indivíduos, mas no sistema; também não é no conflito observável, mas no que Lukes chama de *conflito latente*.

Indicamos, a seguir, na forma de um quadro, a sistematização que Lukes oferece das respectivas características e diferenças de cada uma das três visões sobre o poder.

Quadro 3.1 – Visões dimensionais do poder, para Steven Lukes

Visão	Características			
Unidimensional (R. Dahl)	Foco no comportamento	Tomada de decisões	Discussões-chave	Conflito observável (aberto)	Interesses subjetivos, como preferências observáveis
Bidimensional (P. Bachrach e M. Baratz)	Crítica (qualificada) do foco de comportamento	Tomada de decisões e não decisões	Discussões-chave e discussões potenciais	Conflito observável (aberto ou encoberto)	Interesses subjetivos, como preferências ou queixas observáveis
Tridimensional (S. Lukes)	Crítica (qualificada) do foco de comportamento[4] (P. Bachrach e M. Baratz)	Tomada de decisões e controle da agenda política (não necessariamente das decisões)	Discussões-chave e discussões potenciais	Conflito observável (aberto ou encoberto) e latente	Interesses subjetivos e reais

Fonte: Lukes, 1980, p. 20.

[4] *Em uma nota de rodapé, Lukes (1980, p. 21, nota 4) observa que a palavra comportamentalista é empregada, nesse caso, no sentido de "comportamento observável". Assim, não se trata da* **metodologia** *comportamentalista, que procura conjugar formulações teóricas com investigações empíricas*

Renato Perissinotto (2008, p. 53) nota que essa concepção de Lukes, ainda que seja estimulante, apresenta alguns sérios problemas, entre os quais: por um lado, só é possível determinar o poder como conflito latente depois que esse conflito tornou-se aberto, ou seja, as relações de poder que Lukes pretende enfatizar só são perceptíveis quando elas deixam de ocorrer, transformando-se em outras modalidades de relações de poder; por outro lado, há o que se chama de *paradoxo da emancipação*, em que o analista atribui aos grupos sociais dominados o que ele (analista) acredita que sejam os interesses reais dos grupos dominados, mesmo que esses grupos não se julguem dominados (ou não encarem a dominação como algo ruim) ou que considerem que seus interesses são diferentes daqueles atribuídos pelo analista.

3.1.2 Concepções objetivistas do poder

Podemos analisar agora as concepções objetivistas do poder, isto é, as que entendem que a estrutura social como um todo é a fonte do poder exercido por determinados grupos e indivíduos. Uma grande família teórica desse tipo é a inspirada na obra de Karl Marx e Friedrich Engels: como vimos, grosso modo, os marxistas entendem que as sociedades históricas são todas caracterizadas pela luta de classes, em que uma classe possui os meios de produção (a riqueza, a tecnologia, os instrumentos de trabalho) e, por isso, é capaz de impor-se às outras classes.

Nesse sentido, a estrutura econômica da sociedade gera uma estrutura política. Nesse quadro, o Estado, entendido como a instituição que estabelece e impõe as leis, tem de seguir a lógica geral da sociedade e, dessa forma, ele atua como instrumento da classe dominante, não importando se o governante provém ou não efetivamente da classe dominante ou se ele é simpático ou não a essa classe. Como a sociedade como um todo segue a lógica de uma classe específica, o Estado tem que respeitar essa lógica e adotar o comportamento adequado à manutenção dessa sociedade[5].

> As relações de poder, assim, decorrem da estrutura da sociedade. É por esse motivo que se pode chamar esse gênero de concepção do poder de *estrutural*. Essa concepção entende que não são os indivíduos que geram o poder ou, dito de outra maneira, não é a vontade individual que exerce, evita ou modifica as relações de poder. O que importa é que há **relações sociais objetivas**, permitindo a alguns grupos impor suas vontades e impedindo ou dificultando a outros grupos a realização de seus interesses, seja porque as relações sociais são objetivas, seja porque não importam as vontades subjetivas, também se pode dizer que essa concepção é objetivista.

Nas ciências sociais e, mais precisamente, no âmbito do marxismo, esse gênero de abordagem do poder, em geral, e do Estado, em particular, é chamado também de ***teoria derivacionista do Estado***. Uma formulação muito clara dela pode ser encontrada no texto de Joachim Hirsch (2005), "¿Qué significa Estado?", em que o autor procura derivar (isto é, deduzir) da concepção que chamamos aqui de *objetivista de poder* as consequências para a estrutura geral do Estado: manutenção das relações sociais básicas, geração do consenso necessário mínimo, repressão dos movimentos contrários, defesa da propriedade etc. Ainda no âmbito do marxismo, vários outros autores procuraram fazer análises mais específicas, tratando não do Estado em geral, mas

---

5   *Essa perspectiva mais estruturalista pode ser depreendida da exposição feita no* Manifesto do Partido comunista *(Marx; Engels, 1998) ou no prefácio à* Contribuição à crítica da economia política *(Marx, 1979a). Entretanto, convém notar que a obra de Marx e Engels também permite uma abordagem que enfatiza as ações políticas individuais – ou seja, nos termos em que estamos empregando, uma abordagem mais subjetivista do poder –, especialmente com base nas análises e nos relatos das chamadas* obras históricas, *como* O 18 Brumário de Luís Bonaparte, Guerra civil em França *e* Luta de classes em França *(cf. Marx; Engels, 1982).*

do **Estado capitalista**. Além disso, procurando analisar as características empíricas específicas da ação do Estado em função das classes dominantes em cada país e em cada época, elaboraram categorias mais específicas. Um exemplo nesse sentido é o conceito de *bloco no poder*, do grecofranco Nicos Poulantzas (1936-1979), que indica as frações de classe e as alianças sócio-políticas que, em determinado momento, detêm o poder político[6].

Outra abordagem marxista que considera o nível sistêmico, mas combinando um viés objetivista com um subjetivista, é o do italiano Antônio Gramsci (1891-1937). Em diversas obras escritas de modo geral como anotações pessoais – especialmente os vários livros chamados *Cadernos do cárcere*[7], escritos justamente enquanto esteve preso –, esse pensador considerava que a luta de classes exige também, e acima de tudo, uma **dominação ideológica**, isto é, baseada nas ideias e nos valores socialmente compartilhados.

Figura 3.2 – Gramsci

André Müller

---

6   Uma discussão circunstanciada da obra de Poulantzas pode ser lida em Jessop (2009).
7   Em virtude de ter sido mantido preso pelo regime fascista da Itália entre 1926 e 1934 e como suas obras foram escritas, principalmente, no período prisional, os textos de Gramsci são fragmentários e adotam muitos subterfúgios, a fim de que não sofresse mais com a censura e a repressão. Assim, esses nossos comentários baseiam-se na exposição feita por Cox (2007).

> Essa dominação ideológica seria exercida pela classe dominante por meio de agentes individuais e coletivos em associação à dominação político-jurídica do Estado. Todavia, esses agentes ideológicos não integrariam formalmente o Estado, mas permaneceriam no âmbito do que Gramsci chamava de *sociedade civil*. Além disso, eles agiriam de maneira adequada à classe dominante: seriam os aparelhos ideológicos do Estado.

Muito mais que os aparelhos repressivos (forças armadas, polícia, órgãos de vigilância etc.), os aparelhos ideológicos do Estado é que garantiriam a dominação de classe, por meio da hegemonia, isto é, da **dominação legitimada**. Dessa forma, os aparelhos ideológicos mais evidentes seriam a escola, as igrejas e os meios de comunicação burgueses em geral, responsáveis tanto pelo reforço dos valores da dominação de classe burguesa quanto pelo contínuo desvio do proletariado de seus objetivos específicos de classe e de seus propósitos revolucionários.

Como indicamos, Gramsci distingue **dominação** de **hegemonia**: a primeira seria o controle militar e político de uma classe sobre outra; a segunda corresponderia ao compartilhamento de valores de uma classe sobre outra, ou melhor, não propriamente o compartilhamento, mas a imposição dos valores próprios e benéficos a uma classe em substituição aos valores próprios e benéficos à outra.

Essa distinção permite que façamos outra, entre **classe hegemônica** e **classe dirigente**: a classe dirigente é aquela que controla o Estado, isto é, que toma as decisões políticas, controla os aparelhos repressivos, decide e implementa as leis; a classe hegemônica é aquela que exerce a hegemonia, isto é, que consegue difundir e impor seus próprios valores para as outras classes. Em virtude da importância da hegemonia, a classe dirigente não precisa ser a classe hegemônica. Assim, é possível que um proletário, ou um grupo de proletários, ocupe os principais cargos do Estado mas, a despeito de sua origem proletária, ele(s) aja(m) conforme os parâmetros morais e ideológicos da burguesia.

Os indivíduos que elaboram as teorias em defesa da dominação de classe seriam os intelectuais orgânicos. Assim como no capitalismo há intelectuais burgueses, responsáveis pela defesa da perspectiva burguesa – ou melhor, pela **luta de classes ideológica** em favor da burguesia –, para Gramsci também é necessário haver os intelectuais orgânicos proletários, responsáveis pela luta de classes ideológica em favor do proletariado.

Como se vê, embora dando grande ênfase aos aspectos subjetivos em suas concepções de poder e de dominação – valores morais, ideias, concepções de mundo –, a abordagem de Gramsci claramente segue o marxismo, ao basear-se em uma perspectiva estrutural.

3.1.3 Concepções do poder nas relações internacionais

No âmbito das relações internacionais, os conceitos de poder assemelham-se bastante aos propostos pela ciência política e pela sociologia política, especialmente no que se refere às **abordagens subjetivistas**. Assim, por exemplo, Hans Morgenthau (1904-1980) – o fundador de uma das correntes mais importantes das relações internacionais (RI), o realismo –, observou em seu clássico livro de 1948, *A política entre as nações* (Morgenthau, 2003), que a maneira mais adequada de estudar as relações internacionais, ou seja, as relações entre os países, é entendendo-as como pautadas pela busca do poder. Com isso, deixaríamos de lado (embora não abondonássemos) a investigação das motivações dos países.

Entretanto, essas ideias de Morgenthau são mais importantes para definir o escopo específico das relações internacionais do que para refinar o próprio conceito de *poder*, ou seja, o mais importante aí é distinguir as relações internacionais como aquelas baseadas em relações políticas, e não como as fundamentadas em ideais filosóficos, na realização do direito e da justiça, no enriquecimento de países, classes ou indivíduos etc. Assim, a definição que Morgenthau tem de *poder* não é particularmente refinada ou muito elaborada. Para ele, o poder são todos os meios passíveis de serem empregados pelos seres humanos para realizar e manter a dominação sobre outros seres humanos, sejam tais meios mais duros ou agressivos (como grandes exércitos ou armamentos poderosos), sejam meios mais sutis (como a cultura, o convencimento, a estrutura jurídica). Essa busca de poder ocorreria tanto com vistas ao aumento do próprio poder quanto almejando outros objetivos.

Outra característica é a de que esses meios seriam empregados por alguns países em relação a outros países, mas os agentes dessas relações de dominação seriam **indivíduos**. Para Morgenthau, a paz, a guerra e as infinitas possibilidades de relações internacionais ocorreriam em virtude das características da natureza humana. Como apenas indivíduos têm natureza humana (ao contrário do Estado, das classes, do sistema internacional), as relações internacionais seriam pautadas pela busca que indivíduos realizariam pelo poder.

> O viés subjetivista do poder apresenta-se com clareza na teoria de Morgenthau e, nesse sentido, embora ele mesmo não se filiasse ao comportamentalismo, o fato é que as técnicas propostas pelos comportamentalistas seriam perfeitamente adequadas para análises de RI inpiradas pela abordagem de Morgenthau.

Uma possibilidade diversa de emprego do viés subjetivista do poder na área de relações internacionais é por meio do uso da metáfora do **Estado como um indivíduo**. Esse uso é bastante comum: no dia a dia todos nós costumamos dizer que "o Brasil é a favor da paz", que "os Estados Unidos querem mais petróleo", que "a Inglaterra é aliada incondicional dos Estados Unidos" e assim por diante. Nesses exemplos simples, consideramos que "Brasil", "Estados Unidos" e "Inglaterra" têm efetivamente vontades, contudo, esses três nomes indicam apenas países, suas populações, seus governos, seus territórios. Em outras palavras, são apenas abstrações. Porém, como na política internacional essas abstrações são representadas concretamente por indivíduos – geralmente os líderes políticos (presidentes, primeiros-ministros, reis etc.) e seus representantes (diplomatas) – e tendo em vista que a ação desses indivíduos é interpretada como correspondente ao desejo global de cada um dos países –, o resultado é que se entende os países como indivíduos.

Esse procedimento facilita bastante o raciocínio e simplifica uma série de problemas teóricos e práticos; por exemplo, deixa de lado os vários grupos e indivíduos que atuam para que se defina a política internacional de um país, assim como também deixa de lado todos aqueles grupos e indivíduos que são responsáveis pela implementação dessa política.

Nesses termos, os analistas têm à sua disposição pelo menos duas possibilidades: ou considerar cada país como um **bloco homogêneo** e dotado de uma vontade individual e inteiriça; ou, diversamente, como o resultado de **várias interações** (amistosas e conflituosas) que resultam em políticas com variados graus de coerência. Escolher entre cada uma dessas possibilidades analíticas depende dos interesses do pesquisador, do país considerado, do tema específico tratado, da época analisada e assim por diante. Em qualquer uma delas, a perspectiva subjetivista do poder é um recurso plenamente compatível[8].

A **abordagem objetivista** também tem espaço na área de relações internacionais. Podemos citar aqui duas concepções das relações internacionais que realizam análises de caráter estrutural[9]. A primeira é a **teoria neorrealista** de Kenneth Waltz (1924-2013), que em seu livro de 1979, *Teoria das relações internacionais* (Waltz, 2002), propôs uma distinção entre os sistemas hierárquicos e anárquicos.

Os sistemas **hierárquicos** são aquelas realidades sócio-político-jurídicas em que há um órgão superior ao conjunto da sociedade, que estipula e aplica as leis e acima do qual não há nenhuma outra instância; evidentemente, os sistemas hierárquicos são os países, dotados de estados nacionais. Se internamente os estados são capazes de manter a ordem, a ausência de sua subordinação externa a outras instâncias tende a gerar conflitos.

Em contraposição, os sistemas **anárquicos** são aqueles caracterizados justamente pela ausência dessa instância superior capaz de definir e impor as leis. Entendendo-se a palavra *anárquico* em sentido

---

8   O historiador Duroselle (2000) e, ainda mais, o sociólogo Aron (1986) notam exatamente essa dupla possibilidade analítica e lembram o quanto a tomada de decisões pode ser um processo bastante intrincado.

9   Uma exposição extremamente didática das teorias, dos esquemas analíticos e da história das relações internacionais é realizada por Nye (2002). O autor, que é um dos principais pesquisadores contemporâneos da área, aborda as mais diferentes questões: paz, guerra, poder, conflitos, intervenções, interdependência etc. Além da referência em si a esse livro, ele é indicado também para suprir uma deficiência nos manuais de ciência política e sociologia política, que deixam completamente de lado as questões internacionais ao abordarem o tema do poder – como se pode ver, por exemplo, em Clegg (1989) –, que, deixando de lado essa grande lacuna, é excelente.

literal – isto é, como a ausência de governo[10] –, o ambiente internacional corresponde a tal sistema anárquico. Tal ambiente, para Waltz, é anárquico mas não desprovido de regras e de organização. O princípio organizador das relações internacionais seria, precisamente, a distribuição do poder entre os vários agentes, isto é, entre os vários países. Dessa forma, embora o sistema anárquico não tenha uma autoridade superior e formal capaz de impor a ordem (e, portanto, capaz de transformar o sistema **anárquico** em sistema **hierárquico**), a dinâmica própria ao sistema produz ordem.

Quanto mais poder um país tem, por definição, maior sua capacidade de impor sua vontade, de modo que é maior sua capacidade de determinar os parâmetros gerais das relações internacionais e, evidentemente, de beneficiar-se com isso. O poder, para Waltz, não corresponde precisamente à ideia de causa proposta pelos comportamentalistas (e, em particular, por Robert Dahl), pois essa identificação entre poder e causa leva à confusão entre poder e controle. Em vez disso, Waltz considera que o **poder** deve ser entendido simplesmente como a **capacidade de obter-se os resultados desejados**. Assim, ele é entendido como os meios empregados para atingir os fins desejados e, portanto, deve-se equiparar o poder à **distribuição das capacidades**, que são privilegiadas pelos sistemas anárquicos e possuídas pelos diversos países. Se um país é mais capaz do que outros de obter

---

10   É importante insistirmos nessa definição de anarquia *como a ausência de governo, para que não haja confusão com outras possibilidades sociais, como a ausência de regras habituais (a proteção física aos mensageiros sempre foi uma regra internacional mais ou menos respeitada, vigente sem a necessidade ou a possibilidade de órgãos superiores capazes de implementá-la) ou até o completo caos (isto é, a confusão generalizada, o que, na política internacional, corresponderia ao conflito generalizado e sem regras e sem padrões de conduta).*

os resultados desejados, mesmo que isso não implique ou que rejeite a ideia de controle, esse país será mais poderoso do que outros.

Dissemos antes que a teoria de relações internacionais de Kenneth Waltz é estruturalista; de fato, sua divisão entre sistemas hierárquicos e anárquicos realça as características **sistêmicas** das realidades internas e externas aos estados. Além disso, essa teoria postula que a dinâmica internacional, baseada no poder, isto é, na distribuição de capacidades, resulta em formas variadas de organização entre os países, o que mantém a ordem e evita a guerra. Muito da proposta de Waltz consiste na análise dos padrões de relacionamento que surgem no sistema anárquico – ele considera, por exemplo, as balanças de poder[11] –, mas, da mesma forma, o entendimento do poder como a distribuição de capacidades acaba fazendo a análise passar de volta do nível sistêmico para o nível nacional (ou estatal).

> Assim, é paradoxal que, apesar de sua concepção de poder ser adequada à sua teoria estrutural das relações internacionais, essa mesma concepção de poder não estipula consequências para o sistema, uma vez que um país pode ter mais capacidades do que outros e, assim, pode beneficiar-se mais de alguns arranjos da realidade internacional. Todavia, o sistema anárquico continua caracterizando-se pela ausência de uma autoridade superior e, nesse sentido, não beneficia em princípio nenhum país[12].

---

11 *A balança do poder consiste no equilíbrio que os países mantêm entre si, com base na avaliação do poder de cada um. Por exemplo: quando vários países de poder médio unem-se para contrabalançar um país de grande poder, o que se busca criar aí é uma situação de equilíbrio, em uma balança de poder.*

12 *Além disso, caso um arranjo específico do sistema mude – por exemplo, passando da ordem bipolar característica da Guerra Fria (1947-1991) para a situação de multipolaridade existente desde 1991 –, o sistema continua sendo hierárquico. Em outras palavras, exceto pela ausência de um poder superior, o conceito de* sistema hierárquico *de Waltz não deduz nenhuma consequência sobre a distribuição das capacidades, isto é, do poder.*

A outra abordagem de cunho estrutural na área de relações internacionais que desejamos citar é a **teoria dos sistemas-mundo**, de Immanuel Wallerstein. Essa teoria também se integra à grande família teórica dos marxismos e foi exposta em obras como *O moderno sistema mundial* (Wallerstein, 1999b) e no artigo "Análise dos sistemas mundiais" (Wallerstein, 1999a).

As ideias básicas de Wallerstein são bastante simples. Para ele, as relações internacionais caracterizam-se pelo seu caráter histórico, ou seja, com o passar do tempo elas modificam-se, assumindo características com base nas realidades anteriores, mas gerando suas próprias características e dinâmicas. No decorrer dos séculos, Wallerstein considera que houve três grandes tipos de **sistemas históricos**, isto é, de totalidades sociais: os minissistemas, os impérios mundiais (ou impérios-mundo) e as economias mundiais (ou economias-mundo).

Os nomes de cada um desses sistemas históricos são bastante autoexplicativos. Os minissistemas são unidades políticas e sociais de tamanhos reduzidos, que não duram muito tempo, ou seja, cujas existências não atravessam os séculos. Os impérios mundiais são unidades bem maiores, estáveis e que tendem a absorver outras unidades semelhantes ou menores, ou seja, que abarcam outros impérios e minissistemas. Eles mantêm-se com base na imposição de impostos na forma de bens *in natura* ou de recursos monetarizados (baseados na moeda), além da imposição da força militar. As tribos indígenas são exemplos de minissistemas, ao passo que os grandes impérios históricos – inca, asteca, maia, romano, egípcio, chinês, otomano etc. – são exemplos de impérios mundiais[13]. Em termos gerais, esses sistemas

---

13 *Evidentemente, o que importa aqui é o conceito de* império, *não o de* mundial. *Wallerstein tem clareza de que tais impérios, ao mesmo tempo, tendiam a expandir-se cada vez mais e que não tinham como se manter nessa tendência.*

históricos existiram até meados do século XVI, ou melhor, existiram (e, em muitos casos, ainda existem) até bem recentemente, mas o que importa notar é que a partir do século XVI, aproximadamente, um novo sistema histórico passou a desenvolver-se, a economia-mundo.

Como o nome sugere, a **economia-mundo** baseia-se nas relações econômicas e sua tendência é efetivamente abarcar o mundo todo, absorvendo progressivamente os minissistemas e os impérios mundiais e submetendo-os à sua lógica intrínseca. O que significa "submetendo-os à sua lógica"? Quer dizer que as diversas unidades que compõem a economia mundial integram-se em uma rede cada vez maior de extração de matérias-primas, de produção e de consumo de bens. Em outras palavras, trata-se do **sistema capitalista**.

Para Wallerstein, em cada momento histórico, um país específico assume a liderança ou, pelo menos, a proeminência. No século XIX, o líder econômico foi a Inglaterra, sendo substituída no decorrer do século XX (e pelo menos nas décadas iniciais do século XXI) pelos Estados Unidos[14]. A economia-mundo unifica a produção mundial e mantém uma relativa **diversidade cultural**. A afirmação de que a economia-mundo mantém uma "relativa diversidade cultural" é importante, pois ela contrapõe-se a várias perspectivas que afirmam que há uma padronização cultural devida ao capitalismo. Mas é claro que afirmar a manutenção da diversidade não é o mesmo que afirmar que essa diversidade não ocorre em função de processos locais de resistência ou, inversamente, porque as próprias culturas locais são transformadas em bens primários para exportação (em *commodities*, como no caso do turismo).

---

14 *De acordo com Wallerstein, desde o século XVI até o século XIX, os países-líderes foram Portugal, Espanha, Países Baixos e França.*

> De qualquer maneira, é importante notar que cada país, cada região do mundo desempenha um papel específico nesse sistema econômico. Não se trata somente de uma simples divisão do trabalho, na qual diferentes grupos exercem atividades distintas e complementares, em que haveria uma relativa igualdade entre eles. Esse tipo de divisão do trabalho realmente ocorre até certo ponto, mas, mais importante do que isso, o papel desempenhado pelos vários países muda de acordo com a importância política e com o tipo específico de atividade econômica desenvolvida.

Nesses termos, Wallerstein propõe que há países **centrais, periféricos e semiperiféricos**: os primeiros são os países ricos, ditos desenvolvidos, que controlam os capitais, a produção de bens, os fluxos de bens e capitais; os países periféricos são os países que precisam emprestar o capital estrangeiro e cuja produção basicamente se constitui da extração de matérias-primas a serem exportadas e, assim, são países pobres ou subdesenvolvidos; e os países semiperiféricos são aqueles que estão a meio-caminho entre os dois pólos anteriores. Estes últimos não são apenas extratores de matérias-primas, pois também produzem e exportam produtos industrializados, mas ainda exportam muita matéria-prima. Embora tenham muitos setores sociais em condições sociais satisfatórias, igualmente apresentam problemas de pobreza. Seriam assim os antigos países em desenvolvimento, atualmente chamados de *emergentes*.

Essa classificação tem maior importância lógica e descritiva do que propriamente classificatória. Em outras palavras, mais importante do que procurar situar cada país do mundo em uma dessas categorias, é entender que existem países cujo poder e influência são muito maiores que os demais e que estruturam e beneficiam-se do sistema internacional, assim como há países pobres ou paupérrimos, cuja capacidade de ação nesse sistema é mínima ou nula e, por fim, compreender que há países que estão em situações intermediárias entre esses extremos.

Dito isso, considerando a presente realidade mundial, poderíamos sugerir que os países centrais são os Estados Unidos, a Europa Ocidental, o Japão e mais alguns[15]. Os países periféricos seriam, por exemplo, a Bolívia, a Líbia, o Vietnã; os países semiperiféricos seriam, entre outros, os membros dos Brics: Brasil, Rússia, Índia, China e África do Sul[16].

O esquema da economia-mundo de Wallerstein explicitamente se refere ao capitalismo. O que ele tem de específico é tomar como base de análise não a economia de um único país, mais ou menos fechada em si mesma, mas ampliar seu foco para o sistema como um todo, que, nos dias atuais, abrange inteiramente o planeta Terra. Ao ampliar a base territorial e, portanto, o escopo analisado, o esquema **centro-periferia-semiperiferia** de Wallterstein, na verdade, **atualiza o esquema das classes no capitalismo proposto por Marx**. Os países centrais, dessa forma, seriam a burguesia internacional; os países periféricos seriam o proletariado; os países semiperiféricos, talvez, seriam algo como a classe média. Ainda assim, é importante notar que as análises de Wallerstein não fazem uma transposição simplista, mecânica, das classes de uma sociedade nacional para o sistema internacional.

Na medida em que Wallerstein emprega o conceito de *capitalismo* e o esquema analítico da economia-mundo, o conceito de *poder* como consequência da estrutura do sistema torna-se claro. Os países

---

15 *Outra forma de descrever os países centrais é por meio da sigla G-7, que se refere a um grupo de países que se reúne regularmente e que, em 1995, englobava as sete maiores economias do mundo: Estados Unidos, Inglaterra, Japão, Alemanha, França, Itália e Canadá.*

16 *A China é cada vez mais um caso à parte no Brics, pois distancia-se fortemente dos demais países, saindo com clareza da condição de país semiperiférico e aproximando-se da de central.*

centrais têm de agir de determinadas maneiras para manterem sua preeminência, isto é, seu poder, por exemplo, eles têm que manter a dianteira tecnológica e níveis relativamente altos de produtividade do trabalho e do capital. Ao mesmo tempo, o mero fato de os países centrais serem centrais confere-lhes importantíssimas vantagens em relação aos outros países. Como indicamos antes: o controle de recursos tecnológicos, financeiros e comerciais, além do controle sobre os próprios fluxos econômicos (o que será investido onde e em quais condições) e sobre as regras econômicas internacionais[17].

3.1.4 Outras abordagens: Michel Foucault

A abordagem que estamos adotando aqui para tratar do poder segue um parâmetro **didático**, ou seja, consideramos que é mais fácil de expor e, portanto, de entender as concepções sobre o poder dividindo-as em subjetivistas e objetivistas (ou estruturais). Todavia, é perfeitamente aceitável considerar que essa abordagem não abrange todas as concepções sobre o poder. De fato, a perspectiva do francês Michel Foucault (1926-1984) desafia a classificação subjetivismo-objetivismo. Como se pode ver em suas inúmeras obras – como *Microfísica do poder* (1984) e *Segurança, território, população* (2008) –, para esse filósofo e historiador **o poder permeia toda a sociedade e está presente em todas as instituições**. Entretanto, vai muito além disso, pois o poder envolve todos os indivíduos, controla seus corpos e constitui as relações sociais.

A concepção que Foucault tem de poder altera radicalmente as perspectivas apresentadas até agora em razão de uma série de motivos,

---

[17] Uma exposição comparativa dos conceitos de poder e, em particular, do conceito de poder do Estado nas teorias de Hans Morgenthau e Immanuel Wallerstein pode ser lida em Pereira (2010).

a começar pelo período histórico que ele considera: suas análises concentram-se no período moderno, isto é, a partir do século XVII, quando, na Europa, o Estado nacional já estava constituído, unificado, centralizado e controlando um território bem definido. Ao mesmo tempo, uma série de conhecimentos teóricos e práticos passaram a ser desenvolvidos – e de toda a variedade de pesquisas científicas e tecnológicas desde então realizadas, algumas foram estimuladas e absorvidas pelo Estado, que passou a empregá-las para dominar e controlar melhor os indivíduos; eram os **novos regimes de saberes**.

Para Foucault, esses saberes passam a classificar, a organizar e a individualizar as pessoas, constituindo sociológica e politicamente os indivíduos. O Estado passa a conhecer cada um dos seus súditos, que, dessa forma, são dominados de maneira mais eficiente. Quais são os saberes em ação? A biologia (servindo para base, posteriormente, para a medicina), a economia política, a filologia (como estudo da constituição dos discursos e como antecessor da sociologia) e a estatística (no sentido de contagem sistemática das coisas que há em um país[18]).

O que é importante notar é que, com base no poder soberano (do Estado), desenvolvem-se práticas e discursos que, de maneira capilar, difundem-se pela sociedade e enredam e permeiam os indivíduos. Não há propriamente "poder", mas **práticas de poder**, as quais geram discursos e saberes, de tal forma que, para Foucault, **poder é conhecimento**[19], ou seja, a forma como entendemos a realidade é um produto das relações de poder; se estas fossem diferentes, o entendimento que temos da realidade também seria diferente.

---

18 Esse aspecto estatal da estatística é mais evidente na língua espanhola, em que se escreve "estadística", isto é, relativo às coisas do Estado.

19 Essa frase inverte a observação de Francis Bacon, para quem "conhecimento é poder". Como vimos em capítulos anteriores, para o chanceler inglês, a posse do conhecimento, em particular do conhecimento verdadeiro, acarreta o poder (político e tecnológico).

Segundo Foucault, o poder e os saberes criam os indivíduos, ao individualizar as pessoas. Essa criação e essa individualização têm duas consequências importantes.

A primeira é a de que, como só há indivíduos quando as práticas do poder e os saberes **definem** quais são os indivíduos, no pensamento de Foucault não é correto falar que o poder é resultado das práticas dos indivíduos. Dessa forma, embora sem dúvida alguma o poder tenha uma característica capilar, não é aceitável afirmar que se trata de uma concepção subjetivista (individualista) do poder. O poder em si é anônimo, sem rosto; ele seria a causa da existência dos indivíduos e não a consequência da ação dos indivíduos. Ainda que o Estado seja um dos grandes promotores das práticas de poder e de saber, a análise de Foucault não se concentra nas relações globais do Estado com órgãos específicos. O que lhe interessa são as **ramificações**, as **repetições** e as **difusões** dessas práticas. Assim, também não é adequado afirmar que a concepção de poder que Foucault formula é objetivista, ou melhor, estrutural; bem ao contrário, ele a define como uma micropolítica – ou, como ele intitulou um de seus livros mais célebres, trata-se de uma **microfísica do poder.**

A segunda consequência é a de que as práticas do poder e dos saberes agem sobre os **corpos** dos indivíduos. Evidentemente que os comportamentos e até as motivações individuais são afetadas, mas, nesse aspecto, Foucault também se interessa pela maneira como os corpos são controlados, especialmente em algumas instituições destinadas ao controle ou baseadas nele – como as prisões, os hospitais, as escolas. Essas três instituições baseiam-se em saberes e concepções específicos – o que é certo e errado, legal e ilegal, são e insano, verdadeiro e errado – e, com base neles, elas controlam os indivíduos, para que sofram suas penas, possam ser curados e para que aprendam. O controle e a definição dos corpos pelo poder foi chamada por Foucault de *biopolítica*. O Estado, como instituição de poder, preocupa-se com a sua segurança e, por esse motivo, busca controlar a população. Instituições como os hospitais, as escolas, as prisões realizam no nível micro esse objetivo político, ao instituir disciplinas, isto é, práticas disciplinares, que controlam e moldam os corpos e os comportamentos. É interessante notar que a palavra *disciplina* pode ter pelo menos dois sentidos: como conjunto de regras e comportamentos desejados ou como área especializada do conhecimento. Como vimos, para Foucault as disciplinas-conhecimento também realizam um importante papel na disciplina-modelagem. De qualquer maneira, as instituições que realizam, na prática, a biopolítica também são eficazes porque conseguem que os próprios indivíduos internalizem as regras e os comportamentos desejados. Esse é um dos sentidos profundos da ideia de que o poder "constitui os sujeitos", isto é, **os indivíduos são esquadrinhados, moldados socialmente, têm seus corpos e suas concepções disciplinados**[20].

Essas postulações de Foucault, como observamos antes, são bastante sugestivas e desafiadoras. Entretanto, elas apresentam alguns problemas para a investigação empírica e para a ação política. Em termos de investigação empírica, as concepções de Foucault rejeitam a ideia de sujeito do poder, isto é, rejeitam a possibilidade de indicar algum indivíduo ou grupo que desenvolva determinadas ações que possam ser caracterizadas como relações de poder. De acordo com

---

20 *Essa apresentação que fizemos das concepções de Foucault procura sistematizar e organizar, de maneira didática, ideias que foram expostas no decorrer do tempo e seguindo perspectivas e preocupações específicas que variaram bastante. Não seguimos, aqui, uma sequência cronológica das investigações de Foucault, mas apenas procuramos expor de maneira coerente alguns elementos que são úteis para a pesquisa político-sociológica do poder. As ideias de Foucault têm sido objeto de pesquisas sistemáticas nas últimas décadas e não é difícil encontrar apresentações gerais das várias fases de sua obra. A título de sugestão, indicamos Eizirik (2005).*

o filósofo francês, não há "indivíduos que estabelecem relações de poder", ao contrário, os indivíduos são objetos mais ou menos passivos do poder. Em outras palavras, para Foucault **o poder não tem rosto, não tem nome** e, portanto, não há um sujeito que o crie, pois é ele quem cria os sujeitos. Com base em uma perspectiva ampla, é fácil entender essa concepção, mas só é possível estudá-la por meio de procedimentos historiográficos gerais. Pesquisas como as sugeridas pelas visões unidimensional, bidimensional e tridimensional do poder, propostas pelos comportamentalistas, seriam inviáveis.

Outra dificuldade na abordagem foucaultiana reside no fato de a própria **ideia de pesquisa científica** enreda-se facilmente em uma espécie de curto-circuito intelectual. Se o poder produz o conhecimento e, assim, o conhecimento é um instrumento do poder, a pesquisa científica também é produzida pelo poder e resulta na hipótese de que ela também serve para disciplinar, normatizar e dominar os indivíduos. Nesse sentido, o conhecimento empírico científico seria o instrumento por excelência que permitiria essa dominação, seja porque ele conhece a realidade, seja porque é uma poderosa concepção sobre a realidade.

> Desses dois problemas, por assim dizer, acadêmicos, decorrem as dificuldades para a ação política prática: se todo conhecimento é instrumento de poder, não apenas a ideia de um conhecimento sobre a realidade que seja útil para a prática política fica prejudicada, mastambém, ao agirmos, estaremos somente pondo em ação práticas de poder – seja porque como indivíduos fomos constituídos pelo poder, seja porque as ideias, os valores, as palavras e os conhecimentos que empregamos também são instrumentos do poder. Além disso, como o poder não tem sujeito, não tem "rosto", não há propriamente motivo para criticarmos um ou outro indivíduo em particular, ou uma ou outra organização, pois o poder continuará realizando-se por meio de outros agentes.

Assim, em última análise, o que a concepção foucaultiana sugere é apenas a revolta – e, ainda por cima, a revolta **silenciosa**.

3.1.5 Outras abordagens: Hannah Arendt

Em virtude de peculiaridades e porque muda bastante o quadro de referências sobre o poder com que estamos habituados, é interessante expormos as concepções da filósofa teuto-estadunidense Hannah Arendt (1906-1975).

Nas visões expostas até agora, o poder resulta sempre na dominação, isto é, na separação da sociedade em dois grupos, um pequeno que impõe sua vontade e outro grande que se submete. Assim, o poder estabelece relações sociais hierárquicas. Além disso, nas **visões tradicionais do poder**, com frequência o conflito integra as definições e, inversamente, o consenso é visto com desconfiança, podendo ser na verdade o resultado da imposição das visões de mundo e dos interesses do grupo dominante em detrimento dos do grupo dominado. Por fim, o conflito pode variar desde a simples disputa retórica até a violência física (na forma de guerra civil, por exemplo).

Para Maquiavel, por exemplo, a política é sempre conflituosa e a obtenção e a manutenção do poder implicam o emprego da força. Hobbes concebia a realidade humana como intrinsecamente violenta e apenas uma violência maior (a do Estado soberano) seria capaz de encerrar as violências pequenas e cotidianas. Marx não se afastava dessas concepções, embora considerasse que o reino da violência era uma característica **histórica** e da **luta** de classes e que, portanto, acabando com as classes sociais seria possível dar um fim à violência (aberta ou velada).

Pois bem: Hannah Arendt, especialmente (mas não apenas) em suas obras *Sobre a violência* (1994) e *A promessa da política* (2010b)[21], refletindo a respeito da prática e dos pensadores políticos e moralistas[22] da Antiguidade clássica (greco-romana), propôs que o poder não é resultado do conflito social nem que ele estabelece uma relação marcadamente hierárquica. Bem ao contrário, para Arendt, o poder refletiria até certo ponto um **consenso social** básico sobre os valores comuns ao grupo e, nesse sentido, o poder seria a **capacidade de agir em conjunto**, com base na fundação da coletividade por indivíduos livres e iguais entre si.

Recuperando, do ponto de vista teórico, a realidade sócio-política das pólis antigas, Arendt considera que a política é uma atividade marcada pela igualdade (formal) entre os cidadãos, que dialogam e argumentam entre si. No processo de discussão, evidentemente, existem discordâncias – ou melhor, como a própria autora observa em diversos momentos, existe a **pluralidade** humana –, mas essas discordâncias são limitadas pelas características fundantes da associação política – ou seja, há discordâncias, não conflitos.

---

21 Uma exposição cuidadosa do pensamento de Hannah Arendt pode ser vista em Duarte (2000).

22 O sentido usual da palavra moralista *refere-se à hipocrisia, moralidade falsa ou exagerada. Entretanto, há um sentido diferente e positivo para essa palavra: os pensadores moralistas são aqueles que teorizam e propõem regras, valores e princípios morais, isto é, são aqueles que propõem o que é bom, justo, certo, verdadeiro.*

> O poder, assim, existe apenas na medida em que existem vários seres humanos atuando em conjunto. Por um lado, Arendt considera que o poder é sempre **relacional**, isto é, existe apenas como produto das relações humanas; por outro, se o ser humano está sozinho, o poder deixa de existir, assim como ele deixa de existir caso um indivíduo esteja isolado em relação a outros seres humanos (como no caso do tirano que impõe despoticamente, pela força, a sua vontade). Outra característica importante do poder é que ele consiste tanto em **palavras** quanto em **ações**: Arendt recusa a separação entre palavra e ação, entre pensar e agir; para ela, a política, que é a atividade específica que realiza o poder, constitui-se tanto de palavras que realizam, descrevem e criam ações quanto de ações que criam novas realidades a serem entendidas e explicadas pelas palavras.

Em virtude dessas características, enquanto há o debate livre entre as várias perspectivas, o poder está sempre se recompondo, sempre se reatualizando. Como atividade que produz o poder, a política não tem nenhum outro objetivo além de si mesma, isto é, as palavras e os atos são objetivos em si próprios. Nesse sentido, Arendt recusa o que ela chama de *tradição do pensamento político ocidental*, que opõe filosofia e política, pensamento e ação, política e sociedade. A tradição seria marcada pela ideia de que a política sempre está a serviço de algum outro fim (a satisfação das necessidades biológicas da espécie, a busca da proteção dos indivíduos, a garantia dos privilégios da classe dominante etc.)[23]; e para Arendt, seria necessário deixar de lado essa tradição e essa forma de pensar e entender que a política é um fim em si mesma, sendo substituída pela concepção segundo a qual o espaço de relacionamento entre os seres humanos deve ser valorizado por si e não em razão de outras preocupações alheias a ele.

---

23 Essa tradição teria começado com o desencanto de Platão com a política prática, após a morte de Sócrates, e, por meio de sucessivas influências e reformulações, teria chegado até o Ocidente moderno.

Parece claro que tanto o poder quanto a política são vistos de maneira bastante positiva para Arendt. Nesses termos, a política opõe-se à violência e esta ocorre quando a política fracassou, ou seja, quando a argumentação pacífica e livre foi incapaz de manter-se e, em vez de os seres humanos dialogarem e procurarem convencer-se de suas perspectivas, passam a buscar **impor** uns aos outros essas perspectivas. Outra forma de encarar a relação entre violência e poder é a que se estabelece entre os vários indivíduos no espaço público: quando um ou poucos indivíduos impõem suas perspectivas, há a violência e o fim da política (e do poder); quando vários indivíduos esforçam-se para recuperar o espaço de debate, há a constituição ou o fortalecimento da política (e do poder). Com isso, Arendt procura distinguir a tirania (a violência de um) da revolução (o esforço de muitos pela política).

A definição de poder de Arendt claramente rompe com a tradição moderna de filosofia política e procura (r)estabelecer vínculos com a prática da Antiguidade. É interessante notar que ela tem um viés claramente **normativo**: a política consiste na realização do ser humano ao conviver com outros seres humanos e ao decidir livremente seus destinos. Assim, essa concepção opõe-se duplamente aos vários conceitos que temos visto até agora. Por um lado, a característica definidora da política é positiva, não negativa, é a discussão pacífica, não as diferenças conflituosas. Por outro lado, a proposta é mais normativa do que empírica, ou seja, ela visa definir o que é o bom e o correto, não a investigar objetivamente determinadas relações sociais. Ainda assim, não é difícil perceber que essas formulações podem ser utilizadas para entender a realidade política.

3.1.6 Outras abordagens: Augusto Comte

Uma concepção interessante do *poder* é a de Augusto Comte, que também tem um caráter ao mesmo tempo normativo e empírico. Esse pensador entende o poder, em termos gerais, como a capacidade de **modificar a conduta** dos seres humanos, seja a dos indivíduos, seja a dos grupos sociais – o que, com exceção das ideias de Arendt, é a forma como habitualmente se define o poder. O que há de característico em Comte é sua concepção de dois poderes, isto é, o que modifica a conduta de maneira objetiva, externamente, e o que modifica de maneira subjetiva, internamente – ou, nos termos comtianos, o "**poder temporal**" e o "**poder espiritual**".

Essa terminologia é bastante tradicional, e durante séculos foi empregada para distinguir âmbitos de atuação e instituições sociais. Ela originou-se na Idade Média e corresponde à separação entre o imperador e o papa, ou seja, entre o que chamaríamos hoje de ***Estado*** e as **diversas igrejas**. Na Europa, durante a Idade Média, o domínio sobre essa região era compartilhado pelos dois poderes. O Imperador seria responsável pela manutenção da ordem civil e pela administração da justiça, ao passo que o papa seria responsável pelos valores morais. No decorrer de alguns séculos, essa divisão funcionou mais ou menos bem, mas a rivalidade entre esses dois poderes "universais" (pois pretendiam regular a universalidade dos povos, ainda que dos povos **europeus**) desenvolveu-se de tal maneira que o papa passou cada vez mais a atuar como chefe temporal e o Imperador cada vez mais quis interferir na administração doutrinária e eclesiástica. É interessante notar que o combate entre essas duas potências universais resultou no seu enfraquecimento mútuo, permitindo o surgimento de potências mais locais – os reis, que aos poucos unificaram os territórios e constituíram burocracias, criando os modernos estados nacionais.

Os conceitos de Comte de poder temporal e poder espiritual inspiram-se nessas experiências históricas, mas têm suas próprias características teóricas. A ideia de poder *temporal* retoma a concepção hobbesiana de que o Estado funda-se na **força**. Embora procure orientar, sugerir, recomendar que os cidadãos ajam como for necessário, em última análise o Estado força-os a agir de acordo com a lei. Uma consequência dessa ideia é que o Direito, como conjunto de leis mantidas pelo Estado, também tem um aspecto de força. Já a concepção de *poder espiritual* formulada por Comte põe de lado sua inspiração na Igreja Católica, mas mantém a busca da regulação das relações sociais com base no **aconselhamento** e nas opiniões. Para isso, deixa de lado o absolutismo da teologia e adota o relativismo filosófico, a fim de que os seres humanos possam dialogar e convencer-se mutuamente de maneira racional.

Além disso, Comte considera que o poder temporal tem de ser territorialmente restrito, ou seja, ele não pode ocupar territórios muito grandes, sob risco de que os cidadãos não conheçam uns aos outros, que o sentimento de pertencimento a uma coletividade perca-se e, portanto, que o Estado torne-se cada vez mais forte e violento para manter os laços políticos. Em contraposição, o poder espiritual pode buscar a universalidade, isto é, pode buscar valores compartilhados por todos os seres humanos para que as relações entre países, classes, grupos e indivíduos tenham parâmetros comuns para resolver suas divergências.

Dando mais um passo, para Comte os dois poderes são complementares, mas cada um deles tem **autonomia**. De modo mais específico, esse pensador entende que uma opinião verdadeira e sincera não pode ser imposta pela força. Assim, o poder temporal não pode obrigar ninguém a acreditar em nada. Por outro lado, sempre que o poder espiritual deseja o apoio do Estado, ele fica desacreditado, pois mistura a orientação dos valores e das ideias com seus interesses materiais, além de obrigar as pessoas a afirmarem e a respeitarem opiniões que não são suas (o que resulta no cinismo e na hipocrisia). Disso se segue que, para Comte, na época atual, é necessário que os dois poderes estejam **separados** um do outro, ou seja, que o Estado não tenha religião oficial e que as doutrinas religiosas e filosóficas não busquem o apoio oficial para se manterem e se difundirem[24].

> Outra consequência dessa concepção de separação analítica e prática entre os dois poderes é a de que o aumento da atividade de um poder relaciona-se com a diminuição do outro, no seguinte sentido: quanto mais os seres humanos agirem com base nos valores e nas ideias compartilhadas, na discussão racional e pacífica de suas perspectivas, menos será necessário que o Estado imponha padrões de comportamento.

Para Comte, o Estado será sempre necessário para orientar a política prática (por exemplo, para a criação e a manutenção das leis, para a manutenção da infraestrutura econômica etc.), mas, ao mesmo tempo, é um sinal de progresso que o comportamento dos seres humanos dependa cada vez menos da imposição de condutas pelo Estado.

3.1.7 Alguns métodos de pesquisa: posicional, decisional e reputacional

Sem procurar esgotar as inúmeras possíveis formulações sobre o poder, especialmente em termos normativos, podemos concluir esta seção indicando que, seguindo a exposição de Mario Stoppino (2002b), na pesquisa empírica é possível identificar três grandes métodos para investigação do poder. Esses três métodos, como ficará evidente,

---

24 Essa é uma forma de entender a ideia da laicidade *do Estado. A esse respeito, é possível ler Lacerda (2014b).*

baseiam-se nas formulações comportamentalistas do poder, ou, nos termos de Steven Lukes, baseiam-se nas visões **unidimensional** e **bidimensional**. Quais são esses três métodos? São o posicional, o decisional e o reputacional.

Os nomes de cada um desses métodos são bastante autoexplicativos. O **método posicional** considera que o poder é conferido pelos indivíduos (ou grupos) que ocupam determinadas posições na sociedade ou nas instituições. Assim, podemos considerar que a posição ocupada por determinadas classes sociais na sociedade capitalista, ou pelas instituições em algumas sociedades, ou pelos cargos ocupados por determinados indivíduos em algumas organizações – cada uma dessas posições confere poder às classes, às instituições, aos indivíduos. A possibilidade de controlar recursos considerados socialmente valiosos pode conduzir esse método, com certa facilidade, ao sofisma da posse de recursos. Contudo, mais importante do que a posse dos recursos, o que importa para a realização do poder é a **manipulação dos recursos** de maneira que produzam os **resultados desejados**.

Outro problema nesse método é a possibilidade de **formalismo**. Pode-se considerar que apenas porque um indivíduo ocupa uma determinada posição ele tem poder. Ora, em muitos casos, embora um indivíduo ocupe uma posição formalmente importante, ele mesmo não toma as decisões, ele mesmo não realiza as negociações importantes etc., cabendo-lhe um papel mais protocolar; ou, então, o cargo ocupado é formalmente importante, mas as decisões que importam são tomadas em outras instâncias. Ainda assim, embora haja essa possibilidade de formalismo, convém notar que esse método oferece uma rota para a investigação, devendo ser complementado por outras abordagens. Por fim, de qualquer forma, pode ser útil lembrar um aspecto importante na abordagem posicional: a posição que determinados grupos ou indivíduos ocupam confere-lhes poder da mesma forma que os grupos ou indivíduos que não ocupam essas posições não têm poder. Em outras palavras, depreende-se desse método uma concepção hierárquica da sociedade ou das organizações, quer essa hierarquia seja formal (estabelecida por meio de leis ou estatutos), quer ela seja informal (como no caso da estrutura de classes – em que o *informal* não quer dizer a mesma coisa que *irreal* ou *imaterial*).

O **método decisional** considera que o poder está nos grupos e nos indivíduos que tomam as decisões. Sem dúvida que uma primeira etapa nesse método consiste em considerar que as decisões são tomadas por aqueles que ocupam determinados cargos nas instituições, mas o foco principal desse método é olhar além dos cargos, ou seja, é evitar um eventual formalismo e procurar determinar quem – quais indivíduos, em quais órgãos – tomam as decisões. Da mesma forma, é importante determinar a importância relativa das várias decisões tomadas. Esse método pode padecer de seu próprio viés formalista ao considerar que as decisões tomadas em determinados órgãos são as únicas que importam, ignorando que pode haver **filtros sociais e políticos** que selecionam quais os temas que serão debatidos e a respeito dos quais haverá decisões. Em outras palavras, as críticas formuladas por Peter Bachrach e Morton Baratz ao método decisional simples de Robert Dahl e, depois, as críticas de Steven Lukes contra as abordagens unidimensional (de Dahl) e bidimensional (de Bacharach e Baratz) são fortes antídotos contra esse possível formalismo – ou, pelo menos, são importantes lembretes para que se evite o dito formalismo.

Embora os três métodos empíricos que estamos abordando – o posicional, o decisional e o reputacional – tenham sido desenvolvidos pela ciência política estadunidense e, portanto, sejam mais empregados para determinar a ação de indivíduos em órgãos, bem como de grupos mais ou menos restritos (como de comitês), o fato é o de que, a rigor, nada impede que se adote uma abordagem posicional para as macroestruturas sociais. Como exemplificamos há pouco, em uma abordagem marxista é possível considerar que a classe burguesa tem poder porque ocupa uma determinada posição na sociedade capitalista. Por outro lado, essa interpretação macroestrutural não é possível com o método decisional, afinal de contas, as decisões são tomadas por indivíduos específicos, quer essas decisões sejam interpretadas como representando a vontade de órgãos (coletivos), quer não sejam interpretadas dessa forma. Ora, ainda tomando como exemplo as classes sociais, não é possível falar que a "classe burguesa tomou uma decisão", exceto de maneira bastante figurada.

O **método reputacional** talvez seja o mais empírico e o mais individualista dos três, pois ele considera a reputação que os indivíduos têm. Terá poder aquele indivíduo que tiver a reputação de ser poderoso. É claro que, ao dizermos que é o método mais individualista, não queremos com isso excluir a possibilidade de ele abranger também organizações. Por exemplo, no Brasil dos anos 1980, era bastante comum dizer-se que o Fundo Monetário Internacional (FMI) era poderoso face ao governo brasileiro (em virtude dos sérios problemas ocorridos com a dívida pública externa naquele período)[25]. Por outro viés, por que dissemos que ele seria o método mais empírico dos três? Porque, para definir a reputação de alguém, é necessário perguntar a várias pessoas o que elas pensam a respeito desse alguém. Outro caminho, um pouco diferente, consiste em perguntar a várias pessoas quem elas consideram poderoso ou importante. Ao questionar a várias pessoas quem elas consideram poderoso, o que se está

---

25 *Da mesma forma, não usamos a palavra* individualista *no sentido de* egoísta; *empregamos essa palavra no sentido de "concentrado em pesquisar a ação de indivíduos", em oposição à ênfase em grupos sociais.*

fazendo é determinar a reputação dos indivíduos. Dessa forma, outra característica desse método é que, ao mesmo tempo em que ele tem uma base empírica mais acentuada, paradoxalmente a definição de quem é poderoso é mais vaga, afinal, a reputação é uma avaliação subjetiva, cercada de preconceitos e vieses pessoais e sociais[26]. Ainda assim, esse método pode ser útil para sugerir indivíduos ou grupos que não seriam evidentes em pesquisas que adotem apenas os métodos posicional e decisional.

Na Seção 2.1 apresentamos uma distinção entre ciência política e sociologia política, com base no tipo de variáveis explicativas empregadas em cada uma das abordagens. A ciência política adota apenas variáveis políticas e, com frequência, institucionais

---

26 *Um exemplo concreto bastante interessante de como se empregar apenas a reputação para pesquisas científicas pode ser problemático. Nas décadas de 1980 e 1990, de modo geral, as investigações político-sociológicas sobre o Congresso Nacional do Brasil basearam-se em reportagens de jornais e revistas periódicas e de entrevistas. De acordo com esses materiais, a opinião reinante era a de que o Congresso Nacional – em particular, a Câmara dos Deputados – era marcado pela ação individualista e predatória dos parlamentares. Os cientistas políticos Argelina Figueiredo e Fernando Limongi, insatisfeitos com o excesso de subjetividade dessas fontes, resolveram abandoná-las e investigar as decisões tomadas na Câmara dos Deputados, considerando em particular a disciplina partidária. Em um procedimento que, nos termos que estamos considerando, combinou os métodos decisional e posicional, esses cientistas políticos descobriram que, surpreendentemente, após a promulgação da Constituição Federal de 1988, a disciplina partidária na Câmara dos Deputados é grande e que, de modo geral, os deputados votavam de acordo com os interesses do governo. Em outras palavras, não haveria nem individualismo nem comportamento predatório. Esses resultados estão apresentados em Figueiredo e Limongi (2001).*

para explicar o comportamento político. A sociologia política, por seu turno, emprega **também** variáveis sociais em suas explicações[27].

> Com base nessa distinção, podemos fazer um pequeno exercício classificatório das concepções de poder apresentadas: as concepções subjetivistas, de modo geral, pertencem à ciência política, ao passo que as objetivistas entram no âmbito da sociologia política. A "visão tridimensional do poder" defendida por Steven Lukes e, de modo mais específico, a sua terceira dimensão do poder, pertence à sociologia política. As perspectivas de Augusto Comte e de Michel Foucault também são da sociologia política. No caso de Comte, ele realmente conjuga elementos sociais e institucionais, enquanto Foucault é quase totalmente social, reservando elementos institucionais de modo mais secundário. A concepção de Arendt pertence mais à ciência política, ainda que ela faça considerações de ordem sociológica, esses seus comentários têm um papel mais de contextualização que explicativo.

Finalmente, em relação aos métodos de investigação do poder que apresentamos há pouco – decisional, posicional e reputacional –, os dois primeiros são propriamente da ciência política, pois envolvem de maneira clara, e por definição, apenas elementos políticos; a abordagem reputacional, embora basicamente da ciência política, pode passar para o âmbito da sociologia política, dependendo da forma como se definir e medir a reputação.

(3.2)
ESTADO

Trataremos agora do conceito de *Estado*. No dia a dia, é muito fácil considerarmos que *política*, *poder* e *Estado* são sinônimos, pois a

---

27 Ou, mais especificamente: a ciência política adota apenas elementos políticos como variáveis independentes (ou como explanans, na terminologia de Carl Hempel), ao passo que a sociologia política adota elementos políticos e sociais como variáveis independentes. Em qualquer um dos casos, a variável dependente (ou explanandum, para Hempel) é sempre o comportamento político.

política lidaria com o poder e visaria atuar no Estado. Entretanto, como vimos na seção anterior, há muitas definições possíveis para *poder*, algumas mais próximas do senso comum, outras mais distantes, algumas mais próximas do que se considera ideal (isto é, do que se considera a boa política), outras talvez mais próximas do que se considera real (isto é, do que se considera a verdadeira política). Essas variações nos conceitos de poder já indicam que, embora fortemente relacionados entre si, política, poder e Estado mantêm entre si mais vínculos do que se poderia imaginar à primeira vista. É claro que essa pluralidade de relações não se deve apenas à variedade de definições, mas também à variedade de fenômenos reais.

3.2.1 Definição básica

Um primeiro passo consiste em definirmos o que é o *Estado*. Nos capítulos anteriores apresentamos algumas definições. Uma das mais conhecidas, em razão de seu caráter sintético, é a de Max Weber, conforme exposta em sua conferência "A política como vocação", de 1918:

> *Sociologicamente, o Estado não pode ser definido em termos de seus fins. Dificilmente haverá qualquer tarefa que uma associação política não tenha tomado em suas mãos, e não há tarefa que se possa dizer que tenha sido, exclusivamente e peculiarmente, das associações designadas como políticas [...]. Em última análise, só podemos definir o Estado moderno sociologicamente em termos dos* **meios** *específicos peculiares a ele, como peculiares a toda associação política, ou seja, o uso da força física.*
>
> *[...] Hoje, porém, temos de dizer que o Estado é uma comunidade humana que pretende, com êxito, o* **monopólio do uso legítimo da força física** *dentro de um determinado território.* (Weber, 1982a, p. 97-98, grifos do original)

De acordo com essa concepção, não devemos procurar as funções desempenhadas pelo Estado para poder caracterizá-lo, pois, no decorrer da história e nos vários lugares, ele desempenhou os mais variados papéis: manutenção das fronteiras, estímulo à economia, defesa da cultura ou da raça, defesa da religião, manutenção de uma ordem nacional, manutenção de uma unidade multicultural, constituição de império, resistência a potências estrangeiras etc. Aliás, não somente são e foram muito variadas essas funções como inúmeras delas são contraditórias em relação a outras. Por outro lado, os meios empregados pelo Estado para realização dessas atividades sempre foi o mesmo, a pretensão de ser a única instituição a poder usar a violência física nos limites de um território (a sua busca de monopólio) – ou, pelo menos, a instituição que autorizaria outras instituições a empregar essa violência. Nesses termos, o Estado esforçou-se com o passar do tempo – isto é, durante os séculos – para coibir as manifestações particulares de violência (por exemplo, proibindo e reprimindo a solução de discórdias por meio do duelo)[28].

A definição proposta por Max Weber, além de indicar a particularidade do meio empregado pelo Estado e o esforço para ser a única instituição a poder empregar esse meio, tem pelo menos mais quatro elementos relevantes. O primeiro deles é que Weber indica que o **elemento territorial** é importante. A ação do Estado tem de ocorrer no território específico sob sua responsabilidade, no qual ele é soberano – ele não age em outros territórios.

---

28 O duelo era uma forma privada de solução de disputas que remonta à Idade Média. Na França do século XVII, por exemplo, o famoso ministro de Luís XIII, o Cardeal Richelieu, estabeleceu várias leis tentando acabar com o duelo e, portanto, transferindo para o Estado a administração dos conflitos (Carneiro, 1942). Por outro lado, não deixa de ser notável que mesmo Max Weber em sua juventude lançou mão do duelo para resolver algumas disputas (resultando daí uma cicatriz em seu rosto) (Aron, 1999, cap. 8).

A delimitação geográfica da ação do Estado sugere a segunda característica adicional, na qual Weber considera em particular o Estado moderno, ou seja, aquele que se desenvolve na Europa após o fim da Idade Média – para facilitar a compreensão, digamos que a partir do século XV –, quando as monarquias nacionais consolidam-se paulatinamente e impõem cada vez mais seu **poder sobre territórios** crescentes, subordinando ao máximo todos os agentes e grupos políticos possíveis (barões locais, igrejas, cidades livres etc.). Evidentemente, antes da Idade Moderna, os estados tinham seus territórios sobre os quais exerciam sua dominação. Entretanto, os limites entre cada unidade política eram mais fluidos e difusos, ou seja, eram mais indeterminados. Somente com os estados modernos as **fronteiras** passaram a ser delimitadas mais rigorosamente.

O terceiro elemento adicional que importa indicar aqui é que o uso da violência que o Estado busca monopolizar é **legítima**, ou seja, a violência exercida pelo Estado é considerada aceitável pelo conjunto da sociedade. Dito de outra forma, o esforço do Estado resulta no fato de que, cada vez mais, apenas a violência imposta pelo Estado – de acordo com critérios claramente definidos – é entendida como uma violência aceitável. A violência física praticada pelos particulares, como em assaltos, em brigas de rua ou nos já citados duelos, é crescentemente rejeitada, é inaceitável.

No entanto, devemos notar que a violência física legítima não é nem o único, nem o principal nem, como regra geral, o primeiro meio adotado pelo Estado para atingir os fins que almeja. Isso quer dizer que, como regra geral, antes de apelar para a violência física, o Estado lançará mão de outros procedimentos para implementar suas políticas e realizar seus objetivos. Esses outros procedimentos incluem as ações burocráticas, as campanhas publicitárias, a imposição de multas ou a distribuição de prêmios e recompensas etc.

Sem dúvida, é possível questionar essa definição com base em outras perspectivas. Por exemplo, com base nas ideias de Thomas Hobbes – que, como vimos anteriormente, foi quem formulou por primeiro a concepção de que o Estado baseia-se na força –, pode-se considerar que a função precípua do Estado é a manutenção da ordem pública, com vistas à segurança pública. Mas, por outro lado, a definição weberiana oferece a possibilidade de considerar todos os outros objetivos almejados pelos estados, da mesma forma como evita algumas dificuldades relativas ao escopo específico da segurança pública[29]. Além disso, o estudo de cada caso concreto deve especificar quais os objetivos almejados pelos estados.

Podemos dar um passo adiante: temos de distinguir alguns elementos diferentes entre si, ainda que muito próximos. Simplificando um pouco a questão, podemos dizer que o Estado é composto pelo **governo** e pela **burocracia**. Veremos na próxima seção, com um pouco mais de detalhes, quais são as possibilidades analíticas a respeito do governo. Neste momento, todavia, podemos considerar que ele corresponde aos grupos de indivíduos que estão no topo da estrutura estatal e que tomam as decisões, ou seja, que definem quais objetivos específicos o Estado perseguirá. Dissemos *grupos de indivíduos,* e não órgãos, porque é possível haver inúmeros órgãos responsáveis pelas tomadas de decisões. Essa variedade refere-se não apenas aos modelos de organização – por exemplo: monarquia absoluta,

---

29 *Por exemplo: pode-se considerar que a realização de manifestações públicas é aceitável para a segurança pública ou, inversamente, que não é aceitável; que as greves são ou não aceitáveis; que a segurança pública deve proteger os indivíduos, e não os grupos sociais; ou que o patrimônio é mais importante que a integridade física dos indivíduos etc. No caso de Hobbes, a integridade física dos indivíduos é o bem maior. Em termos históricos concretos, como indicamos, mesmo as definições de segurança pública variaram e variam.*

monarquia constitucional (parlamentarista), república presidencialista, república parlamentarista, plebiscito, referendo, assembleia popular etc. –, mas também à existência de vários órgãos que compartilham ou disputam a prioridade na tomada de decisões.

As duas noções de *Estado* e de *governo* que estamos apresentando implicam outros dois conceitos: o de hierarquia e o de relações piramidais. A ideia de **hierarquia**, para os nossos propósitos, consiste na divisão da sociedade em pelo menos dois grupos, em que um detém o poder, isto é, a capacidade de impor legitimamente a violência física do Estado, e outro grupo, maior, que se submete a essa dominação[30]. A ideia de **relações piramidais** refere-se mais propriamente à estrutura do Estado como um todo. Há uma estrutura administrativa que aumenta em número de pessoas progressivamente à medida que se passa do topo para a base; as ordens e a autoridade passam de cima para baixo, assim como as decisões passam para a execução nessa direção.

3.2.2 Algumas características da burocracia

Isso já nos sugere a ideia de **burocracia**, que é o conjunto de funcionários responsáveis pela execução das decisões do governo; grosso modo, pode-se dizer que a burocracia corresponde às partes intermediária e inferior da "pirâmide" do Estado. Mais uma vez usaremos as

---

30 Essa é a ideia, por assim dizer, tradicional de hierarquia. Entretanto, o antropólogo francês Louis Dumont, ao investigar a sociedade de castas da Índia, apresentou outro conceito de hierarquia, como o "englobamento de contrários". Segundo essa visão, a hierarquia consiste na relação entre perspectivas ou grupos sociais diversos que são mantidos unidos com base na prevalência de um princípio superior. Assim, não haveria propriamente subordinação, mas esforços de complementariedades (cf. Dumont, 1995).

definições de Weber. Ele atribuiu à burocracia moderna as seguintes características (Weber, 1982b, p. 229-238)[31]:

- baseia-se em regras escritas;
- as atividades do burocrata são estabelecidas como deveres oficiais;
- a autoridade de dar ordens para a execução das atribuições distribui-se de maneira estável na burocracia, sendo delimitada pelas normas relativas aos meios empregados;
- os burocratas são contratados de acordo com suas qualificações técnicas;
- há uma relação hierárquica entre os níveis da burocracia: os níveis mais altos mandam e supervisionam os níveis inferiores, com a possibilidade de os governados recorrerem das ações ou decisões de um nível burocrático aos níveis superiores;
- a administração é realizada e preservada por meio de documentos escritos;
- os funcionários, de modo geral, são treinados para a execução das tarefas de seus cargos;
- a atuação dos funcionários segue regras escritas e formais, que regulamentam abstratamente o comportamento e o desempenho dos funcionários;
- o funcionário deve desempenhar suas responsabilidades de maneira impessoal, no sentido de que elas são um dever formal a ser cumprido;

---

31 *É importante notarmos que, em seu próprio texto, Weber (1982b) organizou essas características de outra maneira, considerando os aspectos gerais da burocracia, a forma de seleção dos servidores, as relações entre os servidores e seus superiores etc. Como o que nos interessa aqui é apenas expor em linhas gerais os elementos da burocracia, deixamos de lado as particularidades da exposição de Weber.*

- o funcionário é um empregado do Estado, isto é, um trabalhador livre, e não um servo ou um escravo, e assim, recebe um salário predeterminado;
- o funcionário é nomeado pelo superior após comprovar as habilidades requeridas; não se trata de alguém eleito;
- ao menos em princípio, o cargo é vitalício;
- o funcionário segue uma carreira, em que passa dos níveis inferiores e com menor remuneração para os superiores e mais bem remunerados.

Essas características estão longe de esgotar o amplo estudo que Weber fez da burocracia. Elas correspondem a alguns traços da sua lógica geral e também da maneira como o funcionário é encarado e como deve portar-se. Além disso, é importante enfatizarmos que se trata da burocracia moderna, isto é, do tipo de relação que se desenvolveu no Ocidente após a Idade Média. Essa delimitação temporal é importante em função de alguns traços específicos da definição proposta por Weber.

Esses traços podem ser sintetizados na ideia de **racionalização**. Como é fácil perceber, a burocracia descrita por Weber busca desempenhar suas tarefas levando em consideração o máximo possível a eficiência e a eficácia de suas ações, isto é, os meios empregados têm de ser utilizados com o maior rendimento possível (seja por meio da economia de recursos, seja por meio do aumento de resultados – é a eficiência) e os objetivos almejados têm que ser efetivamente atingidos (é a eficácia). Dessa maneira, o que importa para essa definição são as relações entre meios e fins. Considerações como o puro respeito à tradição são ignorados. Assim, essa burocracia age em um ambiente cada vez mais racional e cada vez menos místico e/ou mágico.

Outro elemento histórico geral para essa definição que Max Weber elabora da burocracia é o **trabalho livre**, ou seja, os trabalhadores não são nem escravos nem servos. Eles vendem as horas de trabalho e suas capacidades técnicas em troca de salários, em vez de atuarem simplesmente devido às ordens de superiores jurídico-sociais.

Essas delimitações correspondem ao modelo que Weber elabora de uma **burocracia pura**, isto é, totalmente técnica e voltada apenas para a consecução dos objetivos definidos pelas regras, na cúpula. Mas é claro que Weber não ignora que em todos os lugares e épocas houve burocracias que se aproximavam mais ou menos desse modelo – ou melhor, desse tipo ideal[32]. As variações correspondem à ocorrência ou não de um comportamento racional; à existência ou não de regras escritas e de arquivos; ao trabalho livre (e, portanto, assalariado) ou não; à seleção do pessoal com base no mérito técnico ou não – e assim por diante.

Retornando à nossa discussão sobre o Estado: como propusemos antes, grosso modo ele constitui-se do governo e da burocracia. Em termos ideais, a burocracia executa tecnicamente o que o governo estipula politicamente. Como sabemos, o Estado – principalmente o Estado moderno – não é uma instituição monolítica, ou seja, ele organiza-se em vários níveis e em vários ramos, da mesma forma que ele pode delegar a realização de determinadas funções específicas para órgãos paraestatais.

---

32 *A concepção de* tipo ideal *de Weber refere-se a um modelo puramente teórico de algum fenômeno social, que seleciona algumas características julgadas importantes pelo pesquisador e deixa de lado outras características percebidas como secundárias ou desimportantes. O mais relevante é que o tipo ideal seja útil, isto é, que auxilie o pesquisador a entender uma realidade social qualquer. Assim, a palavra* ideal, *da expressão* tipo ideal, *refere-se ao seu aspecto puramente intelectual, e não a uma proposta moral.*

No caso do Brasil, temos assim os três poderes (Executivo, Legislativo e Judiciário), nos três níveis da federação (federal, estadual e municipal), além das agências públicas, das autarquias, das fundações, das empresas públicas, das empresas de economia mista e de outras categorias jurídico-políticas. Não é nosso objetivo neste livro tratar dessas várias possibilidades, pois fugiríamos demais do seu caráter de introdução à sociologia política. O que desejamos enfatizar é que cada um desses órgãos reproduz internamente a estrutura geral que indicamos antes: estrutura piramidal, com relações hierárquicas entre os governos (ou chefias, ou presidências, ou diretorias) e as respectivas burocracias.

3.2.3 Legitimidade, dominação e autoridade

Seguindo as definições de Max Weber, é importante tratarmos de dois conjuntos de questões importantes para a compreensão do funcionamento do Estado: os tipos de legitimidade do Estado; e os conceitos de dominação e autoridade.

Observamos antes que, para Weber, o Estado procurar exercer o monopólio da violência física **legítima**. A legitimidade é a consideração subjetiva, da parte de cada indivíduo, de que dada situação, dado ordenamento político-jurídico é aceitável e, mais do que isso, é correto. Weber identifica três tipos ideais de legitimação: a tradicional, a **racional-legal** e a carismática (Weber, 1982a, p. 99-101). A legitimação **tradicional** corresponde à dominação que é considerada aquela que ocorre desde sempre, ou seja, são os valores e práticas que, porque se repetem incessantemente no tempo e porque carregam um grande peso histórico, são aceitáveis. Não é propriamente o caráter histórico que importa aqui, mas seu caráter **habitual**.

A legitimação tradicional também pode apresentar elementos não ou extrarracionais. Pode-se considerar que os costumes consagrados pela tradição têm origem mágica ou divina e, por isso, devem ser mantidos ao longo do tempo. Em virtude dessas características, essa dominação é bastante estável.

A dominação **racional-legal** corresponde em linhas gerais à realizada por meio das burocracias. Porém, evidentemente, a burocracia em si é apenas um instrumento para esse tipo de dominação. O que importa na legitimação racional-legal é que ela pode ser definida em termos racionais, isto é, de acordo com procedimentos e regras claramente definidos e organizados de maneira lógica uns em relação aos outros. Esses procedimentos e regras devem ser abstratos e impessoais, ou seja, não podem se referir a indivíduos específicos, mas devem considerar todos os cidadãos e todos os possíveis ocupantes de cargos e funções. Da mesma forma que a dominação tradicional, a dominação racional-legal é bastante estável e tende a perdurar no tempo.

O último tipo ideal de dominação é a **carismática**. Em vez de basear-se em costumes que se perderem na noite dos tempos ou em regras abstratas, lógicas e universais, a dominação carismática é estritamente pessoal e característica de um líder, considerado portador de atributos absolutamente excepcionais, que o distingue do comum dos indivíduos. Esse líder pode ser militar, religioso, político. Em virtude desses traços, a dominação carismática é bastante instável, pois rompe com as dominações tradicional e racional-legal e tende a restringir-se à figura do líder excepcional. Além disso, por um lado, o próprio líder tem de satisfazer continuamente a percepção de seus seguidores de que é, de fato, excepcional; por outro, a transmissão do carisma é sempre problemática, mas, de qualquer forma, a permanência do carisma e da dominação carismática pode converter-se, no decorrer do tempo, em dominações tradicionais e racional-legais[33].

Esses três tipos ideais de legitimação referem-se à **dominação**, mas, como Weber define a *dominação*? Da seguinte maneira:

> Por **dominação** *deve-se entender a possibilidade de encontrar obediência a um mandato de determinado conteúdo, entre determinadas pessoas; por* **disciplina** *deve-se entender a possibilidade de encontrar, para um mandato, por parte de um conjunto de pessoas, uma obediência em que, em virtude de atitudes arraigadas, seja pronta, simples e automática.*
>
> *[...]*
>
> *O conceito de* **disciplina** *inclui o de uma obediência habitual, por parte das massas, sem resistência nem crítica.* (Weber, 1979, p. 16-17, grifos no original)

Em outras palavras, a dominação consiste em uma relação de poder. Assim, ela pode ocorrer entre apenas dois indivíduos, mas, da mesma forma – e é isso o que nos interessa –, ela também pode acontecer entre vários grupos sociais. Nesse último caso, ela pode ocorrer, e com frequência ocorre, com a presença de uma associação de dominação e de uma estrutura administrativa. Nos termos que usamos antes, a associação de dominação corresponde a um grupo de indivíduos que se dedica à realização da dominação: é o que chamamos de *governo*; a estrutura administrativa corresponde à burocracia. Como vimos, para Weber, a ideia de dominação está associada à de disciplina. A dominação é a relação de poder vista

---

33 *A título de exemplos, podemos citar o Japão feudal, dos samurais, como dominação tradicional; os modernos estados democráticos de direito como dominação racional-legal; a expansão do islamismo sob a liderança de Maomé, após a Hégira, como dominação carismática.*

de cima; a disciplina é essa relação vista de baixo, ou seja, da parte de quem é dominado. Entretanto, convém notar que a disciplina é a obediência que se realiza sem dificuldades, isto é, sem resistência.

Weber segue adiante em relação a esses conceitos e define várias outras categorias, a fim de, partindo do poder, chegar ao Estado. Assim, ele apresenta os tipos de **associação de dominação**. Para ele, existem dois tipos básicos, o fundamentado nos **interesses** (ou seja, de caráter econômico, que busca exercer a dominação por meio de monopólios) e o fundamentado na **autoridade**, a qual, por sua vez, corresponde à **relação de mando e obediência**, ou melhor, ao poder de o dominador mandar e ao dever de o dominado obedecer. A obediência, em particular, corresponde à aceitação do comando do dominador pelo dominado, de tal maneira que o dominado aceite e execute esse comando como se fosse dele mesmo.

Em seguida, Weber observa que as associações de dominação fundamentadas na autoridade podem ser de várias espécies (religiosas, parentais, políticas, burocráticas etc.): aquelas que se fundam na utilização da violência como último recurso têm um caráter **político** e, caso essa associação busque com êxito o monopólio da violência física, será o **Estado**.

Estendemo-nos um pouco na exposição dos conceitos da sociologia política de Weber porque, como visto, esse autor procura definir de maneira sistemática não apenas os termos que emprega, mas, de modo mais relevante, as realidades que descreve. Além da definição sistemática dos termos, os conceitos weberianos são bastante instrumentais para a compreensão da política, do poder e do Estado.

3.2.4 Evolução histórica do Estado: da Antiguidade à globalização

Feita essa discussão mais teórica, isto é, mais abstrata do que é o Estado, podemos agora mudar de perspectiva e adotar um viés mais histórico, isto é, concreto. Em outras palavras, faremos na sequência uma exposição de algumas formas de que o Estado revestiu-se no decorrer do tempo. Essa exposição é importante para que entendamos, como é que o Estado atual chegou à sua forma atual e, a partir disso, quais as tendências que se desenha para o futuro; bem como para que se evidencie o caráter específico do Estado contemporâneo[34].

Instituições políticas abrangentes, responsáveis pela dominação e pela administração de territórios mais ou menos grandes, não são novidade. Podemos pensar nos **impérios egípcios**, que, durante muitos séculos, dominaram amplas áreas no Nordeste da África. Todavia, podemos adotar uma perspectiva um pouco diferente ao considerarmos as cidades-Estado gregas e italianas para entendermos os conceitos e as origens do Estado.

O historiador francês Fustel de Coulanges (1830-1889), em sua grande obra *A cidade antiga* (2004), observa que, na Itália, e na Grécia (mas também na Índia), as cidades surgiram com base na aglutinação progressiva de tribos e estas, por sua vez, resultaram da reunião de famílias. As famílias não eram grupos pequenos, compostos por pais e filhos como tendem a ser atualmente – a chamada *família nuclear* –, mas eram associações amplas, com dezenas e até centenas de membros, ligados entre si pelo parentesco e pela descendência, real ou atribuída, de um membro fundador. Esses vários membros

---

34 *A exposição que faremos nas próximas páginas baseiam-se em diversas fontes esparsas. Entretanto, é possível ler uma narrativa sistemática do conceito e da prática do Estado em Creveld (1999).*

mantinham-se reunidos pelo culto a esse membro fundador e aos antepassados, bem como pelo culto aos deuses familiares. O compartilhamento de deuses e de cultos permitiu a reunião dessas famílias em tribos e, por sua vez, um processo semelhante ocorreu para a constituição das cidades.

De acordo com Coulanges (2004), o que mantinha unidas as cidades era o **culto comum aos deuses**. O sacerdote que presidia esse culto era ao mesmo tempo o líder político e o chefe militar. Os deuses adorados tinham um caráter nacional, ou melhor, citadino, no sentido de que eram deuses exclusivos de cada cidade (por mais que houvesse em diversas cidades deuses com os mesmos nomes) e ligados estritamente ao solo de cada cidade. Esses deuses não eram somente padrinhos de âmbitos específicos da ordem natural (os céus, os mares, os relâmpagos etc.), mas, antes, eram os antepassados das famílias, das tribos e das cidades encarados como deuses, juntamente com as divindades responsáveis por determinados atributos naturais. É importante notar que os sacerdotes-líderes-chefes eram exclusivamente homens livres, de modo que estavam excluídos desses cargos – e, portanto, da possibilidade de tomar decisões – os escravos, os estrangeiros, as crianças e as mulheres. Com todas as mudanças por que passaram as cidades antigas, essa característica não se alterou.

Com o passar do tempo, ocorreu um enfraquecimento dessas ordens sociais baseadas na religião. Os atributos sacerdotais dos líderes políticos e militares foram atribuídos a grupos separados de sacerdotes e as realidades políticas (incluindo aí as militares) assumiram maior importância. A partir daí foi possível a constituição de regimes políticos diferenciados, em que a vida política era mais ou menos autônoma em relação à religiosa. Em outras palavras, assim é que foi possível o surgimento da **democracia grega** (ou melhor, ateniense, chamada de *politia* por Aristóteles) e a **república romana**.

Mapa 3.1 – Localização de algumas cidades-Estado gregas

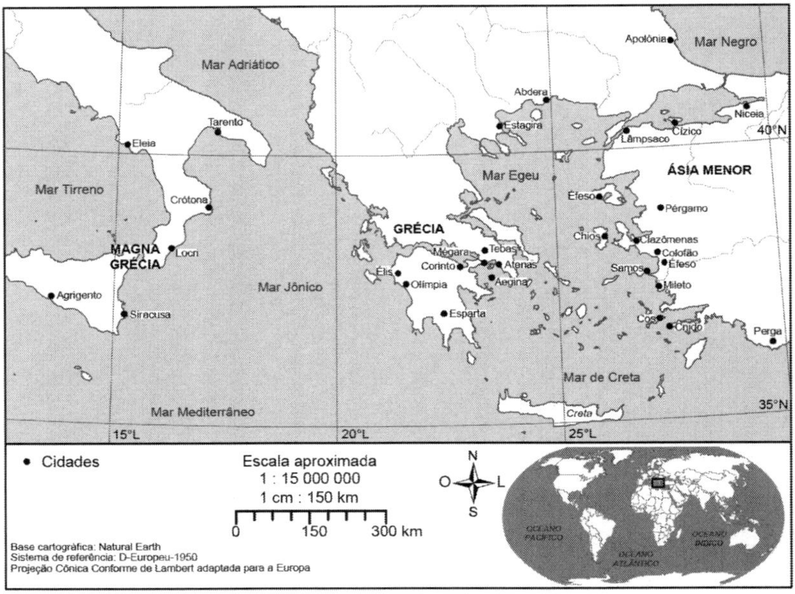

Fonte: Grécia..., 2014.

Ao tratarmos das ideias de Aristóteles e de Arendt, vimos algumas das características das **cidades-Estado gregas** no período áureo das democracias: os cidadãos reuniam-se em praça pública para tomarem as decisões. Esses cidadãos eram os chefes de família, estritamente nacionais de cada cidade e livres (novamente: escravos, mulheres, crianças e dependentes, estrangeiros não eram considerados cidadãos). Suas deliberações eram tomadas com base em debates livres e em condições de relativa igualdade. Os governantes tinham mandatos anuais e seus poderes não eram ilimitados[35].

---

35 *Com a relativa exceção das expedições militares, em que – no caso romano – os chefes que estavam fora dos limites urbanos tinham poder de vida e morte.*

Embora, no caso grego, houvesse certa consciência da comunidade de valores, de crenças e da língua, o fato é que esse compartilhamento cultural não era suficiente para promover de modo ordinário a estabilidade política e para que os limites políticos ultrapassassem os das cidades-Estado. Assim, apesar de os gregos terem feito importantes alianças no século V a.e.a. para barrarem a invasão persa sobre seu território, essas alianças eram frágeis e não havia a preocupação de promover alguma coisa como o bem comum em relação às várias cidades aliadas. Por esse motivo, Atenas e Esparta entraram em conflito, que se tornou conhecido como a *Guerra do Peloponeso* (cuja maior parte foi narrada por Tucídides).

Na verdade, antes e depois do ciclo das invasões persas e da Guerra do Peloponeso, as cidades gregas permaneciam em constante conflito umas com as outras, o que, a longo prazo, enfraqueceu-as e permitiu que fossem dominadas por unidades políticas maiores – inicialmente o império de Alexandre Magno – cuja duração foi de cerca de meros 15 anos – e, alguns séculos depois, o **Império Romano**.

Figura 3.3 – Atenas atual, com vista das ruínas do Partenon

O Império Romano surgiu, evidentemente, do expansionismo da cidade de Roma. Assim como todas as cidades da época, Roma estava em permanente conflito com as cidades vizinhas. Todavia, entre sucessos e reveses, o fato é que, no decorrer do tempo, ela conseguiu conquistar as demais cidades e manter seu domínio sobre elas, ampliando o âmbito da dominação para a região central da Itália, daí para toda a Península Itálica, o Norte da África, a Pensínula Ibérica, a Grécia, as Gálias (regiões da França e do Centro da Europa) e algumas regiões mais distantes (Inglaterra e Oriente Médio).

Figura 3.4 – Roma atual, com a vista das ruínas do Fórum da Roma antiga

Tupungato/Shutterstock

Esse **expansionismo romano** aconteceu ao mesmo tempo em que Roma, já não mais uma monarquia, mas sim uma república, enfrentava conflitos sociais intensos, em que o proletariado disputava com a aristocracia o poder político. Essa disputa durou séculos e permitiu paulatinamente que os proletários tivessem acesso aos segredos sacerdotais e ao poder político. As suas instituições tornaram-se um amálgama de órgãos de representação aristocrática e popular. Aliás, de acordo com a interpretação de Maquiavel (2007), em seu *Discursos sobre a primeira década de Tito Lívio*, foi justamente esse choque entre os grupos sociais, com a criação resultante de instituições de representação e poder, que tornou livre o povo romano como um todo e constituiu sua grandeza[36].

Mapa 3.2 – Extensão máxima do Império Romano (cerca de 150)

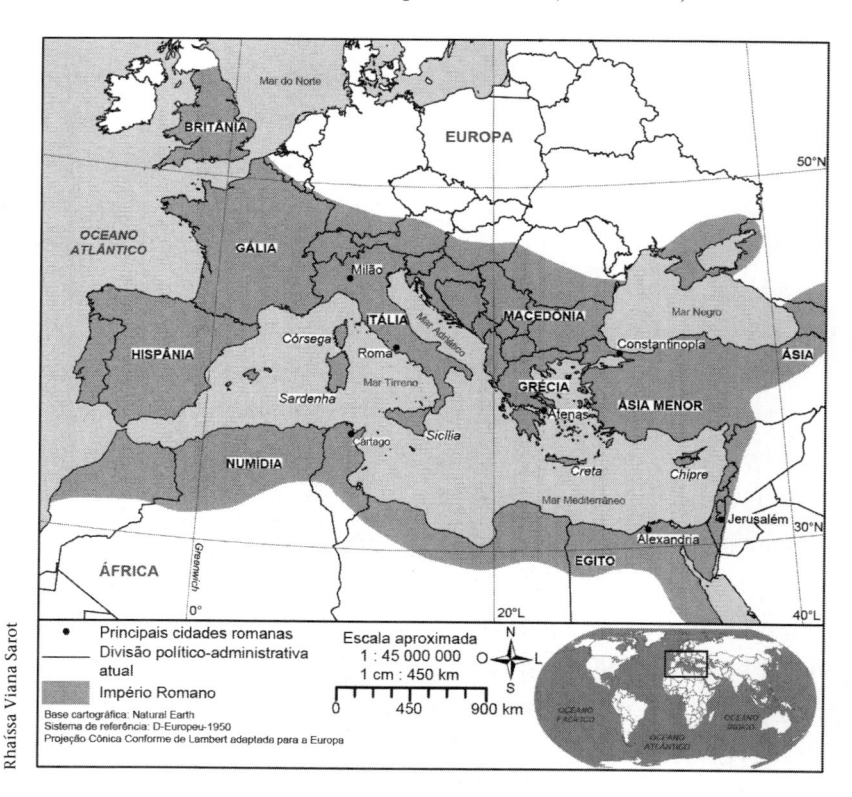

Fonte: O Mundo..., 2014, p. 144.

---

[36] Há inúmeros relatos sobre a história e a política romanas. Podemos indicar, para tratar desses conflitos sociais, Rostovtzeff (1973) e Rouland (1997).

Além disso, também é interessante notar que a expansão do Império Romano ocorria pela ampliação dos limites de Roma, em que os territórios conquistados passavam a integrar as instituições da cidade. Nesse sentido, é como se o Império Romano fosse uma cidade-Estado de dimensões gigantescas. Ao mesmo tempo, o império aceitava a pluralidade cultural e religiosa dos povos conquistados, exigindo apenas o pagamento de tributos, a aceitação das formas políticas próprias a Roma e, claro, a participação no serviço militar. Essa foi a base para a sucessiva ampliação da cidadania a todos os povos conquistados. Assim, pelo menos essas duas características distinguem Roma das cidades-Estado gregas (incluindo aí mesmo o império de Alexandre Magno). Roma ampliou seu território, constituindo uma dominação durável, e incorporou as mais diferentes populações, deixando mais ou menos de lado os preconceitos étnicos.

À medida que o Império Romano aumentava de tamanho, as dificuldades para sua administração aumentavam. As distâncias entre a capital e as fronteiras, o pessoal requerido para esse trabalho e mesmo a dificuldade para produzir um espírito cívico nos exércitos e na população de um modo geral. Da mesma forma, como no início do século II as expansões cessaram, a aquisição de riquezas via conquista também cessou. Assim, o império começou a passar por sérias crises econômicas, financeiras, políticas, jurídicas e morais. Ao mesmo tempo, ocorria a expansão do cristianismo pelo império e, de modo mais relevante, com base na estrutura imperial.

Quando o **cristianismo** tornou-se a religião oficial do império no século IV, o imperador obteve uma fonte de legitimação que faltava havia séculos. A instabilidade política acentuou-se no século III e a necessidade crescente de pessoal para o serviço militar permitiu que as populações externas ao império – os bárbaros – paulatinamente entrassem no território. Nos séculos IV e V, as grandes invasões simplesmente aumentaram em quantidade esse processo e evidenciaram o quanto o Império Romano como um todo estava combalido[37].

Da desagregação do Império Romano surgiu, nos séculos seguintes, a estrutura do **feudalismo**. As fronteiras passaram a ser guardadas por oficiais que, em troca, ganhavam direitos de tributação e de controle político sobre determinados territórios. A posição geográfica desses territórios em relação às fronteiras e à proximidade com a cidade de Roma eram denominadas de diferentes maneiras: marcas (originando os marqueses), condados (condes) etc. Como se sabe, havia relações de subordinação entre cada um desses chefes, que cada vez mais se tornavam locais (em contraposição à subordinação prévia ao imperador romano). As subordinações eram as relações de suserania (da parte do dominador) e vassalagem (da parte de quem devia respeito, impostos e auxílio militar em caso de necessidade).

Essas relações, além disso, eram cruzadas de diferentes maneiras, isto é, por exemplo, enquanto os nobres de diferentes feudos eram vassalos de um determinado rei, esse rei poderia ser vassalo de outro rei (como de fato aconteceu após o século XI, em que o rei inglês era vassalo do rei da França – o que, no século XIV, inverteu-se, de tal maneira que o rei francês era vassalo inglês).

A **figura do rei**, nesse período, era a de um *primus inter pares*: mesmo que os reis tivessem o título por direito hereditário, isto é, por nascimento, ele era considerado apenas o "primeiro entre iguais", o que era reforçado por suas dependências militar e financeira em relação aos seus vassalos[38].

---

37 Um relato clássico do declínio e dos elementos que conduziram à queda do Império Romano pode ser lido em Gibbon (2005). Além disso, uma exposição interessante da influência de Roma para a cultura da Idade Média pode ser lida em Foligno (1992).

38 Duas descrições interessantes do conjunto das relações políticas e sociais durante a Idade Média são as de Baschet (2006) e de Barthélemy (2010).

Essa descrição sucinta indica que, na Idade Média, não havia unidades políticas claramente definidas para além dos feudos. Não há dúvida de que os senhores feudais dominavam territórios específicos, mas as múltiplas e cruzadas relações de subordinação dificultavam fortemente a criação de unidades políticas maiores. Por outro lado, conforme notam Comte (1972) e Bull (2002), a **dispersão política** era acompanhada pela **unidade religiosa**. O papa era o grande intermediário das relações internacionais do período, regulando-as com base nos valores compartilhados por todos os líderes e por todas as populações.

Nos séculos VIII e IX, o reino dos francos (no Centro-Norte da Europa) expandiu-se e, dirigindo-se para o Sul, rumo à Itália, protegeu a cidade de Roma dos lombardos. Com isso, o rei dos francos – Carlos Magno – foi sagrado imperador pelo Papa Leão III. Em termos bastante breves, é essa a origem do que foi depois conhecido por **Sagrado Império Romano-Germânico**.

Figura 3.5 – Representação da estrutura social da Idade Média, com as três ordens abaixo do rei

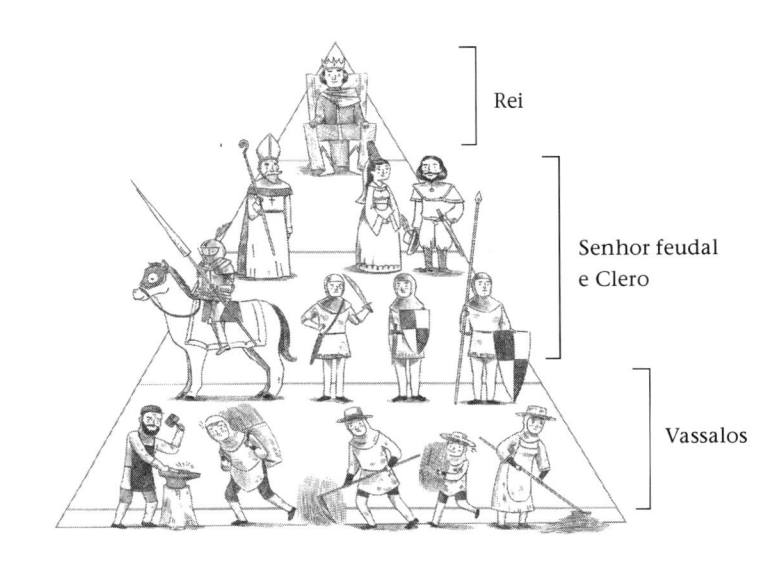

Dando um salto no tempo, notemos que o conceito de *Estado* surgiu na **Europa** entre o final da Idade Média e o começo da Idade Moderna (isto é, entre os séculos XIV e XV), com a afirmação do poder real como nível intermediário entre o poder local dos chamados *barões* e os chamados *poderes universais* (o Papado e o Sagrado Império Romano-Germânico). Como vimos nos capítulos anteriores, durante esse período, os dois poderes universais disputaram a primazia política e acabaram enfraquecendo-se mutuamente, ao mesmo tempo em que surgiam as monarquias nacionais, que se aproveitavam do espaço político surgido e afirmavam suas capacidades e responsabilidades de controlar e zelar por determinados territórios. Enquanto a realidade política das monarquias nacionais ia aos poucos constituindo-se e consolidando-se, desenvolvia-se também a concepção teórica de que deveria haver uma instituição de caráter permanente responsável por essa tarefa.

Essa instituição inicialmente se confundia com os próprios reis e as monarquias, mas a pluralidade de regimes políticos (império, monarquias, baronatos, repúblicas etc.) sugeria a abstração dessas formas concretas e o emprego de uma palavra mais geral para todos eles. Essa palavra seria, precisamente, ***Estado***. Conforme nota Raquel Kritsch (2001), foi Nicolau Maquiavel, em sua obra *O príncipe* (1513), quem usou pela primeira vez a palavra *Estado* no sentido que adotamos atualmente, isto é, no sentido moderno de instituição que domina determinado território de acordo com leis e costumes específicos[39].

Em estreita associação com o surgimento da palavra *Estado* está o da prática e do conceito de *soberania*. A **soberania** corresponde, em um sentido inicial, à capacidade que tem um chefe político de

---

39 *Alguns outros livros e artigos também abordam esse período fundamental da história política. Sugerimos Skinner (2007; 2009) e Kritsch (2001; 2004).*

dominar determinado território, ou seja, corresponde à sua possibilidade efetiva de ser um soberano. Todavia, de modo mais específico, não se trata somente de dominar um território; o que importa é que esse chefe seja a autoridade suprema nesse território, ao mesmo tempo submetendo todos os demais e não se submetendo a nenhum outro. No quadro da Idade Média, em que havia o sistema de vassalagens múltiplas e cruzadas, a soberania dificilmente poderia ocorrer. Entretanto, à medida em que as instituições típicas desse período enfraqueciam-se e surgiam agentes políticos apoiados por novas bases sociais, a soberania pôde constituir-se. Em outras palavras, tanto o Estado moderno quanto a soberania só puderam afirmar-se porque os múltiplos laços de dependência afrouxaram-se e afirmou-se, paulatinamente, a submissão dos grupos a um líder em cada território. Ao mesmo tempo, os vínculos morais que uniam todos os indivíduos e que mantinham os laços políticos também se enfraqueceram.

Figura 3.6 – Bodin

Raquel Kritsch (2002) afirma, a respeito do conceito de *soberania*, que, embora seja conhecido nos dias atuais principalmente com base na obra do jurista francês Jean Bodin (1530-1596), *Os seis livros da república* (1576), o fato é que a situação política e social prevalente desde o fim da Idade Média e, associado à recuperação do pensamento político e jurídico romano, serviu de esteio para os juristas deixarem para trás a dispersão feudal e dirigirem-se à centralização moderna. Vários séculos antes de Jean Bodin, por exemplo, Philippe du Beaumanoir, em 1283, já empregava a palavra *soberania* no sentido moderno, embora com alguns traços mais antigos (o que indica, por outro lado, como realmente foi lenta essa transição histórica entre a Idade Média e a era Moderna).

Em todo caso, no século XVI, alguns dos maiores **estados nacionais modernos** já estavam mais ou menos constituídos – Espanha, Portugal, França, Inglaterra – e serviam de modelo para as outras unidades políticas então existentes[40]. Os soberanos desses países buscavam se tornar de fato soberanos, no sentido indicado, isto é, de serem as autoridades supremas no interior de seus territórios e de não se submeterem a nenhuma outra autoridade externa. Nesse período, o Estado e o soberano confundiam-se. Além disso, o princípio de legitimação era dinástico, ou seja, os governantes legítimos eram aqueles nascidos da mesma família, de preferência o próximo rei seria filho do rei atual. Ademais, embora o poder papal já estivesse bastante enfraquecido e houvesse diversos esforços dos soberanos em prol da constituição de igrejas nacionais (não submetidas ao papa), havia ainda uma certa unidade religiosa em torno do **catolicismo romano**.

Figura 3.7 – Lutero

Contudo, como se sabe, em meados do século XVI a unidade religiosa deixou de existir, na medida em que, na região da Alemanha, em 1530, Martinho Lutero (1483-1546) deu início ao movimento que se tornou

---

40 Por exemplo, foi olhando para esses estados nacionais que Maquiavel redigiu seu O príncipe (1532), ao propor que algum líder ousado fosse capaz de unificar a Itália e de constituir lá um Estado semelhante ao da França e da Espanha.

conhecido como ***protestantismo***. Ele foi logo seguido, entre vários outros líderes, por João Calvino (1509-1564), na Suíça, por John Knox (1514-1572), na Escócia, e pelo rei inglês Henrique VIII (1491-1547). Não nos interessam aqui as questões religiosas e teológicas envolvidas. O que nos importa observar é que esses movimentos logo se espalharam pela Europa, pondo em questão ao mesmo tempo as pretensões papais à unidade religiosa no continente e uma das bases de legitimação do poder dos reis.

Assim, a Reforma Protestante constituiu-se desde o início em um forte desafio político. Lutero, em particular, foi apoiado por diversos nobres alemães, que se rebelaram contra o poder do Imperador (que era católico).

As disputas político-religiosas surgidas com o advento do protestantismo tiveram uma trégua em 1555, com a **Paz de Augsburgo**, em que o Imperador Carlos V aceitou que alguns príncipes vassalos professassem a nova fé. Com isso, consagrou-se o princípio do *cujus regio, ejus religio*, que podemos traduzir de maneira livre como "cada príncipe com sua religião". Isso significa que cada príncipe teria liberdade para escolher sua religião – bem entendido, podendo escolher apenas entre o catolicismo romano e o luteranismo – e que essa escolha seria respeitada pelo Imperador. É importante observar que a liberdade de escolha religiosa era apenas do príncipe, isto é, de cada soberano; os súditos não tinham essa possibilidade e deveriam necessariamente adotar a religião do soberano.

A Paz de Augsburgo foi uma solução de compromisso bastante instável, seja porque não se respeitava a exigência da tolerância mútua, seja porque a todo momento surgiam novas religiões reformadas, que se difundiam e exigiam reconhecimento. As migrações forçadas ou espontâneas e os autos de fé[41] multiplicaram-se, ou seja, as **perseguições de base religiosa** ocorriam com frequência. Nesse sentido, um dos episódios mais dramáticos foi a chamada *Noite de São Bartolomeu*, em 23 e 24 de agosto de 1572, em que, na França, os católicos perseguiram e mataram milhares de huguenotes (os calvinistas franceses). Em vista das divisões religiosas – e, **portanto, políticas** –, em alguns casos procurou-se instituir a tolerância religiosa como princípio público. Em 1598, por exemplo, o rei francês Henrique IV assinou o Édito de Nantes, estabelecendo precisamente a liberdade religiosa e a tolerância.

Figura 3.8 – Representação do massacre da Noite de São Bartolomeu (1572)

DUBOIS, François. **Massacre de São Bartolomeu**. ca. 1572-84. 1 óleo sobre tela: color.; 93,5 × 154,1 cm. Musée Cantonal des Beaux-Arts de Lausanne.

---

41 Um auto de fé *é uma cerimônia pública em que se exige de um indivíduo que renegue a fé considerada errada e afirme professar aquela considerada correta.*

No século XVII, as questões religiosas, locais, "nacionais"[42] e dinásticas cruzavam-se de diversas maneiras. No Centro da Europa, problemas sucessórios locais iniciaram um conflito que se estenderia por muitos anos e que envolveria todos os países europeus (e mesmo alguns extraeuropeus, como o Império Otomano): tratava-se da **Guerra dos Trinta Anos** (1618-1648). O término desse conflito foi celebrado por uma série de acordos, dos quais os mais importantes foram assinados na região alemã de Vestfália[43].

Figura 3.9 – Guerra dos Trinta Anos: "Gustavo II Adolfo em Breitenfeld" (Johann Walter, 1631)

WALTER, Johann. **Guerra dos Trinta Anos**: Gustavo II Adolfo em Breintenfled. 1632. 1 óleo sobre tela: color. Musée de l´Oeuvre Notre-Dame, Estrasbrugo.

---

42 Usamos a palavra nacionais *entre aspas para indicar que não se tratava propriamente de questões nacionais no sentido contemporâneo, isto é, relativas ao conjunto de uma população que se percebe como constituindo um corpo coletivo no tempo e no espaço. Porém, ainda assim, nesse período, esse gênero de identidade já começava a manifestar-se. Por exemplo: os Países Baixos (vulgarmente conhecidos por uma de suas províncias, a Holanda) mantiveram uma guerra de independência nacional entre 1568 e 1648. Em virtude dessa guerra, o sentimento nacional passou a manifestar-se claramente.*

43 *Uma exposição densa e cuidadosa das várias fases da Guerra dos Trinta Anos pode ser lida em Wedgwood (1992).*

A **Paz de Vestfália** consagrou plenamente o princípio da soberania nacional. A partir dela, os assuntos de cada país seriam específicos desse país e idealmente não seriam mais aceitas as intromissões de um país sobre os outros. Consequentemente, a ideia de território nacional bem definido foi definitivamente assumida como um dado básico da realidade política – e, portanto, consagrou-se também a **divisão entre política interna e política internacional**.

O próximo passo que nos interessa em nossa presente discussão histórica sobre o Estado inicia-se com a **Revolução Francesa**. Como se sabe, esse acontecimento, que formalmente durou de 1789 a 1799, pôs fim à monarquia francesa, proclamou a República e ainda executou o antigo Rei Luís XVI por crime de lesa-pátria. Todos esses movimentos políticos da superfície só foram possíveis porque, antes da Revolução e em níveis mais profundos da sociedade francesa, constituía-se a ideia de nação, isto é, de uma coletividade ampla em termos territoriais, que compartilha história e valores, por vezes língua, tradições e outros traços (como religião, origem étnica etc.)[44]. Essa ideia passava a pautar as relações sociais na França: o imperialismo napoleônico, que marcou as décadas iniciais do século XIX, baseava-se precisamente nela, isto é, no nacionalismo francês.

Como indica Hobsbawm (1991), na Europa, de modo geral, o nacionalismo passou a difundir-se de tal maneira que, na metade do século XIX, eclodiram por todo o continente inúmeros movimentos populares afirmando o princípio nacional como base para a organização dos países. A **democracia**, entendida como regime político baseado na igualdade de todos os indivíduos perante a lei e

---

44 *Anderson (2008) observa que as nações são, acima de tudo, realidades imaginadas, isto é, são elaborações mentais mais ou menos compartilhadas por toda a população de um país.*

na possibilidade de todos os indivíduos atuarem de maneira livre na vida política, surge precisamente a partir do nacionalismo[45].

Mapa 3.3 – Alianças militares em 1914, antes da Primeira Guerra Mundial

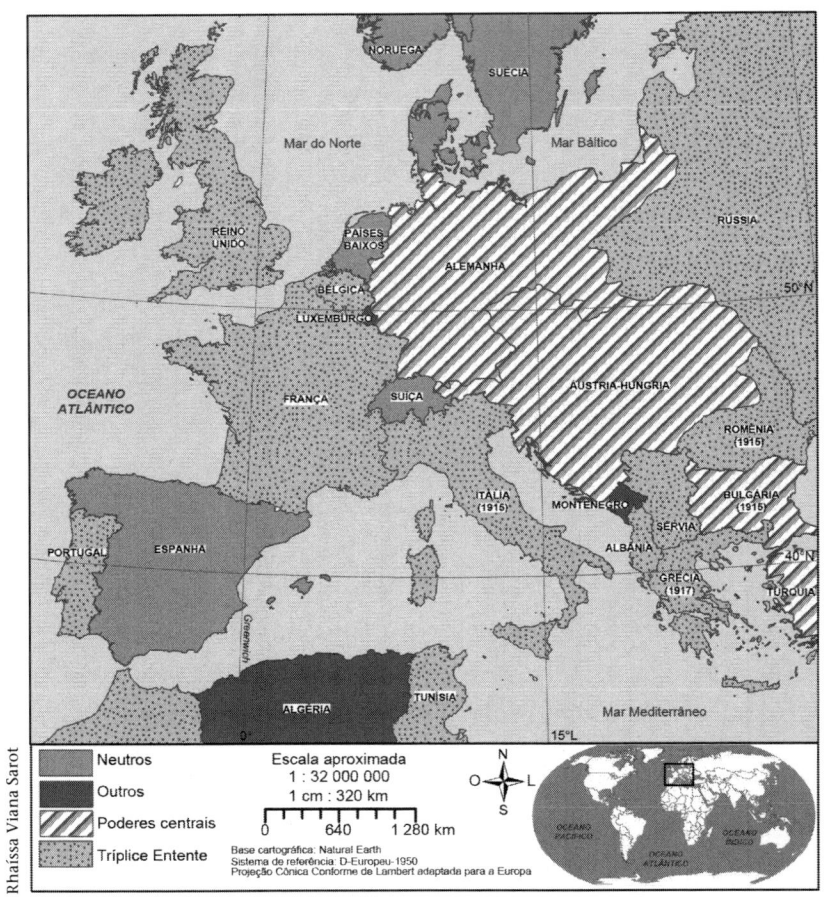

Fonte: The National Archives, 2016.

---

45 Na verdade, sendo mais precisos, a relação inversa é mais correta: é com base na concepção de que todos os indivíduos são iguais – fundamento da democracia – que se permite o desenvolvimento do nacionalismo.

O século XX foi marcado por inúmeros conflitos de grande porte – pensamos em particular na **Primeira Guerra Mundial** (1914-1919) e na **Segunda Guerra Mundial** (1939-1945). Evidentemente, eles tiveram várias características, mas, para o que nos interessa, podemos indicar: (1) o fortíssimo poder destrutivo dos meios empregados; (2) o caráter nacional das disputas; e (3) as intensas alterações políticas de que foram resultado e que esses conflitos produziram.

No que se refere à primeira característica, não é preciso insistirmos muito, uma vez que as imagens das batalhas e dos campos de luta são bastante conhecidos, especialmente em filmes. A segunda característica refere-se ao caráter nacional dos conflitos: não eram somente as elites de cada país que disputavam, mas o conjunto da população de cada país que deseja a guerra – isso foi especialmente claro na Primeira Guerra Mundial. O terceiro elemento é o que mais nos interessa aqui. Tanto a Primeira quanto a Segunda Guerra Mundial ocorreram em razão de sérias instabilidades da política internacional e, especialmente no caso da Primeira Guerra Mundial, seu resultado foi mais instabilidade (tanto foi assim que se pode perfeitamente considerar a Segunda Guerra como causada pela, ou até como continuação da, Primeria Guerra Mundial[46]).

---

46 Aliás, precisamente nesse sentido, e considerando que a Primeira Guerra Mundial teve início em 1914 e que a Segunda Guerra Mundial terminou em 1945, pode-se afirmar que, entre 1914 e 1945, ocorreu a Segunda Guerra dos Trinta Anos.

Figura 3.10 – Primeira Guerra Mundial: campos devastados e soldados nas trincheiras

Everett Historical/Shutterstock

Após 1919, o então presidente dos Estados Unidos, Woodrow Wilson (1856-1924), propôs que se constituísse um órgão internacional responsável pela manutenção internacional da paz, pela mediação dos conflitos e por evitar as guerras. Esse órgão recebeu o nome de Liga das Nações. Entretanto, devido a uma série de motivos – como a falta de apoio dos próprios Estados Unidos ao órgão e o uso da Liga como instrumento de vingança da França contra a Alemanha –, a Liga das Nações não foi efetiva e acabou sendo abandonada. Entretanto, com o término da Segunda Guerra Mundial, os Estados Unidos retomaram essa ideia, sem repetir o erro anterior. Assim, em 1945 criou-se a **Organização das Nações Unidas (ONU)**.

O período que vai de 1945 a 1991 é conhecido por **Guerra Fria**, em que o mundo dividiu-se em dois grandes blocos rivais em termos políticos, militares, econômicos e ideológicos (ou seja, culturais). Um bloco, o ocidental, era liderado pelos Estados Unidos; o outro, comunista, era liderado pela União Soviética. Além desses dois, constituiu-se em 1955 o Movimento dos Países Não Alinhados, que buscavam atuar de maneira autônoma em relação aos outros dois. É importante indicarmos também que, nos vários anos posteriores ao término da Segunda Guera Mundial, as antigas colônias europeias e estadunidenses mantidas na África, na Ásia e na Oceania obtiveram independência: foi o período da descolonização. Em virtude da influência das antigas metrópoles sobre as novas elites independentes e da pressão do sistema internacional como um todo, os novos países adotaram como forma de organização política os estados nacionais, ou seja, não eram nem tribos, nem cidades-estados, nem impérios (como os antigos impérios Romano, Otomano etc.)[47].

Sem entrar em detalhes sobre a Guerra Fria, o que importa indicarmos é que ela encerrou-se em 1991, com a derrota da União Soviética, tendo em vista seu desmantelamento político, social e econômico. A década seguinte foi marcada pelo que se chamou de ***globalização***, isto é, por um movimento internacional de integração tecnológica, econômica, política e cultural, em um ambiente de grande otimismo a partir do liberalismo econômico patrocinado pelos Estados Unidos.

---

47 *Sem dúvida, o estudo da Guerra Fria é uma das áreas mais importantes da área de relações internacionais, tanto em termos históricos quanto em termos teóricos. Assim, para os interessados, sugerimos ler Aron (1986), Nye Jr. (2002) e McMahon (2012).*

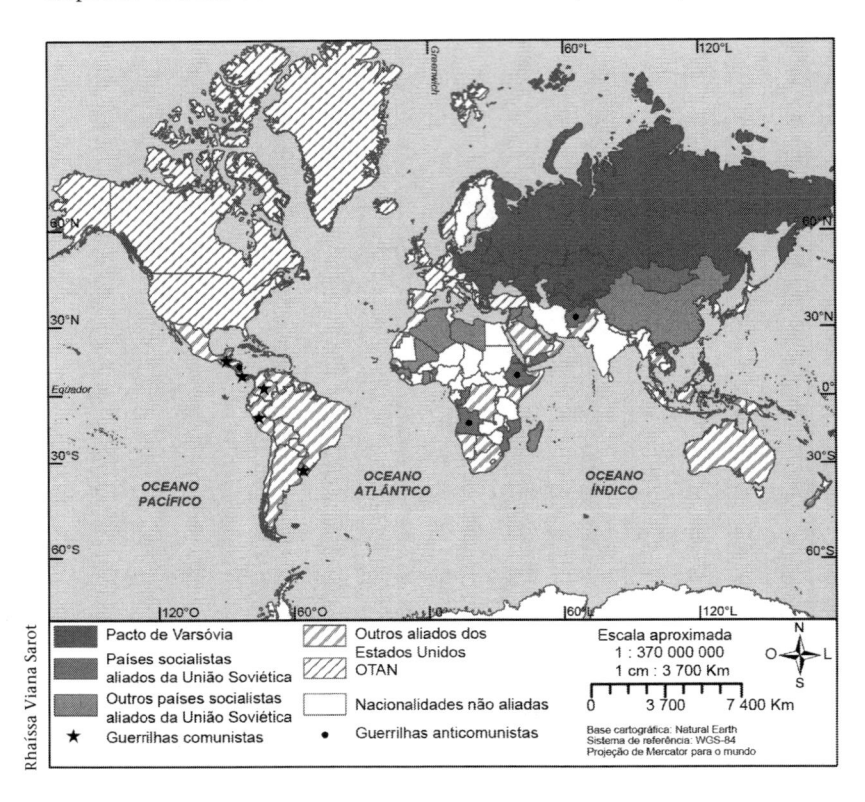

Mapa 3.4 – Divisão do mundo durante a Guerra Fria (1947-1991)

Legenda:
- Pacto de Varsóvia
- Países socialistas aliados da União Soviética
- Outros países socialistas aliados da União Soviética
- ★ Guerrilhas comunistas
- Outros aliados dos Estados Unidos
- OTAN
- Nacionalidades não aliadas
- • Guerrilhas anticomunistas

Escala aproximada
1 : 370 000 000
1 cm : 3 700 Km

Base cartográfica: Natural Earth
Sistema de referência: WGS-84
Projeção de Mercator para o mundo

Rhaíssa Viana Sarot

Fonte: Pegoli, 2004.

No que se refere à nossa presente discussão sobre o Estado, o que importa notar é que a globalização, entendendo-se como integração política e econômica, foi percebida como um forte movimento contra o Estado, em dois sentidos pelo menos: por um lado, em termos econômicos, combatia-se o intervencionismo estatal, apregoando-se as virtudes do mercado livre; por outro, em termos políticos, afirmava-se que os vários âmbitos em que ocorria a integração da globalização colocavam em xeque as fronteiras nacionais.

Para ambas as críticas ao Estado contribuíram alguns movimentos concretos, como a consolidação política e econômica da União Europeia – que, tendo-se iniciado em 1952 com a Comunidade Europeia do Carvão e do Aço (CECA), na década de 1990 avançava para a incorporação de cada vez mais países, para o fim das fronteiras nacionais internas ao bloco e para a criação da moeda comum do bloco, o euro –; a constituição de diversos blocos econômico-comerciais em todo o mundo, como o Acordo Norte-Americano de Livre-Comércio (Nafta, em inglês) e o Mercado Comum do Sul (Mercosul); a criação da Organização Mundial do Comércio (OMC). Da mesma forma, em vários países do mundo, procuraram-se implementar diversas reformas na estrutura estatal, seja no sentido da democratização – no que se chamou de *terceira onda da democracia* –, seja no sentido de reforma econômica para combater a crise fiscal do Estado.

> A crítica ao Estado, às suas intervenções internas em termos econômicos e ao seu controle sobre as fronteiras claramente apontam na direção contrária ao processo ocorrido nos séculos anteriores. Em vez de fortalecimento do Estado nacional, de afirmação das fronteiras e de busca da autonomia de cada país em relação aos demais, a globalização incentivou a integração dos países em diversos níveis.

Todavia, é necessário termos em mente que esse processo já era sugerido em 1945, com a criação da ONU, afinal de contas, o que esse órgão pretende realizar é uma vigilância coletiva sobre as ações de cada um dos estados a fim de manter a paz e evitar a guerra. Mas a Guerra Fria e mesmo o processo de descolonização mascararam e impediram que essa tendência aparecesse com clareza logo em 1945 e nos anos seguintes[48].

Alguns autores, na década de 1990, discutiram a ideia de que a globalização era um fenômeno novo. Por exemplo, Hirst e Thompson (1998) observaram que a integração econômica, tecnológica e cultural em nível global ocorria pelo menos desde as grandes navegações, entre os séculos XV e XVI, e que no século XIX ocorreu igualmente um processo de globalização definido em termos econômicos, tecnológicos e culturais.

> A crítica ao chamado *neoliberalismo*, isto é, a crítica à crítica ao Estado produziu muitos efeitos nas décadas de 2000 e 2010. A isso se soma a forte reação dos Estados Unidos aos atentados terroristas de 2001, em que, adotando um discurso de segurança nacional e atitudes militaristas, o papel do Estado foi reafirmado em todo o mundo.

Para concluirmos esta seção, podemos dizer que a realidade que se vive hoje é mista: o Estado tem sido reafirmado como um poderoso agente indutor de políticas públicas e de proteção social, bem como de afirmação interna e externa dos valores nacionais. Ao mesmo

---

[48] *A bem da verdade, a dinâmica interna a cada um dos blocos durante a Guerra Fria já punha em questão a soberania absoluta dos estados, pois os países integrantes de cada bloco também tinham que ser vigiados para manterem-se ou ocidentais ou comunistas. No caso do bloco liderado pela União Soviética, por exemplo, sucessivas vezes ocorreram intervenções pela potência-líder, em nome da coerência programática (e da influência política).*

Em termos de teorias das relações internacionais, em meados da década de 1960, já se considerava a integração econômica, política e cultural mundial, incluindo mesmo as organizações internacionais (como a ONU), as organizações não governamentais (ONGs) e as empresas transnacionais como agentes políticos relevantes, ao lado dos estados nacionais. Esses são alguns elementos importantes da teoria da interdependência complexa, proposta por Kehoane e Nye (2001).

tempo, há impulsos e tendências que vão na direção contrária, isto é, de integração dos estados e de relativização da soberania nacional.

No que se refere às tendências do que chamamos de *relativização da soberania*, podemos citar, além das regras econômicas e comerciais internacionais, consubstanciadas na OMC, uma série de temas e práticas políticas e jurídicas que se põem frontalmente contra a soberania estatal, como nos casos da Justiça de Transição[49] e, de maneira correlata, da atuação do Tribunal Penal Internacional (TPI) e da Corte Interamericana de Direitos Humanos (CIDH). Essas instituições jurídicas internacionais têm afirmado que, a respeito de determinados temas, a soberania estatal não é mais aceitável, devendo ela submeter-se a critérios e parâmetros aceitos e implementados em nível internacional. Isso valeria em particular no que se refere à defesa dos direitos humanos, no sentido de que os estados nacionais não podem violar os direitos humanos, não podem torturar seus cidadãos, não podem ignorar o devido processo legal nem as garantias legais habituais (como a existência do *habeas corpus*) e assim por diante[50].

---

49 Uma exposição sobre a Justiça de Transição pode ser lida em Teitel (2003).

50 *Devemos enfatizar que essas questões não são somente teóricas, mas têm efeitos concretos muito claros. Por exemplo: uma decisão de 2010 proferida pela Corte Interamericana de Direitos Humanos no caso* Gomes Lund (Guerrilha do Araguaia) versus Brasil *levou o país a rever os procedimentos adotados até então a respeito das vítimas de assassinatos praticados por agentes estatais durante o regime militar (1964-1985). Além disso, para organizar e estimular a apuração das informações relativas a essas e outras violações dos direitos humanos da parte do Estado no Brasil, criou-se a Comissão Nacional da Verdade (CNV) – cujas atividades ocorreram entre 2012 e 2014. Ademais, publicou-se a Lei n. 12.527, de 18 de novembro de 2011, a chamada* Lei de Acesso à Informação, *que estabelece que, no que se refere à publicidade de atos e documentos oficiais no Brasil, a regra é a publicidade e, somente em casos muito restritos, haverá o sigilo. Sobre a decisão da CIDH e a criação da CNV, é possível consultar o portal eletrônico da própria Comissão Nacional da Verdade, disponível em: <http://www.cnv.gov.br>.*

Os elementos que apresentamos ao longo desta seção, relativos ao Estado, transitam entre a ciência política e a sociologia política. A definição do Estado, bem como a definição da burocracia, é algo estritamente político e, assim, é do âmbito da ciência política. Já os temas da **legitimidade** e da **dominação** pertencem de pleno direito à sociologia política, na medida em que é necessário investigar o ambiente social mais amplo para determinarmos os princípios e as modalidades de legitimidade e dominação políticas vigentes em uma determinada sociedade. Por fim, parece fora de dúvida que a evolução histórica do Estado é um tema que só pode ser tratado adequadamente nos quadros de investigações ao mesmo tempo sociológicas e (estritamente) políticas.

3.2.5 As ondas democráticas, os paradoxos da democracia e o revés nacional-populista

A partir da década de 2010, em vários países do mundo, especialmente no Ocidente, desenvolveu-se um fenômeno no qual ocorreu o surgimento de regimes autoritários (ou de políticos autoritários) dentro dos padrões democráticos. Isso é notável pelo menos por dois motivos: (1) desde os anos 1970, vivia-se o que se convencionou chamar, a partir das obras de Samuel Huntington (1927-2008) e Larry Diamond (1951-), de *terceira onda da democracia*, com países do mundo inteiro abandonando regimes autoritários e adotando regimes de liberdades conforme os cânones da democracia liberal (garantias individuais, liberdades públicas, eleições livres e periódicas etc.); (2) embora os sinais de crise de representatividade já estivessem claros e disseminados, alguns importantes países do mundo assumiram, repentinamente, orientações políticas antidemocráticas e francamente autoritárias; ou melhor: nem tanto as instituições dos países, mas governantes com essas orientações foram eleitos, passando, então, a influenciar poderosamente as instituições nacionais em sentidos antidemocráticos.

Conforme Huntington (1994), as ondas democráticas foram três: a primeira, longa, teria ocorrido entre 1828 e 1926; a segunda, curta, teria ocorrido entre 1943 e 1962; por fim, a terceira teria começado em 1973 e se estendido até bem depois de 1994 – digamos até a década de 2010 pelo menos. A concepção da terceira onda foi proposta por Huntington em 1993, portanto, logo após o fim da União Soviética e a conversão (temporária, pelo menos) dos antigos países comunistas da Europa Oriental em instituições democráticas. Huntington não apenas propôs o conceito das ondas democráticas e sua periodização, mas também procurou explicá-las em termos de instituições e cultura política[51].

De qualquer maneira, como indicamos, a terceira onda democrática teria começado em 1973 pelo fim do regime autoritário grego, seguido do fim dos autoritarismos em Portugal (1974) e na Espanha (1976) – esses três países constituiriam o que os anglossaxões passaram a chamar de *sul da Europa*–; em seguida, ao longo da década de 1980, a América Latina passou por democratizações, em particular (mas não exclusivamente) no Cone Sul: Argentina (1983), Uruguai (1985), Brasil (1988), Paraguai (1989) e Chile (1990). Após 1989, os regimes comunistas europeus desmoronaram, sendo os marcos

---

51 Vale notar que, em 1989, prenunciando o que já era visto como o término da Guerra Fria e a decadência fatal do comunismo, o cientista político estadunidense Francis Fukuyama, em um famoso artigo, propôs a tese do "fim da História" (depois convertida em livro – cf. Fukuyama, 2015), segundo a qual a culminância do desenvolvimento político humano em termos históricos seria os regimes de liberdades individuais com livre comércio – o que, grosseiramente, descreve as democracias liberais ocidentais, particularmente a dos EUA.

simbólicos desse processo a queda do Muro de Berlim (em 1989) e o fim da União Soviética (em 1991).

Bastante tempo depois da proposta de terceira onda democrática ocorreu no norte da África e no Oriente Médio, entre 2010 e 2015, a chamada *Primavera Árabe*, na qual regimes autoritários, com frequência teocráticos, sofreram intensas contestações populares que lutavam pela obtenção de liberdades civis e políticas. Começando no norte da África, na Tunísia, no final de 2010, os casos mais famosos e emblemáticos da Primavera Árabe talvez sejam os do Egito e da Síria. No Egito, um governo militar que já durava quase 30 anos foi deposto em 2011, após maciças manifestações populares ocorridas em uma importante praça do Cairo (capital do Egito); apesar disso, seguiram-se alguns anos de grande instabilidade política, causada por sérias divergências entre os antigos opositores do governo militar (entre as quais se incluía a instalação ou não de um regime (para) teocrático). Já na Síria, os protestos, ocorridos em 2011 e inicialmente pacíficos, foram reprimidos pelo governo, dando origem a uma violenta guerra civil. Apesar das dificuldades enfrentadas no curso da Primavera Árabe, é possível incluí-la na terceira onda democrática; se nem todos os países que passaram por esse evento tornaram-se, de fato, democráticos, as manifestações (pelo menos as iniciais) buscavam a implantação de liberdades civis e políticas efetivas para as respectivas populações e, por isso, foram saudadas com votos de esperança e simpatia, chegando a dar a impressão de que a Primavera Árabe seria uma fase nova da terceira onda democrática[52].

Larry Diamond, em 1990, considerou que a democracia apresenta pelo menos três paradoxos – ou, como preferimos nomear, *dificuldades intrínsecas* –, que, caso não tratados permanentemente, podem solapar a própria democracia[53]: (1) conflito *vs.* consenso; (2) representatividade *vs.* governabilidade; (3) consenso *vs.* efetividade. A seguir, conferiremos rapidamente cada uma dessas dificuldades intrínsecas.

A **primeira dificuldade** refere-se ao fato de que a democracia – a denominada *democracia liberal*, bem entendido – é o regime em que os cidadãos têm liberdades para expressarem, sem medo, suas opiniões pessoais e coletivas, o que conduz a divergências e a conflitos; mas, mais do que isso, sua **dinâmica institucional** deve implicar a alternância de poder, pressupondo-se, para isso, a existência de oposições organizadas, o que também, e ainda mais, envolve conflitos organizados. Como argumenta Bobbio (1989), esses conflitos são regulados pelas regras democráticas e todos os integrantes do "jogo democrático" devem aceitá-las como mais importantes que a própria disputa política. Nesse sentido, Sartori (1994) defende que, mais que o regime dos conflitos, a democracia é o regime do consenso.

---

52 *Mainwaring e Bizzarro (2019) examinam sistematicamente a situação de muitos países que, no curso da terceira onda democrática, tornaram-se democráticos; essa análise considera os países que avançaram nas liberdades públicas, os que estagnaram e os que retrocederam.*

A literatura sobre a Primavera Árabe em português é bastante restrita. Ainda assim, sugerimos Pinto (2012) e Arafa, Silva e Santos (2020) como reflexões gerais sobre ela. Por fim, também é útil notar que mesmo regimes habitualmente conhecidos como autoritários têm passado, nos últimos vários anos, por mudanças políticas e por demandas de liberalização, como no caso do Irã (cf. Boroumand, 2020).

53 *Infelizmente, apesar da importância teórica e prática desse artigo, até o momento (final de 2021) ele não foi traduzido para o português.*

O paradoxo identificado por Diamond (1990) consiste em que os conflitos substantivos (ou até os de procedimentos) não podem ser desenvolvidos a tal ponto que o consenso fundamental a respeito das "regras do jogo" seja posto em questão ou destruído; da mesma maneira, há sempre o risco de alguns grupos políticos autoritários valerem-se das liberdades públicas para minarem essas mesmas liberdades públicas[54].

A **segunda dificuldade** apresenta um caráter mais institucional, mas é claro que também tem uma base social. Uma sociedade livre caracteriza-se pela diversidade de perspectivas e associações; esses vários grupos, com maior ou menor legitimidade, buscam que suas vistas orientem e influenciem o governo e que, no limite, seus membros integrem o governo. Mas quanto maior for a quantidade de perspectivas parciais demandando representação e participação no governo, mais difícil torna-se a constituição de um governo mais ou menos unificado, ou melhor, de um governo com uma linha política coerente; e a ausência de uma linha política coerente torna o governo incapaz de decidir, isto é, de promover políticas públicas, o que o faz fraco e instável – e, no limite, inútil. O paradoxo identificado por Diamond (1990), nesse caso, trata-se de que o governo deve abranger e/ou considerar e/ou respeitar o máximo possível de perspectivas sociais, mas, ao mesmo tempo, precisa ser capaz de propor e implementar algumas políticas públicas, as quais satisfarão mais alguns grupos que outros (em outras palavras, o governo – como, de resto, a atividade política – necessita **realizar escolhas**).

---

54 *Uma forma um pouco diferente dessa dificuldade identificada por Diamond (1990) é o chamado* paradoxo da intolerância, *exposto por Karl Popper em 1945, segundo o qual uma sociedade tolerante não pode tolerar um intolerante, a fim de não correr o risco de ser traída e ter suas liberdades destruídas (Popper, 1974).*

A **terceira dificuldade** vincula-se estreitamente à segunda, mas diz respeito à produção de políticas públicas pelo Estado, e não à constituição interna do governo. O apoio à democracia não se deve apenas à sua capacidade de prover um ambiente de liberdades para manifestação e organização de perspectivas sociais e políticas, nem somente à sua capacidade (maior ou menor) de permitir a representação no governo e/ou no Estado dessa multiplicidade de perspectivas; esse apoio também se vincula, por vezes de maneira dramática, à **capacidade da democracia de prover serviços públicos** (e prover serviços públicos de qualidade). Caso a democracia revele-se incapaz, por diferentes motivos, de fornecer políticas públicas adequadas às necessidades e às demandas da população, o apoio a ela pode ser bastante abalado, estimulando, desse modo, opções autoritárias. Inversamente, regimes autoritários podem ser legitimados justamente em razão do provimento de políticas públicas valorizadas pela população; por exemplo, uma política externa afirmativa; ou direitos trabalhistas; ou sistemas públicos de saúde, educação e previdência social etc. Mesmo a simples ordem pública pode ser altamente valorizada em determinados contextos[55].

---

55 *No caso do Brasil, o regime autoritário de Getúlio Vargas, entre 1937 e 1945, legitimou-se, entre outras coisas, justamente pela implementação de leis trabalhistas; já o regime militar legitimou-se, em diferentes momentos, pela busca da ordem pública (entre 1964 e 1969), pelo crescimento econômico (entre 1970 e 1977), pela política externa afirmativa (entre 1974 e 1979). Na Alemanha, o Império Alemão (o II Reich), fundado por Bismarck em 1871, legitimou-se pela constituição de um Estado de bem-estar social. Evidentemente, nesses três casos as liberdades públicas e um conceito forte de cidadania foram considerados altamente daninhos à ordem pública e, assim, "desnecessários". Sobre os regimes autoritários brasileiros, cf. Skidmore (1988; 2010); sobre Bismarck e o II Reich, cf. Kent (1982).*

É importante notar que essas três dificuldades (ou *paradoxos*, como nomeou Diamond) são constitutivas da democracia e, portanto, inextinguíveis, ou melhor, são integrantes de qualquer regime político de liberdades. Nesses termos, para que um regime de liberdade realize-se e perdure ao longo do tempo, não basta que os cidadãos estejam imbuídos dos valores próprios a uma cultura política democrática e que as "regras do jogo" sejam conhecidas e respeitadas, é necessário também que tanto os comuns dos cidadãos quanto as elites políticas e o Estado estejam atentos a esses paradoxos e saibam, a cada momento, agir de acordo com eles, orientando suas condutas de modo que as tensões não aumentem e rompam o consenso democrático fundamental[56].

A digressão apresentada, por certo, não busca invalidar as liberdades públicas ligadas à democracia, apenas indicar que os regimes democráticos apresentam tensões constitutivas que, se não reconhecidas e tratadas, podem resultar em sérias crises de legitimação ao longo do tempo. De fato, como observamos anteriormente, ao longo da década de 2010, em todo o mundo, principalmente no Ocidente, muitas democracias sofreram importantes desafios, quando não reveses, com regimes autoritários instalando-se. O que há de notável e

---

56 *Sobre a importância do respeito às "regras do jogo", já indicamos Bobbio (1989); sobre a necessidade de uma cultura política verdadeiramente democrática para a permanência da democracia em meio a crises políticas e sociais, cf. Putnam (1996).*

Com relação ao que expusemos acima, torna-se claro que a palavra paradoxos *empregada por Larry Diamond não é a mais adequada. Um paradoxo é uma contradição lógica, em que duas proposições conduzem a um resultado insustentável (ou que, do ponto de vista do bom senso, é incoerente). Embora à primeira vista as dificuldades democráticas sigam essa definição, a ideia de* paradoxo, *conquanto apresente um grande efeito retórico, é muito estática para satisfazer a dinamicidade própria à vida política e social; assim, parece-nos mais adequado utilizar* **tensões democráticas**, *expressão que garante essa dinamicidade sem perder a dramaticidade do tema.*

tristemente inovador, porém, é que tais vieses autoritários passaram a ser defendidos em regimes democráticos e mesmo em nome da democracia.

O que podemos chamar de *virada autoritária* de algumas democracias exibe elementos importantes e recorrentes; grosso modo, podemos indicar, além da tendência ao autoritarismo da parte de políticos explicitamente de direita, dois: (1) o apelo ao povo e à vontade popular e (2) a afirmação do nacionalismo. No que se refere ao **nacionalismo**, o que se afirma é a autodeterminação nacional, mas com uma rejeição, por vezes, violenta das instituições internacionais, vistas como corruptas e corruptoras e/ou instiladoras de uma ordem internacional contrária aos interesses e aos valores nacionais. Já com relação ao **apelo à vontade popular**, a afirmação é a de que os políticos "tradicionais" (isto é, aqueles que estão no poder, sejam de direita tradicional, sejam principalmente identificados como esquerda) estão encastelados no poder e constituem-se em elites no pior sentido da expressão, isto é, grupos de privilegiados que se mantêm distantes do comum das pessoas e que, assim, agem apenas em proveito próprio. Nesse contexto, os políticos que apelam à vontade popular apresentam-se como novatos e/ou externos à política (ou à política "tradicional", o que é praticamente o mesmo): eles seriam *outsiders* que falam diretamente para e com o povo, fora das instituições e contra elas; assim, eles apresentam-se como antissistemas, anti-establishments. Em razão dessas características, tais movimentos antidemocráticos têm sido denominados *populistas* ou *nacional--populistas*. Embora sejam vistos em vários países e em diversos contextos específicos (como na Hungria, na Polônia, nas Filipinas e, saindo do âmbito ocidental, até na Turquia), os casos mais chamativos ocorreram em 2016, com a vitória do Brexit⁵⁷ no Reino Unido e a de Donald Trump nos Estados Unidos, além de, em 2018, com a vitória de Jair Bolsonaro no Brasil. No caso britânico, o elemento nacionalista e fortemente isolacionista do Brexit venceu um plebiscito para verificar se a população desejava manter ou não a integração britânica com a União Europeia. No caso estadunidense, o candidato republicano venceu as eleições presidenciais assumindo uma plataforma claramente nacionalista e populista conforme os termos anteriormente apresentados, a que se deve acrescentar declarações fortemente polêmicas, como manifestações ambiguamente favoráveis a movimentos neonazistas, incitamento a agressões físicas e morais contra políticos do Partido Democrata e até misoginia; atitudes semelhantes podem ser empregadas a respeito de Jair Bolsonaro no Brasil⁵⁸.

Deixando de lado o caso do Brexit – que teve um forte caráter nacionalista e, em menor medida, populista, mas sem tantos efeitos sobre a democracia britânica –, as vitórias de Trump e de Bolsonaro indicam uma ampla desilusão com as instituições democráticas nos EUA e no Brasil; em ambos os casos, conjugaram-se noções de que os respectivos sistemas políticos nacionais eram elitistas (e, portanto,

---

57 O nome Brexit *é um acrônimo para "Britain exit", isto é, "Saída da Grã-Bretanha [da União Europeia]".*
58 *No caso específico de Bolsonaro, especialmente em contraposição a Trump, há pelo menos três particularidades: (1) o brasileiro inspirou-se e apoiou-se no estadunidense em sua campanha e nos dois primeiros anos de governo; (2) dificilmente um político titular de sete mandatos como Deputado Federal pudesse ser chamado de* outsider; *(3) as manifestações autoritárias de Bolsonaro foram bastante claras, durante sua campanha eleitoral e ao longo de seu governo, com referências constantes a uma intervenção militar – tendo o apoio ou o silêncio de altos oficiais e o apoio do baixo oficialato, de muito da soldadesca e de policiais civis e militares. Nos Estados Unidos, diferentemente, o alto oficialato desde o início posicionou-se contra intervenções militares na vida civil. Para uma análise do apoio político (de partes) das Forças Armadas a Bolsonaro, cf. Amorim Neto e Acácio (2020).*

desinteressados do comum do povo), esquerdistas (e, portanto, defensores de valores contrários aos do comum do povo) e corruptos. Desse modo, tais líderes foram eleitos em ondas conservadoras, nas quais suas afirmações "politicamente incorretas" eram entendidas não como ofensas a grupos ou a indivíduos, mas como manifestações de sinceridade e honestidade, permitindo a identificação do povo[59].

Com as vitórias sucessivas do Brexit, de Trump e até de Bolsonaro, os pesquisadores ingleses Roger Eatwell e Matthew Goodwin publicaram, em 2018, o livro *Nacional-populismo: a revolta contra a democracia liberal* (Eatwell; Goodwin, 2020), em que buscaram analisar as causas desses verdadeiros terremotos políticos. Eles concluíram que, de fato, houve uma ampla desilusão com a democracia, já que muitas promessas, historicamente, não foram cumpridas. Eles identificaram, ainda, quatro causas desse cenário: (1) desconfiança, sensação de (2) privação relativa e de (3) destruição e (4) desalinhamento político. Esses quatro fatores são tanto institucionais quanto sociais, tanto objetivos quanto subjetivos; e correspondem a mudanças e a percepções de mudanças que influenciam de maneira decisiva o comportamento político. Além disso, os autores notaram que esses problemas geram apoio a políticos autoritários e/ou antidemocráticos, mas sem que a maioria de seus apoiadores seja, em si mesma, autoritária ou

---

59 Sobre a vitória do Brexit no Reino Unido e até a de Trump nos EUA, Timothy Snyder (2019) indica o importante papel da Rússia (ou melhor, do governo russo). Mark Sedgwick (2020) e Benjamin Teitelbaum (2020) apresentam alguns dos fundamentos ideológicos desses líderes nacional-populistas, próximos à filosofia Tradicionalista.

No que se refere à vitória de Jair Bolsonaro na eleição presidencial de 2018 no Brasil, a literatura já se tornou grande; assim, entre muitos, indicamos Moura e Corbellini (2019) e Jairo Nicolau (2020).

antidemocrática[60]. O que ocorre é que esses políticos reconhecem tais problemas, sabem dar vazão às insatisfações resultantes deles e, assim, prometem solucioná-los – ao contrário dos políticos tradicionais.

A **desconfiança**, em linhas gerais, é autoexplicativa: corresponde à perda de confiança dos cidadãos comuns em seus governantes e, de modo geral, nas elites políticas; aliás, o sentido negativo emprestado à expressão *elites políticas* – que, em si mesma, apresenta um sentido neutro, apenas descritivo – revela o quanto os políticos profissionais estão perdendo a confiança de seus concidadãos. Os políticos profissionais, ou "tradicionais", estão sendo vistos cada vez mais como distantes do comum dos cidadãos, corruptos, preocupados apenas com suas disputas pessoais e partidárias e com o que acontece "lá fora" (ou seja, em outros países) em detrimento do que ocorre no próprio país – no caso da Inglaterra e, por incrível que pareça, dos Estados Unidos –, motivos pelos quais há a sensação crescente de que não merecem mais confiança e, portanto, há a necessidade de novos políticos e uma "nova política".

No que diz respeito à **privação relativa** é a sensação de que um grupo social está perdendo posições ou vantagens que anteriormente possuía e/ou que outros grupos estão ganhando mais. Nesse caso, não se trata somente da percepção de que os políticos tradicionais enriquecem às custas do comum do povo; o que está em questão é a noção de que determinados grupos sociais são beneficiados por certas políticas às custas de outros grupos sociais, de tal sorte que

---

60 *Evidentemente, se a maioria dos apoiadores não é autoritária, antidemocrática, racista, filofascista etc., isso não equivale a dizer que nenhum desses apoiadores tem esses perfis negativos. Eatwell e Goodwin (2020) reconhecem que, ao contrário, muitos desses apoiadores são autoritários etc., mas que o autoritarismo, o antidemocratismo, entre outros não são em si mesmos as razões das vitórias recentes dos políticos nacional-populistas, aspecto este que nos interessa.*

estes últimos ganham menos, ou pior, saem francamente perdendo. Os exemplos são variados: os suecos que querem preservar o Estado de bem-estar social contra os imigrantes; os franceses que se veem ameaçados também por imigrantes e/ou por descendentes dos argelinos; os brancos estadunidenses que acreditam ser desconsiderados e desprezados pelas políticas públicas e pelos discursos oficiais, os quais, em contrapartida, beneficiam grupos identitários[61], entre outros. É claro que pode haver impulsos racistas, xenofóbicos etc. em tais sensações, mas alguns dos exemplos indicam que os problemas são e podem ser mais complicados que só os relativos a preconceitos. Na Suécia, por exemplo, as instituições do *Welfare State* são dadas a cidadãos que passam a vida pagando impostos que custeiam esses serviços, em proporções que, basicamente, são adequadas ao conjunto da população; a extensão automática desses serviços a grandes ondas de imigrantes que, por definição, não pagaram por eles gera sérias tensões financeiras, sociais e de legitimação política. No caso das eleições presidenciais de 2016 dos Estados Unidos, a candidata democrata Hilary Clinton concentrou-se nos grupos beneficiados pelas políticas identitárias, chegando a tratar com desprezo aqueles não abrangidos por elas, isto é, homens brancos, mesmo que pobres,

---

61 *Os grupos identitários são aqueles que se constituem pela definição de identidades comuns; eles reúnem-se e mantêm-se por meio da comunhão de percepções subjetivas de que apresentam traços (objetivos ou subjetivos), distinguindo-se, com isso, do conjunto da sociedade. De modo geral, suas pautas políticas afirmam a busca do reconhecimento público e estatal e a constituição de políticas públicas específicas para eles, sem necessariamente incluir dimensões universalistas em suas demandas e até se opondo ao universalismo. Os grupos identitários mais conhecidos são os das feministas, dos negros, dos LGBTQIA+ etc. Para exposições críticas da política identitária, cf. Lilla (2018) e Risério (2018).*

desempregados e ou prejudicados pelas políticas públicas dos anos anteriores (como na crise financeira de 2008)[62].

Enquanto a sensação de privação relativa tem um caráter mais "econômico", a sensação de **destruição** tem um aspecto cultural e institucional, referindo-se aos valores compartilhados em uma sociedade, às suas práticas e até às suas instituições. Talvez esse seja o aspecto mais claramente conservador (e até "reacionário") dos fatores identificados por Eatwell e Goodwin (2020). Esse fator está ligado às preocupações com a preservação e a manutenção de práticas julgadas corretas pelo conjunto da população e, inversamente, ao medo de que tais práticas e valores sejam destruídos, seja pelas elites políticas, seja por imigrantes, e substituídos por outros julgados negativos ou errados.

Por fim, o **desalinhamento político** refere-se ao estreitamento paulatino das bases sociais dos partidos políticos, que, ao longo das últimas décadas, abandonaram as bases tradicionais e buscaram outras. Assim, as bases antigas viram-se órfãs, e os políticos nacional-populistas ofereceram canais para que esses grupos se expressassem e fossem representados.

No conjunto, Eatwell e Goodwin (2020) indicam que as democracias ocidentais têm um longo caminho pela frente, devendo superar os grandes desafios dos quais tratamos. O sucesso dos

---

62 *Clinton chegou a chamá-los depreciativamente de "Joe Plumer" – que poderia ser traduzido por "Zé Encanador". O forte particularismo implícito em tais declarações foi identificado pelo cientista político Mark Lilla (2018) como um dos motivos da vitória de Trump; além disso, ele também notou que o identitarismo em si mesmo é conservador e integra o arcabouço habitual dos supremacistas brancos dos Estados Unidos (bem como de outros países, tendo sido empregado, por exemplo, pelo próprio Trump). Deve-se notar que Lilla é próximo ao Partido Democrata. Em sentido semelhante, Risério (2018) também critica a política identitária em razão de seu particularismo, seu exclusivismo e negação de políticas universalistas.*

nacional-populistas indica a ascensão de líderes contrários às instituições e às práticas democráticas e que flertam com o autoritarismo, a xenofobia, o militarismo, o desrespeito às leis e ao Estado de Direito etc.; mas, ao mesmo tempo, aponta o fracasso relativo de regimes democráticos em atender demandas e necessidades de partes das populações, seja porque tais demandas não são reconhecidas, seja porque os procedimentos políticos focalizam outras práticas. A ascensão dessa direita nacional-populista parece corresponder, portanto, ao fracasso – em alguns casos parcial, em outros profundo – de regimes democráticos de lidarem com as tensões inerentes à democracia – identificadas em 1990 por Larry Diamond, conforme vimos anteriormente.

Para finalizar esta seção, algumas palavras são necessárias a respeito da expressão *nacional-populismo*. Embora Eatwell e Goodwin (2020) descrevam os políticos *outsiders* e anti-establishment como nacional-populistas no sentido que tratamos, também reconhecem que o nacionalismo em si não é xenófobo, bem como o populismo não é necessariamente anti-establishment. No próprio Reino Unido, por exemplo, há o nacionalismo escocês, que se contrapõe, em particular, à Inglaterra e visa ao internacionalismo, isto é, à integração com a União Europeia. Em sentido semelhante, no caso da América Latina, o nacionalismo correspondeu a movimentos de afirmação nacional com importantes efeitos sociais, políticos e econômicos, buscando a independência nacional e/ou o aumento da autonomia dos países em face de outros – sem que isso tenha ocorrido renegando-se o internacionalismo (em particular, o mantido pela ONU) ou se degradando em xenofobia.

O populismo, portanto, não é algo a ser visto como intrinsecamente negativo; essa expressão surgiu nos Estados Unidos, durante a presidência de Andrew Jackson (1829-1837), que buscava a afirmação da vontade popular (Davidson, 2016); depois foi utilizada pelos russos, na segunda metade do século XIX, como afirmação da cultura e da soberania popular (Pipes, 2008). No Brasil, essa expressão passou a ser utilizada na década de 1930 para se referir à integração das massas urbanas à vida política. É claro que indicamos usos positivos dessa expressão, mas um viés negativo aproxima-a do sentido de demagogia; ainda assim, a interlocução direta de líderes políticos com as massas populares não se reveste, necessariamente, de um caráter anti-establishment nem de um viés liberticida. Dessa forma, é necessário cautela no emprego dessas expressões, entendendo-se que o **atual** nacional-populismo é anti-internacionalista, nativista, anti-establishment e, não raras vezes, autoritário[63].

(3.3)
Governo

Nesta seção, trataremos dos governos. Contudo, o que entendemos por essa palavra? Como sabemos, no dia a dia, as palavras *governo* e *Estado* costumam ser confundidas e usadas de maneira intercambiável. No entanto, conforme vimos na seção anterior, podemos entender o **governo** como o conjunto de indivíduos e grupos que toma as decisões políticas e orienta as burocracias estatais nas direções que

---

63 *Nádia Urbinati (2019) faz uma extensa revisão do conceito de populismo. Mendonça e Caetano (2021) expõem uma pequena e interessante revisão do que seja o populismo, a fim de examinar a autorrepresentação de Jair Bolsonaro na rede social Instagram. Uma discussão clássica sobre o papel político e social do populismo no Brasil entre 1930 e 1964 é a de Francisco Weffort (1978).*

No que se refere ao nacionalismo, em contraposição ao que argumentamos, mas tomando exclusivamente em consideração a experiência histórica europeia (e da primeira metade do século XX), Snyder (2019) considera que o nacionalismo é sempre negativo e destrutivo.

lhe parecem as mais adequadas, de modo a influenciar e a conduzir o conjunto da sociedade. Essa é uma forma geral, que utilizamos precisamente para podermos distinguir com certa clareza a parte mais especificamente política da parte operacional do Estado. O que nos interessa tratar nesta seção são os vários princípios políticos e arranjos institucionais que organizam a cúpula do Estado e que originam os governos.

Inicialmente, podemos adotar uma perspectiva empregada em alguns livros, especialmente de cunho jurídico[64], em que se distinguem as *formas de governo* dos *sistemas de governo*: no primeiro caso, trata-se da oposição entre monarquia e república; no segundo caso, é a oposição entre parlamentarismo e presidencialismo. Essa terminologia foi empregada no Brasil em 1988 e, depois, em 1992-1993, por ocasião do plebiscito ocorrido em abril de 1993, de acordo com uma estipulação do Ato das Disposições Constitucionais Transitórias (ADCT) da Constituição Federal de 1988, que previa a decisão a respeito das oposições entre monarquia e república, de um lado, e de parlamentarismo e presidencialismo, de outro[65]. Embora não seja o objeto desta seção, nesse plebiscito confirmaram-se as instituições da forma de governo e do sistema de governo vigentes no Brasil, ou seja, a república presidencialista.

---

64 *Dois exemplos de abordagens marcadamente juridicistas da sociologia política e, em particular, do emprego dessas expressões (*forma de governo *e* sistema de governo*) são as obras de Bonavides (2012) e Dallari (2013).*

65 *Trata-se do disposto no art. 2º do ADCT: "No dia 7 de setembro de 1993 o eleitorado definirá, através de plebiscito, a forma (república ou monarquia constitucional) e o sistema de governo (parlamentarismo ou presidencialismo) que devem vigorar no País" (Brasil, 2016). Esse artigo sofreu uma alteração na Emenda Constitucional n. 2, de 1992, que estipulou que esse plebiscito deveria ocorrer em 21 de abril, e não em 7 de setembro de 1993.*

Entretanto, parece-nos que essas expressões – *formas de governo* e *sistemas de governo* – são inadequadas, na medida em que se caracterizam por um formalismo jurídico acentuado. Aliás, não por acaso, elas aparecem na Constituição Federal, que é um texto **jurídico**. Enquanto *sistema de governo* parece uma terminologia mais ou menos adequada para a opção entre presidencialismo e parlamentarismo, a expressão *regime político* parece mais adequada para a opção entre república e monarquia, na medida em que se trata de uma oposição mais ampla e mais abstrata e que ainda respeita o uso histórico no Brasil[66].

Ainda assim, é necessário notarmos que, embora empregaremos **nesta seção** esses termos – *regime político* – para referirmo-nos à oposição república-monarquia, ela padece de uma forte ambiguidade, na medida em que, no decorrer do século XX, também se passou a empregar *regime político* para se referir à oposição democracia-autoritarismo – que é como usaremos na **próxima** seção. Além disso, não é incomum encontrar na literatura a referência ao presidencialismo ou ao parlamentarismo como, eles mesmos, regimes políticos. Essa ambiguidade foi reconhecida, ainda que implicitamente, no artigo sobre regimes políticos que Waldner (2001) escreveu para a *International Encyclopedia of the Social & Behavioral Sciences*, ao observar que essa expressão não tem no âmbito da ciência política uma definição mais precisa do que aquela que já indicamos[67].

---

66 *Afinal, no final do Império, entre 1870 e 1889, e nos anos iniciais da República, após 1889, empregava-se precisamente a expressão* regime político *para referir-se à república ou à monarquia.*

67 *No que se refere à área de relações internacionais, todavia,* regime *tem um sentido específico: trata-se do conjunto de normas, práticas e instituições (sociológicas) que regulam aspectos específicos da realidade internacional (cf. Krasner, 2012).*

Em qualquer caso, a expressão *regime político* indica um ordenamento jurídico-político amplo, compreendendo características centrais da estrutura do Estado e de sua relação com a sociedade. Parece-nos que cabe ao analista indicar a qual âmbito analítico refere-se quando emprega a expressão *regime político* (isto é, a qual destas três oposições: república-monarquia, presidencialismo-parlamentarismo, democracia-autoritarismo). Nesta seção, trataremos dos pares república-monarquia e presidencialismo-parlamentarismo; na Seção 3.4 abordaremos a democracia, o autoritarismo e outros regimes.

3.3.1 República *versus* monarquia

Comecemos pelo par monarquia-república. Conforme indicamos na Seção 3.2.4, sobre a evolução histórica do Estado, é possível considerar que as **monarquias** foram alguns dos regimes políticos mais antigos. De acordo com a narrativa de Fustel de Coulanges, em seu *A cidade antiga*, nos casos da Grécia e da Roma antigas certamente as monarquias foram os regimes iniciais, em que os reis apareciam como uma expansão das funções políticas e sacerdotais dos chefes familiares e das tribos. As monarquias, de modo geral, caracterizam-se por serem governos hereditários, isto é, em que o poder passa de pai para filho ou do rei morto para algum parente próximo, de acordo com alguma regra pré-estabelecida (irmão, tio, primo etc.).

Na Antiguidade, os reis eram sempre homens. O mesmo pode-se dizer, de modo geral, durante a Idade Média, mas na Era Moderna essa regra variou um pouco, na medida em que, embora alguns países vedassem formalmente a ascensão de mulheres aos tronos, em outros países era possível que elas governassem. Um exemplo do primeiro caso é o da França, que, desde o fim da Idade Média, estabeleceu a Lei Sálica, princípio segundo o qual a transmissão do poder caberia apenas a homens e a descendências masculinas. Aceitar-se-ia a descendência feminina apenas em último caso, mas, de qualquer maneira, mulheres não poderiam governar (ainda que pudessem atuar como regentes, isto é, como administradoras enquanto os reis ainda eram crianças)[68]. Um exemplo do segundo caso é o da Inglaterra, em que, embora preferindo-se governantes homens, aceitou em diversas ocasiões rainhas (como Elisabete I (1533-1603), Ana (1665-1714) e a atual Elisabete II).

Por outro lado, também é possível haver as **monarquias eletivas**, em que os reis são eleitos por colégios eleitorais pré-determinados, compostos por nobres ou prelados (isto é, religiosos). O próprio rei deve ser um nobre e os eleitores evidentemente possuem seus títulos nobiliárquicos em caráter hereditário. Um dos exemplos mais famosos de monarquia eletiva é o da escolha do Imperador do Sacro-Império Romano Germânico; embora desde o fim da Idade Média ele tradicionalmente fosse da família Habsburgo, em cada momento em que o antigo monarca morria, a escolha do novo governante dependia da aceitação explítica de sete ou oito nobres do Império.

Outra característica importante das monarquias é o fato de elas manterem estreitos **vínculos com religiões**. Considera-se que o poder do monarca provém das divindades, no sentido em que o rei é o representante divino para tratar das questões materiais na Terra. Em inúmeras monarquias – por exemplo, na Antiguidade e em vários lugares fora do Ocidente – o rei era ao mesmo tempo governante político e sumo-sacerdote, ao passo que, no Ocidente medieval e moderno, em virtude da separação estabelecida entre Estado e Igreja, habitualmente o rei não era ele mesmo um sacerdote, embora precisasse da

---

68 *Uma exposição sobre o papel da Lei Sálica na história da França – e do casuísmo de sua instituição, no século XIV – pode ser lida em Davis (1919).*

sanção eclesiástica para governar e fosse o responsável pela defesa e difusão da religião[69]. Dessa forma, nas monarquias há religiões oficiais de Estado, que são apoiadas, difundidas e financiadas pelo Estado; o que pode variar é o grau de tolerância pública e política em relação às demais religiões e mesmo em relação ao ateísmo, ao agnosticismo e ao humanismo. Nas monarquias ocidentais, em virtude da secularização característica do Ocidente, há grande tolerância para qualquer profissão de fé diferente da oficial, isto é, os indivíduos e os grupos sociais não são considerados criminosos por professarem outras fés. Em monarquias de outras partes do mundo, especialmente em países que rejeitam a influência ocidental em algumas questões, a tolerância é menor ou inexistente. É preciso notar que uma monarquia não ser ocidental ou ocidentalizada não a torna intolerante: o Tibete é um exemplo claro; mas, na Arábia Saudita, não professar o islamismo é crime[70].

Por fim, ressaltamos que as monarquias existem em **sociedades de estados**, ou seja, sociedades em que o valor político, social e jurídico de cada indivíduo é dado pela família em que nasce, e cada uma pertence a determinado estrato, ou estado, da sociedade. A sociedade de estados pode ser melhor entendida se pensarmos na existência da

---

69 *Uma importante exceção é o caso inglês, cuja religião anglicana foi fundada pelo próprio monarca, o Rei Henrique VIII, em 1534; o governante é ele mesmo chefe da Igreja.*

70 *Na verdade, no caso saudita e, de modo geral, nas monarquias e nos países islâmicos, é pior ser um dissidente muçulmano do que membro de qualquer outra religião. As interpretações minoritárias ou dissidentes do Islã e, ainda mais, os ex-muçulmanos são punidos com rigor; os cristãos e os judeus ("povos dos livros") são tratados cordialmente; membros de outras religiões têm tratamentos menos cordiais. Essa descrição, todavia, tem de ser matizada por mais dois aspectos: cada população tem seus próprios hábitos, que variam entre o maior rigor e a maior tolerância. Além disso, os estrangeiros, na qualidade de estrangeiros, são tolerados em suas religiões. Uma exposição didática sobre essas questões pode ser lida em Demant (2004).*

nobreza, especialmente a nobreza tradicional da Europa[71]. Os nobres, simplesmente por terem nascido nobres, tinham direitos variados, como o recebimento de pensões do Estado ou rendas da exploração da terra. Além disso, os nobres eram considerados superiores aos plebeus, independentemente de seu comportamento efetivo. Por outro lado, quem não era nobre era plebeu (na França anterior à Revolução Francesa era o chamado *terceiro estado*[72]), incluindo aí o proletariado e a burguesia, ou seja, quem vivia do próprio trabalho e quem tinha enriquecido produzindo e negociando riquezas. Os plebeus, por terem nascido plebeus, eram desvalorizados. Entre plebeus e nobres havia uma clara demarcação social, de tal sorte que, exceto pela mercê concedida pelo rei, um plebeu jamais se tornaria nobre. Como se diz, era uma "questão de sangue".

> Em suma: as monarquias existem em sociedades em que a desigualdade social é institucionalizada pela lei e em que a categoria social de cada indivíduo, em vez de ser dada pelo mérito ou pelo trabalho, é dada pelo nascimento.

Pode-se dizer que o **parlamentarismo** e a **república** surgiram como reações contrárias à monarquia: no primeiro caso, na forma da monarquia constitucional, em que o poder do rei é bastante limitado e, na prática, o governo é exercido pelo primeiro-ministro, cabendo cada vez mais ao monarca funções simbólicas e honoríficas; já no caso da república, a monarquia como um todo é extinta, sendo substituída

---

71 *Consideramos a nobreza tradicional da Europa para diferenciar da nobreza brasileira existente no II Império (1840-1889). Aqui, a maior parte da nobreza era de primeira geração e, não raro, muitos barões obtiveram o título por meio da compra. Assim, a divisão estamental da sociedade também existia, mas os preconceitos de estado, sem deixar de existir, eram menores do que os da Europa – os preconceitos sociais eram mais marcados entre os indivíduos livres e os escravos.*

72 *Os três estados eram os seguintes: primeiro estado, clero; segundo estado, nobreza; terceiro estado, plebe. Acima dos três estava o rei.*

por governantes eleitos ou indicados. Em virtude de ter-se originado antes, comecemos pela república.

Talvez a **primeira república** a surgir tenha sido a romana, no ano 509 a.e.a. Conta-se que o último rei de Roma, chamado de *Tarquínio, o Soberbo*, tinha um comportamento tirânico e que, em virtude disso, os patrícios romanos, liderados por Lúcio Juno Bruto, depuseram-no e instituíram a república. O novo regime seria caracterizado pela preocupação com o bem público – e, de fato, *república* vem do latim *de res publica*, ou seja, "bem comum". Enquanto a monarquia era eleita para mandatos vitalícios, na república havia dois governantes, os cônsules, também eleitos mas com mandatos anuais. A república romana existiu até 27 a.e.a., quando Otávio Augusto recebeu diversos títulos e poderes em caráter vitalício, iniciando a fase formalmente conhecida como império e que, na prática, também era monárquica.

No Ocidente, especialmente a partir do fim da Idade Média, houve diversas repúblicas, como as cidades livres italianas de Florença e Veneza. Embora tivessem nobrezas, essas cidades não tinham reis (e é por isso que eram cidades livres). De qualquer maneira, as experiências republicanas de maior destaque foram as resultantes da **Guerra Civil Inglesa** (1642-1649) e da **Revolução Francesa** (1789-1799). Nos dois casos, houve intensa agitação política e social, associada à rejeição à figura do rei e a república foi instaurada a partir da execução do rei.

Assim, em 1649, o rei inglês Carlos I foi executado e assumiu o poder Oliver Cromwell (1599-1658), no regime que se tornou conhecido como *Protetorado* (1653-1658). Entretanto, a morte do antigo rei e o fato de o Lord Protector Cromwell ter tido de governar com base no exército tornaram a ideia de uma república – ou, em todo caso, de um governo que não fosse monárquico – desagradável para os ingleses, de tal sorte que, logo após a morte de Cromwell, o regime do Protetorado não se sustentou e voltou-se à monarquia nesse país, o que, como se sabe, perdura até hoje.

No que se refere à república da Revolução Francesa, ela foi proclamada em 1792, por Georges Danton (1759-1794), e ocorreu em virtude de o Rei Luís XVI tentar fugir da França em direção ao exterior, onde coordenaria uma reação contra o processo revolucionário então em pleno curso. A própria fuga foi entendida como um ato de culpa da traição; após um processo jurídico, ele foi executado em 1793. Passando por diversas dificuldades, a I República francesa existiu até 1804, quando Napoleão Bonaparte, desde 1799 cônsul, fundou o I Império francês. Apesar das várias dificuldades enfrentadas pela I República, incluindo aí o terrível período do terror, em 1794, em que houve sistemáticas perseguições políticas seguidas por execução, o ideal republicano persistiu na França. Dessa forma, em 1848 proclamou-se a II República, que durou até 1851, quando o sobrinho de Napoleão, chamado Luís Napoleão Bonaparte, criou o II Império. Mais uma vez o republicanismo persistiu na França e, após a derrota francesa na Guerra Franco-Prussiana (1870-1871) – que, aliás, foi uma das etapas da unificação alemã –, proclamou-se a III República francesa, e desde então a França não deixou a república.

Figura 3.11 – Alegoria da República brasileira, com Marianne usando o barrete frígio

Rodrigues, M. L. Alegoria da República. 1896. 1 óleo sobre tela: color.; 230cm × 120 cm. Museu de Arte da Bahia, Salvador.

Uma terceira experiência histórica republicana é a que surgiu com a **Revolução Americana** (1776-1783). A república nos Estados Unidos não surgiu pela via da execução de um rei, mas pelo rompimento com a metrópole, que era monarquia (no caso, a Inglaterra). Fosse em razão do desejo de romper os laços com as antigas instituições, fosse em virtude da inspiração dos novos princípios sociais e políticos do Iluminismo, ou, ainda, em função do experimentalismo político praticado nas Treze Colônias, o novo país independente constituiu-se desde o início na forma de uma república. O republicanismo estadunidense inspirou-se em diversas experiências históricas anteriores, como a romana e a de Florença. Por sua vez, a Revolução

Americana influenciou poderosamente as imaginações e as práticas políticas em todo o Ocidente nas décadas seguintes, tanto na Europa quanto nas Américas[73].

Figura 3.12 – Revolução Americana: assinatura da declaração da independência (1776)

TRUMBULL, J. **1818**. 1 óleo sobre tela: color.; 30,48cm × 45,72 cm. Rotunda U.S. Capitol. Washington D.C., USA.

Assim, basicamente, a forma de definir a república é pela via negativa: a república é o regime que não é monárquico, isto é, que não

---

[73] Uma exposição bastante interessante da Guerra Civil inglesa e do governo de Cromwell pode ser lida em Hill (1988). Sobre as vicissitudes do republicanismo na França, pode-se ler em Nicolet (1994) e Agulhon (1991). Pecequilo (2003) e Tocqueville (2005) abordam os vários elementos do republicanismo estadunidense, indicando suas características e suas origens sociais. Por fim, Venturi (2003) e Pocock (2003) abordam não apenas a república na Inglaterra e na França, mas também nos Estados Unidos.

tem rei. Um traço associado à ausência de rei e que serve de fundamento ao regime republicano é a afirmação da busca do bem comum, com frequência entendida como a **soberania popular**. Nesse caso, em vez de os governantes serem agentes ou representantes divinos na Terra, como ocorre na monarquia, os governantes são agentes ou representantes dos desejos do conjunto da população. Nesse sentido, os governantes são mais cobrados e mais responsabilizados por seus atos e pelas consequências de suas ações e omissões do que os reis.

Além disso, os governantes na república são eleitos, por diferentes meios, ou seja, via eleição direta (em que o governante é eleito diretamente pelos cidadãos) ou via eleição indireta (em que o governante é eleito por um colégio eleitoral, composto por deputados ou representantes, e este é que elege por sua vez o governante). Dependendo do tipo de república – presidencialista ou parlamentar –, o governante pode ou não ter mandatos fixos. De modo geral, os presidentes têm mandatos fixos, com ou sem reeleição. No parlamentarismo, os primeiros-ministros costumam ter mandatos coincidentes com os dos deputados, mas são sempre possíveis a reeleição ou a interrupção dos mandatos.

Em princípio, em uma república vige o universalismo social ou, dito de outra maneira, vige o **igualitarismo**. Dizemos "em princípio" porque várias sociedades republicanas caracterizaram-se também pela existência de estados. Na Roma antiga, havia três classes: os patrícios, a classe equestre e os proletários – sem contar os escravos. Em Florença, também havia a nobreza e os plebeus – que era uma forma institucionalizada em termos jurídicos e políticos daquilo que Maquiavel chamava de *os grandes* (isto é, os fortes e poderosos) e *os pequenos* (aqueles sem poder, exceto pelo número). Por fim, é notável que, nos Estados Unidos, a despeito de seus valores fortemente igualitários, houve escravidão entre 1776 e 1865, ou seja, uma separação formal entre cidadãos e o "resto".

> Em relação a governo, portanto, podemos sumariar as diferenças entre monarquia e república desta forma: no primeiro caso, o governante tem um mandato vitalício e, de modo geral, tem o cargo hereditariamente (ou seja, não é escolhido), tendo uma consagração teológica; na república, o governante é eleito, exercendo o poder em mandatos mais ou menos pré-determinados.

Antes de seguirmos adiante, é interessante registrar que, no âmbito da teoria política normativa, há algumas elaborações adicionais a respeito da monarquia e da república. Maquiavel, logo no primeiro capítulo de seu *O príncipe*, já notava que há dois tipos de estados, as repúblicas e as monarquias; as primeiras são caracterizadas pelo governo do povo, ao passo que as segundas são governadas por um indivíduo, que tende a ter um governo vitalício e hereditário. Por outro lado, na Seção 1.1.5, vimos alguns elementos do pensamento de Montesquieu. Esse pensador propôs uma classificação mais densa sobre as monarquias e as repúblicas: enquanto as primeiras caracterizam-se pelo governo de um, mas em que os súditos são movidos pela honra (ou seja, pela ideia de valor pessoal associado à origem estamental), as repúblicas caracterizam-se pelo governo compartilhado por muitos, em que há a prevalência da virtude (isto é, pela participação política com vistas ao bem comum, da parte de cada cidadão). Além dessas duas categorias, Montesquieu propôs uma terceira, a do despotismo, que é governado por um único indivíduo – assemelhando-se, portanto, à monarquia –, mas cujo princípio motivador é o medo.

Seguindo o pensamento de sua época, Montesquieu considera que esses dois regimes também se baseiam em outra característica, a extensão territorial do Estado. Nesses termos, as monarquias seriam adequadas para estados territorialmente grandes. As repúblicas, em função da exigência de participação local, seriam adequadas para estados pequenos. Os exemplos em que mirava, em sua época (início e meados do século XVIII), eram, respectivamente, a França e Veneza. Dissemos há pouco que a Revolução Americana causou profundo impacto sobre a política e sobre a imaginação política da Europa e das Américas. Pois bem, uma das ideias que a experiência concreta dos Estados Unidos trouxe foi a possibilidade de conjugar territorialmente países extensos com o republicanismo – invertendo e contradizendo, portanto, a associação proposta por Montesquieu. Essa compatibilização ocorreu por meio do federalismo, em que o país como um todo tem um governo central, responsável por alguns âmbitos (política internacional, defesa externa, comércio internacional, manutenção do valor da moeda, leis sobre determinadas matérias mais específicas), ao mesmo tempo em que as várias unidades políticas (os estados) têm grande autonomia política, econômica, administrativa e até jurídica. O país seria, na verdade, a reunião de entes mais ou menos autônomos. Em contraposição, no esquema de Montesquieu, as monarquias seriam necessariamente unitárias, ou seja, o rei governaria todo o território e as divisões administrativas teriam pouca autonomia, geridas por políticos indicados pelo próprio rei[74].

As ideias de Maquiavel e de Montesquieu nos dias atuais seriam classificadas como de teoria normativa, em razão de seu caráter mais filosófico. Todavia, é bastante fácil perceber suas preocupações descritivas e também operacionais para a pesquisa empírica. Mais uma possibilidade teórica que desejamos apresentar, por seu turno, é plenamente normativa. Embora possa ser empregada para pesquisas

---

74 Esses vários elementos da teoria de Montesquieu sobre a república são apresentados com detalhes em Bignotto (2010).

empíricas, o que lhe interessa acima de tudo é propor ideais para a condução da prática política. Trata-se da proposta da **liberdade republicana**, de Phillip Petit. Esse autor, de origem irlandesa, tem publicado extensamente nas últimas décadas, mas seu principal livro a respeito é *Republicanismo* (Pettit, 1999), em que propõe que o que há de específico na república é o tipo de liberdade que ela permite e que realiza. Essa liberdade, por sua vez, considera a **não dominação**. A não dominação de Pettit **não** consiste na negação do que discutimos na Seção 3.2.3, quando tratamos precisamente da dominação, juntamente com os conceitos de *legitimidade* e de *autoridade*; ela consiste na ausência de autonomia dos indivíduos para tomarem suas decisões e agirem livremente na sociedade e em relação ao Estado. Nesse sentido, Pettit não defende um Estado mínimo, que não interfira no âmbito privado dos indivíduos. Para ele, a interferência do Estado sempre acontece e é necessária. O que se deve evitar a todo custo é a **arbitrariedade** do poder, seja o poder do Estado sobre os indivíduos, seja o poder da sociedade civil sobre os indivíduos.

Não deixa de ser curioso, mesmo espantoso, que Pettit, ao definir dessa forma bastante específica o republicanismo, ainda que afirme inspirar-se em experiências históricas (como a da Roma antiga), defenda que sua proposta não estabelece nenhuma oposição entre república e monarquia. Em outras palavras, a república não constituiria um regime político e social, mas uma **prática** política. Assim, para ele, é perfeitamente viável falar-se em *monarquia republicana*.

Estendemo-nos um pouco sobre os conceitos de república porque, nas últimas décadas, ele tem sido objeto de grande atenção teórica. Vários pensadores e pesquisadores sugerem que o republicanismo é uma alternativa importante e possível ao (neo)liberalismo[75], da mesma forma que ao socialismo e algumas formas radicais de igualitarismo autoritário.

Logo após expormos algumas das características da monarquia, comentamos que, historicamente, dois regimes contrapuseram-se a ela. O primeiro é a república; o segundo é a **monarquia constitucional** – e é dela que trataremos agora. A monarquia constitucional surgiu na Inglaterra, em diversas etapas, como forma de ao mesmo tempo limitar o poder do rei e afirmar o poder da nobreza, a qual, por sua vez, reunia-se no parlamento. A monarquia constitucional consiste em uma forma de governo em que o rei governa, mas submete-se à autoridade do parlamento. Assim, evita-se a república (mantendo-se a monarquia) e, ao mesmo tempo, evita-se o poder absoluto do rei.

Se considerarmos a história da Inglaterra, veremos que, ao longo do século XVII, esse país passou por pelo menos três formas de governo: a monarquia absoluta, a república e a monarquia constitucional. Como se sabe, o absolutismo consiste na afirmação radical do poder do rei que, considerado o representante divino na Terra, é soberano sobre tudo e todos e prestaria contas apenas a Deus. Assim como a vontade divina, a vontade real é absoluta e não pode ser objeto de discussão nem, portanto, de objeção. Essa teoria do absolutismo foi defendida, por exemplo, pelo bispo francês Jacques Bossuet (1627-1704), no livro *A política extraída das sagradas escrituras* (1709)[76]. Apesar dessas concepções, o poder dos reis era limitado pelos usos e

---

75 *Além de Pettit, podemos citar, por exemplo, Skinner (1999), que afirma que o republicanismo é uma alternativa ao liberalismo ao mesmo tempo que, historicamente, o liberalismo surgiu com base no republicanismo, fundamentando-se em uma interpretação parcial dessa corrente de prática e pensamento político.*

76 *Embora as teorias absolutistas fossem mais comuns e facilmente defendidas em bases teológicas, também é possível encontrarmos um absolutismo secular, consistindo no Leviatã, de Hobbes.*

costumes de suas épocas e dos países que governavam; e as pretensões absolutas dos reis sofriam a resistência mais ou menos viva tanto de vários setores da sociedade civil quanto da nobreza[77].

Na Inglaterra do século XVII, vários problemas cruzavam-se: liberdade religiosa *versus* religião oficial de Estado obrigatória (católica ou anglicana); dominação nacional *versus* influência estrangeira (no caso da prevalência da religião católica); monarquia absoluta *versus* poder da nobreza (reunida no parlamento); poder da pequena nobreza (*gentry*) *versus* poder da grande nobreza e do rei. Nas décadas de 1630 e 1640, esses problemas cristalizaram-se na grande oposição entre, de um lado, a pequena nobreza defensora da liberdade religiosa e do poder do parlamento e, de outro lado, a monarquia absoluta com catolicismo oficial. Vimos anteriormente que essa oposição resultou em guerra civil, seguida do governo do parlamento, da decapitação do rei (o católico Carlos I) e, por fim, o governo de Oliver Cromwell, que manteve uma forma de república no seu Protetorado. Após a morte de Cromwell, a Inglaterra retornou à monarquia. Todavia, o novo rei (Carlos II) também apresentava tendências absolutistas, no que foi seguido por James II, seu irmão. A oposição ao absolutismo do católico de James, por sua vez, não resultou em guerra civil, mas em golpe de Estado, que se chamou de *Revolução Gloriosa* (1689), em que se mudou de dinastia reinante – assumiu o neerlandês protestante Guilherme III, da casa de Orange – e o poder do rei foi finalmente submetido ao poder do parlamento em definitivo.

Em termos jurídico-políticos, é interessante notarmos que a supremacia do parlamento ocorreu, também, com a aprovação em 1689 do *Bill of Rights*, ou *Carta de Direitos*, que estipulava que todas as

---

77 *Na França, por exemplo, Montesquieu foi um dos líderes da chamada reação feudal, que reafirmava o poder e os privilégios da nobreza face ao poder do rei.*

leis deveriam ser aprovadas pelo parlamento (ou seja, que não seria mais possível que os decretos reais não fossem submetidos ao crivo parlamentar) e que, além disso, a liberdade, a vida e a propriedade dos indivíduos seriam respeitados[78].

Um dos grandes teóricos da subordinação do poder do rei ao parlamento foi o filósofo e médico John Locke (1632-1704). Esse pensador também foi um dos pais do liberalismo político e um dos justificadores da monarquia constitucional, especialmente em suas obras *Dois tratados sobre o governo civil* (1690). Para Locke, o governo (ou o Estado) deve ser limitado, pois ele serve para **regular** relações sociais preexistentes ao próprio Estado e que são naturalmente pacíficas. Assim, o Estado não cria as relações sociais nem estabelece usos, costumes e parâmetros, mas apenas os consagra e evita que ocorram desvios ou exageros. De modo mais específico, para Locke o poder compete aos representantes do povo – para ele, a nobreza – e estes cedem o governo a um soberano. Ele justifica a subordinação e a prestação de contas do rei ao parlamento.

Além disso, em termos da estrutura estatal, Locke afirma que existem quatro poderes: o Legislativo, o Executivo, o Judiciário e o Federativo. O poder fundamental é o Legislativo, que enuncia as leis e que afirma os princípios gerais e as vontades que guiam o país; o Executivo simplesmente realiza esses princípios e vontade; o poder Federativo corresponderia apenas à representação internacional do país; e, por fim, o Poder Judiciário, para Locke, também seria exercido pelo Executivo.

---

78 *Em outro contexto, anterior, outro monarca inglês submeteu-se ao poder dos nobres, assinando para isso um documento que também se tornou famoso: trata-se da* Magna Carta, *assinada em 1215 por João I, ou João Sem Terra. De acordo com esse documento, o poder do rei não seria absoluto, pois nem poderia fazer qualquer coisa que quisesse, nem poderia desrespeitar a leis e os privilégios da nobreza.*

As ideias de Locke, é claro, pertencem ao âmbito da teoria política normativa (conforme vimos nas Seções 2.1.2 e 2.2.3). Elas propõem como a política **deve** organizar-se e realizar-se, não como de fato organiza-se e realiza-se. Como indicou Bobbio (1997), as propostas lockeanas consistiram em larga medida em justificativas *a posteriori* da sua ação política.

Em termos concretos, após a Revolução Gloriosa – durante o século XVIII e meados do século XIX –, o rei inglês permaneceu governando e manteve grande poder e capacidade de iniciativa, ainda que subordinado ao parlamento. Porém, cercado pelos seus auxiliares e assessores no gabinete, paulatinamente um desses assessores, isto é, um dos ministros passou a assumir maior poder, no sentido de coordenar seus colegas de gabinete e de representar a vontade do rei na proposição de medidas práticas e na articulação política: eis aí o desenvolvimento da figura do primeiro-ministro. No século XIX, entretanto, tal situação mudou, tanto no sentido de incremento de determinadas tendências quanto no sentido de surgimento de novos elementos sociais e políticos. Essas mudanças foram causadas, entre outros motivos, em razão do aumento das populações urbanas, em virtude do êxodo rural e da industrialização em curso, no contexto da Revolução Industrial. Em tal cenário, as pressões para que esses grupos sociais fossem incorporados aos processos políticos e, de modo mais específico, que tivessem alguma forma de representação aumentaram e resultaram na reforma eleitoral de 1832.

Em outras palavras, a despeito do fato de que eleições para os representantes locais ocorressem de maneira regular na Inglaterra havia muitos séculos, somente em meados do século XIX é que o corpo de eleitores aumentou dramaticamente, com a incorporação dos trabalhadores entre os cidadãos votantes, em razão da pressão das organizações proletárias e à atuação de nobres simpáticos a essa causa. Duas consequências decisivas dessa reforma foram a constituição dos partidos políticos coesos, no sentido que damos atualmente a essa expressão, e, antes, a atuação dos políticos eleitos passou a ter importância governativa decisiva, especialmente por meio da afirmação da figura do primeiro-ministro como governante efetivo do país. Nessa situação, tornou-se comum afirmar que "o rei reina mas não governa", ou seja, que ele cumpre algumas funções políticas, mantém o cargo de maneira honorífica e realiza certa supervisão sobre os negócios correntes, mas as decisões e a política cotidiana cabem ao primeiro-ministro, que é necessariamente um membro do parlamento.

Esse relato teórico e histórico serve para entendermos, por um lado, como a monarquia constitucional surgiu e justifica-se em oposição à monarquia absolutista e, por outro, permite-nos entender qual a diferença entre a monarquia constitucional e a monarquia parlamentarista propriamente dita. O Quadro 3.2, a seguir, apresenta essas diferenças.

Quadro 3.2 – Comparação entre tipos de monarquia

Tipo	Absolutista	Constitucional	Parlamentarista
Chefe de Estado	Rei	Rei	Rei
Chefe de governo	Rei	Rei	Primeiro-Ministro
Fonte do poder	Deus	Povo (nobreza)	Povo (nobreza e plebe)
Submissão ao parlamento	Não	Sim	Sim

3.3.2 Presidencialismo *versus* parlamentarismo

A seção anterior nos permitiu entender como se relacionam entre si república e monarquia, de um lado, e os diferentes tipos de monarquia, de outro. Em particular, é possível perceber que a monarquia parlamentarista deve sua origem ao aprofundamento do poder do parlamento e à subordinação contínua do rei ao parlamento. Fizemos referência às expressões *chefe de Estado* e *chefe de governo*. Em princípio, o primeiro cumpre funções cerimoniais como representante da nação, interna e externamente, além de eventualmente deter algumas prerrogativas a respeito do funcionamento do sistema político interno. O chefe de governo, por seu turno, é o governamente propriamente dito, isto é, quem toma as grandes decisões da política nacional. Essa divisão é um dos elementos fundamentais para entender-se as diferenças entre o presidencialismo e o parlamentarismo.

Em primeiro lugar, é necessário notar que o **presidencialismo** só pode existir em repúblicas. Já o **parlamentarismo** evidentemente pode ocorrer em monarquias (ele surgiu em uma, afinal de contas), mas também em repúblicas: neste último caso, a figura do monarca é substituída pela do presidente da República. Em segundo lugar, no presidencialismo, o presidente da República é tanto o representante da nação como um todo – ou seja, é o chefe de Estado – quanto é o governante propriamente dito, ou seja, é o chefe de governo. No parlamentarismo, a chefia do Estado cabe ao presidente da República, ao passo que o comando do governo cabe ao primeiro-ministro[79].

É necessário agora considerarmos a chamada *Teoria dos Três Poderes*. Embora John Locke tenha elaborado um esquema semelhante,

---

79 *Em alguns países, o primeiro-ministro também é chamado de* premiê *(aportuguesamento de* premier, *que é utilizado na França, na Itália e em outros países) ou de* chanceler *(como na Alemanha).*

ele estava mais preocupado com a submissão do poder do rei ao parlamento que com teorias de caráter geral. Assim, foi Montesquieu quem propôs de maneira mais sistemática os três poderes – Executivo, Legislativo e Judiciário – e, mais do que isso, afirmou que eles devem manter entre si relações ao mesmo tempo de independência e de harmonia, além de controle mútuo. De acordo com essa teoria, o Poder Legislativo representa a vontade popular existente de acordo com as leis naturais e, com base nisso, dá a conhecer tal vontade na forma das leis escritas (ou leis positivas). Na sequência, o Poder Executivo realiza tais leis e vontades. Por fim, o Poder Judiciário verifica se as realizações correspondem às leis. Esse esquema também dá a primazia política ao Poder Legislativo, embora reconheça certo papel governativo para o Executivo.

De qualquer maneira, é necessário notarmos que o enunciado de poderes "independentes, harmônicos e vigilantes" pode resultar em interpretações bastante diversas entre si, mesmo contraditórias, pois a ênfase pode recair no "harmônicos" ou no "independentes", ou mesmo no "vigilantes". A questão é determinar se as ações de um poder podem interferir no funcionamento do outro ou se é necessário que os chefes de cada um dos poderes entrem em acordo para evitar intromissões consideradas indevidas. Esse aspecto específico de sua teoria não foi percebido por Montesquieu. Somente com os esforços feitos no decorrer do tempo para pô-la em prática é que se percebeu a possível contradição entre os predicados da separação entre os poderes.

Dito isso, é possível definir o presidencialismo e o parlamentarismo em função da **relação entre os poderes** (cf. Beyme, 2001). Deixando de lado o Judiciário – que, de qualquer maneira, é entendido como independente dos outros dois poderes –, no presidencialismo os poderes Executivo e Legislativo estão claramente separados e no parlamentarismo estão unidos. Essas definições são bastante gerais. Cada país tem inúmeras particularidades nessas relações, por exemplo, qual poder tem a iniciativa de propor leis sobre o orçamento público (o parlamento ou o governo)? Qual o processo para definição do chefe de governo (voto direto, voto indireto, qualquer indivíduo determinado, o parlamentar chefe do partido majoritário, o parlamentar mais votado do partido majoritário etc.)? Qual o mandato dos membros dos poderes (coincidentes ou não, mandatos independentes ou não)[80]?

Ao menos no âmbito teórico, as diferentes origens da chefia de Estado e, ainda mais, da chefia de governo conferem diferentes fontes de legitimação para esses cargos, tanto no presidencialismo quanto no parlamentarismo. Isso nos conduz também a outro aspecto da vida político-institucional, que é a *accountability*. Ela consiste na prestação **política** de contas, isto é, corresponde à avaliação sobre se um político cumpre o que promete, se as ações (ou omissões) por ele praticadas são realizadas conforme a lei, se são adequadas, corretas, justas etc. A literatura indica a existência de três tipos de *accountability*: a vertical, a horizontal e a social.

A **vertical** corresponde à supervisão hierárquica em instituições quaisquer, em que o titular de um cargo superior fiscaliza a atuação do titular de um cargo inferior. A **horizontal** corresponde à fiscalização realizada por diferentes instituições entre si, em que não

---

[80] *No caso do Brasil, considerando o nível federal, essas perguntas têm as seguintes respostas: o Poder Executivo tem a iniciativa do orçamento, embora ele tenha de ser votado pelo Congresso Nacional e, dessa forma, o parlamento pode incluir emendas ao orçamento (ou seja, incluir despesas consideradas importantes pelos parlamentares). O chefe de governo – o presidente da República – pode ser qualquer cidadão filiado a partido político e é eleito por voto direto, em um ou dois turnos. O presidente da República e os deputados federais têm mandatos fixos e coincidentes, já os senadores têm mandatos de oito anos, com renovação parcial do Senado Federal a cada quatro anos.*

há propriamente relações hierárquicas entre elas. Um exemplo é a feita pelo Tribunal de Contas da União sobre os diversos órgãos do Poder Executivo. Tanto a *accountability* horizontal quanto a vertical preveem punições institucionais de variados tipos para o caso de desrespeito à lei e aos parâmetros julgados adequados e corretos para a vida política, como multas, prisão, cassação dos direitos políticos e assim por diante. Por fim, a **social** é a realizada pela sociedade civil sobre os diversos órgãos públicos (e mesmo privados) e, ao menos em princípio, utiliza-se da opinião pública para exercer pressão sobre os agentes e órgãos públicos para correção e manutenção dos parâmetros considerados ideais para a vida pública[81].

Nesses termos, no presidencialismo, como o chefe de governo, de modo geral, é eleito pelo voto direto, considera-se que o presidente da República deve satisfações diretamente ao povo – de acordo com os críticos do presidencialismo, isso corresponderia à inexistência de mecanismos institucionais de *accountability*, de tal sorte que o presidencialismo poderia com facilidade recair em formas de democracia plebiscitária, eventualmente antidemocráticas. O que seriam essas democracias plebiscitárias? Seriam ambientes político-institucionais (e, no limite, sistemas políticos) caracterizados por forte personalização política, em que um líder carismático poderia conduzir sua agenda política desconsiderando as instituições. Por outro lado, os defensores do presidencialismo argumentam que, de qualquer maneira, todos os políticos devem satisfações ao povo, sejam os deputados do parlamento, seja o presidente da República, o que ocorre pelo menos por meio do voto. Além disso, o presidente sempre tem de negociar com outros órgãos e instituições suas políticas e suas

---

[81] *Uma revisão ampla da literatura sobre esses tipos de prestação de contas pode ser lida em Horochovski (2013).*

propostas, assim como tem de levar em consideração a sociedade civil e a opinião pública.

No parlamentarismo, como o chefe do governo surge do parlamento, sua legitimidade proviria não apenas do voto popular, mas também de sua relação com o Poder Legislativo. Dessa forma, a subordinação ao parlamento seria o mecanismo fundamental de controle e fiscalização do primeiro-ministro e, nesse sentido, a *accountability* seria de tipo vertical[82]. Os críticos do parlamentarismo consideram que tal subordinação do primeiro-ministro ao parlamento nem sempre ocorre (e, na verdade, o que ocorreria seria o contrário) e, além disso, que para o primeiro-ministro obter legitimidade e manter-se no cargo de chefe do governo ele necessita fazer acordos parciais com os parlamentares, o que favorece os interesses particularistas e daninhos ao bem comum. Já os defensores do parlamentarismo afirmam que a disciplina partidária no âmbito do parlamento é um mecanismo eficiente para evitar que as negociações entre o primeiro-ministro e os parlamentares degradem-se no sentido de particularismos e que, por outro lado, face à possibilidade de dissolução do parlamento, o sucesso do programa de caráter geral do primeiro-ministro é a maior garantia de apoio a esse programa.

Outra variável na discussão sobre presidencialismo e parlamentarismo, que modifica bastante não apenas as relações entre os poderes, mas também a própria composição dos poderes, em particular do Legislativo, é a seguinte: o país é unitário ou federativo? Um **país unitário** é aquele que se organiza em um único nível administrativo, ou seja, o governo central controla o país inteiro. Os níveis

---

[82] Como no parlamentarismo o chefe de Estado – seja o presidente da República, seja o rei – exerce, na maioria das vezes, apenas funções honoríficas, não o consideraremos nestas reflexões.

político-administrativos inferiores não têm muita autonomia face ao poder central, exceto nas questões prosaicas, do dia a dia (a Inglaterra é um exemplo de país unitário). Já o **país federativo** é aquele em que há **pelo menos** dois níveis de organização político-administrativa, o nacional (ou federal) e o estadual (ou provincial, ou cantonal, ou regional). Cada um desses níveis têm sua vida política relativamente autônoma em relação ao outro, bem como existe uma divisão de responsabilidades entre si – em que, por exemplo, um nível é responsável pela manutenção do valor da moeda e outro nível é responsável pela definição e implementação de políticas de educação (o Brasil e, muito mais, os Estados Unidos são países federativos[83]).

Como é que o caráter federal ou unitário de um país afeta as relações entre os poderes? Em primeiro lugar, vimos que pode haver uma **divisão de tarefas** entre os níveis administrativos, no caso do país federal; se mais temas são divididos rigidamente entre os entes federativos, a quantidade de matérias de que o Poder Executivo Federal pode tratar diminui e, portanto, também diminuem as possibilidades de choque entre esse poder e o Legislativo.

Outra possibilidade consiste no seguinte: países unitários têm maior facilidade para seguirem o modelo de constitucionalidade garantida pela legislatura, ou seja, em que é a ação do parlamento,

---

[83] *No caso do Brasil, como se sabe, seu caráter federativo é ampliado, na medida em que temos não apenas dois, mas* **três** *níveis administrativos, chamados de* entes federativos: *a União, os estados e os municípios. Todavia, esse caráter federal tem variado bastante no decorrer do tempo: enquanto o Império era unitário, a I República (1889-1930) era fortemente federativa e descentralizada; a Era Vargas (1930-1964) caracterizou-se inicialmente pela conjugação entre federalismo e unitarismo para, depois (a partir de 1937), ser bastante unitária; por fim, após 1946, o país voltou a conjugar federalismo com unitarismo em diferentes graus. A Constituição Federal de 1988 consagrou um forte federalismo no caso das políticas públicas, embora de 1988 para cá esteja ocorrendo uma concentração (especialmente fiscal) na União, relativamente aos estados e municípios.*

como órgão de representação e de criação de leis, que assegura que as leis promulgadas são constitucionais. Países federativos têm no Poder Judiciário e, em particular, na cúpula do Judiciário um órgão que faz a revisão constitucional, isto é, que decidem conflitos a respeito da legalidade de determinadas leis.

Mais uma possibilidade diz respeito aos critérios de representação, especialmente para o Poder Legislativo. Em princípio, países unitários têm parlamentos unicamerais, isto é, compostos por um único órgão (a Câmara dos Deputados), ao passo que países federais costumam ter dois órgãos, ou melhor, duas casas legislativas (Câmara dos Deputados e Senado), em que uma representa a pluralidade de opiniões e perspectivas presente na sociedade e a outra representa cada um dos entes federados. A existência de duas casas legislativas é especialmente importante em países caracterizados por fortes clivagens sociais (étnicas, linguísticas, geográficas, religiosas etc.). Por outro lado, há países sem essas grandes clivagens sociais ou países unitários que, mesmo assim, contam com duas casas legislativas. Tanto a França quanto a Inglaterra apresentam essas características (unitarismo e relativa homogeneidade social), mas a França tem Câmara e Senado como forma de dividir o poder e uma casa servir de contrapeso à outra e, no caso da Inglaterra, os nomes das suas duas casas – Câmara Baixa ou dos Comuns e Câmara Alta ou dos Lordes – indicam suas origens sociais.

Dito isso, convém precisar um pouco o **funcionamento do parlamentarismo**. Consideremos o caso britânico, por ele ser exemplar, isto é, servir de exemplo. Nele, em cada eleição legislativa, os eleitores votam em distritos eleitorais em um candidato por partido. Seguindo várias regras técnicas, um partido pode ter maioria dos assentos no parlamento. O partido que tem maioria simples obtém o controle do parlamento e, portanto, a chefia do governo. Além disso, o líder de cada partido também concorre e, caso sua chapa seja eleita, o líder do partido vencedor torna-se o chefe do gabinete, ou seja, o primeiro-ministro.

O chefe do governo, portanto, sai diretamente do parlamento. Entretanto, por outro lado, o primeiro-ministro impõe uma forte disciplina partidária (ao condicionar a distribuição de prebendas aos deputados ao sucesso do seu governo). Dessa forma, diz-se que, embora seja originário do parlamento, é o primeiro-ministro quem controla o parlamento[84] e, nesses termos, não há divisão entre os poderes Executivo e Legislativo, mas fusão de ambos. Esse sistema é o chamado *modelo (de) Westminster*, em virtude de que a sede do parlamento britânico é justamente o Palácio de Westminster. Como ele consiste em um modelo do tipo *the winner takes all* ("o vencedor leva tudo", em inglês), isto é, em que o partido que obtém a maioria simples torna-se o partido governante, ele é chamado por Lijphart (2003) de *modelo majoritário*[85].

---

84 Evidentemente, no caso inglês a palavra parlamento *refere-se à Câmara Baixa. Além disso, a literatura de modo geral observa que a disciplina partidária é possível, ou é fortalecida, pelo sistema de bipartidarismo, ou seja, pela existência de dois grandes partidos que polarizam as discussões e os votos.*

85 *É interessante notar que Lijphart denomina de* modelo majoritário *não o modelo* **parlamentarista** *de tipo Westminster, mas inclui aí todos os presidencialismos. Nesse sentido, a oposição que ele propõe não é entre presidencialismo e parlamentarismo, mas entre democracias majoritárias e democracias consensuais (nas quais o governo é formado com base em composições políticas proporcionais ao peso de cada grupo político presente no parlamento).*

Elemento também importante do parlamentarismo, que muitos de seus defensores enfatizam ao contrapô-lo ao presidencialismo, é a **possibilidade de dissolução** do parlamento, com a consequente realização de novas eleições parlamentares e, assim, da formação de um novo gabinete governativo. A dissolução do parlamento pode ocorrer em diversas situações e por iniciativa de diversos agentes políticos, dependendo de cada país. Um instrumento básico das oposições é o voto de desconfiança: caso um primeiro-ministro esteja conduzindo uma política que é particularmente impopular (seja entre a população de modo geral, seja no próprio parlamento), a oposição pode requerer um voto de desconfiança, ou seja, uma votação em que o primeiro-ministro avaliado tem de obter votos suficientes de apoio a si; caso perca, são convocadas novas eleições. Na verdade, o primeiro-ministro pode convocar novas eleições mesmo sem o voto de desconfiança, caso sinta que lhe falta o apoio entre os parlamentares. Além desse procedimento, por assim dizer, intraparlamentar, também é possível que o chefe de Estado detenha o poder de dissolução do parlamento, em casos em que há impasse político-administrativo.

Sem entrarmos em detalhes a respeito dos vários tipos de parlamentarismo, convém citar um caso particular, que fica por assim dizer a meio caminho entre o parlamentarismo e o presidencialismo. Trata-se do que se chama de *semipresidencialismo francês*. Essa forma de governo consiste em que o presidente da República e o primeiro-ministro têm ambos suas fontes de legitimidade – no primeiro caso, o voto direto; no segundo caso, a origem no parlamento –, mas o presidente, como chefe do Estado, não é apenas uma figura mais ou menos decorativa e honorífica, mas um formulador de políticas e um agente político com poder de agenda, isto é, com capacidade de decidir os temas que devem ser votados no parlamento. Ao mesmo tempo, o primeiro-ministro também tem suas responsabilidades governativas, que são divididas ou compartilhadas com o presidente. De modo geral, tanto o presidente quanto o primeiro-ministro são do mesmo partido, de modo que os conflitos são minorados. Contudo, em diversos momentos, ocorreu a chamada *coabitação*, em que, além de serem de partidos diferentes, presidente e primeiro-ministro eram rivais políticos.

No que se refere especificamente ao **presidencialismo**, como vimos há **separação entre os poderes**. O poder de agenda cabe ao presidente da República e o parlamento realiza a fiscalização das ações do Poder Executivo. Dependendo do país, as possibilidades de fiscalização e de controle do Executivo pelo Legislativo são maiores ou menores. De modo geral, esses controles realizam-se pela votação do orçamento da União, pela verificação de sua implementação e também pela existência de comissões temáticas, que examinam a conduta governamental nos assuntos que lhes dizem respeito. Os mandatos dos poderes têm durações fixas e são independentes um do outro. Por vezes há coincidência temporal (isto é, em que os mandatos do presidente e do parlamento começam e terminam ao mesmo tempo), mas isso não é necessário. Por fim, como decorrência da fixidez dos mandatos, o presidente não pode ser removido de seu cargo, tendo em vista crises políticas ou imobilismo operacional, exceto em casos de responsabilização jurídico-política, por meio do instrumento do impedimento (*impeachment*)[86].

---

86 Em alguns estados dos Estados Unidos, como a Califórnia, também existe o recall, que é uma eleição feita no meio do mandato do Poder Executivo para confirmação desse mandato (isto é, para os eleitores confirmarem que o eleito deve continuar governando). É claro que, na prática, a realização do recall equivale a um voto de desconfiança.

> É importante lembrarmos que a contraposição entre presidencialismo e parlamentarismo é relevante não apenas em virtude de ser uma das variáveis de análise e de comparação entre os regimes políticos, mas também porque, como notamos antes, no Brasil esses dois regimes já foram objeto de discussão em pelo menos dois momentos nas últimas décadas, sendo decididos por meio de plebiscito – em 1963 e em 1993, em ambas as ocasiões, pelo presidencialismo.

Da mesma forma, a despeito de a decisão mais recente, obedecer a uma orientação constitucional prevista no ADCT da Constituição Federal de 1988 – e, nesse sentido, sendo um tema que não admitiria mais discussão –, recentemente um presidente da Câmara dos Deputados, o Deputado Eduardo Cunha, do Partido do Movimento Democrático Brasileiro (PMDB) do Rio de Janeiro, sugeriu uma nova emenda constitucional em favor do parlamentarismo (Sadi; Boghossian, 2015). Assim, essa discussão mostra-se atual[87].

No Quadro 3.3, a seguir, sumariamos algumas das características do presidencialismo e do parlamentarismo.

Quadro 3.3 – Comparação entre presidencialismo e parlamentarismo[1]

Característica	Presidencialismo	Parlamentarismo
Chefe de Estado	Presidente	Presidente
Chefe de governo	Presidente	Primeiro-Ministro
Fonte de legitimação	Povo	Parlamento

(continua)

---

87 *Na época do plebiscito brasileiro de 1993, a respeito das oposições entre república e monarquia, de um lado, e entre presidencialismo e parlamentarismo, de outro, publicou-se bastantes livros a respeito de cada uma das propostas. No que se refere a presidencialismo e parlamentarismo, Figueiredo e Figueiredo (1993) realizam uma apresentação bastante didática do conjunto das questões envolvidas; Rodrigues (1993) apresenta uma coletânea em favor do presidencialismo e, por fim, Lamounier (1991) apresenta uma coletânea em favor do parlamentarismo.*

(Quadro 3.3 – conclusão)

Característica	Presidencialismo	Parlamentarismo
Relação com o parlamento	Poderes separados	Subordinação
Mandato	Fixo	Em princípio, fixo
Accountabilities básicas	Horizontal e social	Vertical e horizontal
Remoção do poder	Difícil, via impedimento	Menos difícil, via voto de desconfiança ou dissolução do parlamento[2]

Notas:

[1] Como a presente comparação é entre presidencialismo e parlamentarismo, as instituições do parlamentarismo considerarão uma república, não uma monarquia, a fim de poder-se fazer um paralelo mais adequado com o presidencialismo.

[2] Usamos a expressão *menos difícil* para indicar que a saída do primeiro-ministro do poder é mais simples e mais fácil que a do presidente da República. Por outro lado, se usássemos a palavra *fácil* no quadro acima, poderíamos passar uma impressão equivocada, no sentido de que essa saída do poder é algo banal e corriqueiro.

Para encerrarmos esta seção, abordaremos um tema que muda um pouco o tipo de questão que temos discutido neste livro: trata-se do **presidencialismo de coalizão**. Esse tema tem um caráter bem menos abstrato do que os outros que temos abordado, além disso, ele é mais ou menos específico do Brasil – e, por esses motivos, destoa do conjunto desta obra. Todavia, em virtude de sua importância prática e teórica, julgamos ser necessário pelo menos apresentarmos alguns de seus elementos principais.

A ideia do presidencialismo de coalizão foi proposta pelo cientista político Sérgio Abranches, em 1988, em um ensaio intitulado "Presidencialismo de coalizão: o dilema institucional brasileiro". O que o autor enfatizava é que o Brasil seria o único país do mundo que combinaria presidencialismo com multipartidarismo e com voto nominal de lista aberta. O voto nominal de lista aberta consiste em que cada eleitor vota no candidato a deputado federal que julgar mais adequado; são eleitos os candidatos que obtiverem mais votos, considerando a proporção de votos entre os diversos partidos ou coligações. Em contraposição a esse modelo, há o voto de lista fechada, em que cada partido define previamente a relação de candidatos e a ordem em que eles serão eleitos[88]. Além disso, em cada circunscrição eleitoral – no caso, em cada estado brasileiro –, há uma pluralidade de candidatos concorrendo entre si, a serem eleitos pela regra proporcional, em vez de apenas poucos candidatos a serem eleitos pela regra majoritária[89].

Enfim, para Abranches (1988), esse conjunto de regras eleitorais e instituições resultaria em que o sistema partidário brasileiro seria bastante pulverizado, com alguns partidos grandes e uma grande quantidade de partidos médios ou pequenos. Os partidos grandes seriam programáticos ou pragmáticos – isto é, respectivamente, respeitariam os programas partidários ou estariam mais preocupados em obter o poder e as benesses daí advindas –, mas entre as siglas pequenas haveria muitas que seriam "de aluguel", isto é, partidos sem grande inserção social, sem programas definidos e que serviriam apenas de plataforma mais ou menos personalista para políticos de projeção (os notáveis ou os líderes carismáticos). Esse quadro partidário pulverizado contrapor-se-ia a uma situação entendida como ideal para o presidencialismo (e mesmo para o parlamentarismo), a

---

88 *A bem da verdade, há inúmeros outros modelos, mas apresentamos apenas o de lista fechada para evidenciar a particularidade do voto nominal de lista aberta, característico do Brasil. Para exposições didáticas sobre os vários modelos eleitorais, confira Tavares (1994) e Nicolau (2011).*

89 *O sistema proporcional é o já indicado, segundo o qual os candidatos são eleitos não simplesmente de acordo com os votos que recebem, mas de acordo com a votação proporcional que seu partido ou sua coligação recebeu. O sistema majoritário é aquele em que o candidato mais votado obtém a vaga.*

do **bipartidarismo**, isto é, a da existência de dois partidos efetivos, estruturados e representativos das grandes clivagens político-sociais, cada um dos quais daria a sustentação política para o presidente da República no parlamento.

Nesses termos, de acordo com Abranches (1988), no Brasil, em vez de o presidente ter o apoio no Congresso Nacional de um partido majoritário unido e comprometido com seu programa de governo, ele teria de negociar com uma quantidade grande de partidos, trocando o apoio a seu programa por benefícios, a maior deles paroquialistas. Essa dependência do Poder Executivo em relação aos interesses mesquinhos seria sistemática e tornaria o presidente um verdadeiro refém do paroquialismo, com os vários resultados daí advindos: o país não seria governado, os recursos públicos seriam dissipados e o sistema político como um todo ficaria desmoralizado. Em outras palavras, na avaliação de Abranches (1988), o presidencialismo de coalizão, característico do Brasil, tornaria o país ingovernável e conduziria ao desastre.

Por outro lado, em 1999, Figueiredo e Limongi publicaram um livro intitulado *Executivo e Legislativo na nova ordem constitucional* (Figueiredo; Limongi, 2001), reunindo uma série de pesquisas e estudos anteriores, em que punham à prova os vários elementos do presidencialismo de coalizão[90]. Entre outros aspectos, os autores procuraram determinar se de fato o presidente da República fica à mercê dos interesses particularistas de uma Câmara dos Deputados fragmentada e, assim, se seriam incapazes de implementar uma agenda própria.

---

90 *O essencial dessas conclusões está em Limongi (2006).*

Adotando como instrumento de pesquisa as votações nominais[91] de diversas matérias durante alguns anos, os autores descobriram inúmeros fatos: (1) a maior parte das matérias votadas tinha origem no Poder Executivo, ou seja, obedeciam à agenda do presidente da República; (2) na maior parte das votações, os deputados votaram favoravelmente às intenções do Poder Executivo; (3) os partidos políticos mantêm um grau considerável de coesão e de disciplina interna; (4) uma forma razoavelmente boa de determinar, ou melhor, de predizer o resultado de cada votação é saber qual a posição do líder partidário a respeito. Em outras palavras, Figueiredo e Limongi (2001) chegaram à conclusão de que o presidente da República não é refém dos interesses particularistas de uma Câmara dos Deputados pulverizada, mas, bem ao contrário, ele pode contar com o apoio de uma base política fiel para a aprovação dos temas que lhe interessam.

Quais os mecanismos específicos para isso? Em primeiro lugar, a maior parte das decisões da Câmara dos Deputados é tomada no colégio de líderes, que é uma instância formal do parlamento e que, precisamente, reúne os líderes partidários. Como os líderes representam seus partidos e suas decisões são consideradas como representativas de suas respectivas bancadas, em inúmeros temas, a decisão dos líderes substitui a decisão formal em plenário. Em segundo lugar, a Constituição Federal de 1988 garantiu ao presidente da República uma série de dispositivos e poderes específicos, entre os quais a medida provisória (MP), a qual tem força de lei com efeito imediato, mas tem o prazo de 30 dias para ser examinada pelo Congresso Nacional; caso não seja examinada e aprovada, ela caduca, ou seja, perde seu efeito. Contudo, a caducidade de uma MP não anula os

---

91 Ou seja, as votações em que cada deputado tem de manifestar expressamente sua posição – favorável, contrária ou abstêmia – a respeito da matéria votada.

efeitos concretos que ela gerou durante sua vigência, de tal sorte que há um custo político, social e até jurídico para o Congresso Nacional caso as MPs sejam rejeitadas[92]. Em terceiro lugar, o presidente da República utiliza os ministérios e os cargos à sua disposição (dos vários escalões) como forma de distribuir o poder de acordo com a importância política relativa dos partidos da coalizão de apoio, ou seja, partidos de sua base que contam com mais deputados tornam-se responsáveis por mais ministérios e cargos ou por ministérios e cargos julgados mais importantes; partidos com menos deputados recebem menos ministérios e cargos – e assim por diante[93]. Em quarto lugar, embora seja verdade que o Poder Executivo tenha de negociar cargos, benesses e apoios com os deputados em troca do apoio dos últimos às propostas do presidente e que, uma vez dado o voto favorável ao Poder Executivo, o deputado tem um incentivo para cobrar mais uma nova benesse, também é verdade que os deputados beneficiados por um apadrinhamento, por uma obra, por um cargo específico dependem da boa vontade do Poder Executivo para continuarem a ser beneficiados. Ou seja, assim como os deputados têm incentivos para pedirem mais e mais favores do Poder Executivo, o próprio Poder Executivo detém os mecanismos para regular e até impedir o aumento das cobranças.

Nesses termos, o presidencialismo de coalizão não seria uma forma de governo excepcional, específica apenas do Brasil e tendente ao desastre. Bem ao contrário, ele consistiria em um regime estável, passível de predições razoáveis e que permite ao presidente da

---

92 *Além disso, o Poder Executivo tem o poder de reeditar continuamente as MPs, mantendo os seus efeitos no decorrer do tempo.*

93 *O Poder Executivo, no Brasil, controla a nomeação de dezenas de milhares de cargos de confiança na sua estrutura direta, nas autarquias, nas fundações, nas empresas públicas e nas empresas de economia mista.*

República implementar uma agenda de caráter geral em vez de uma tendente ao paroquialismo. Por outro lado, o multipartidarismo brasileiro não impediria essas características, ao mesmo tempo que, bem ou mal, permite ao Congresso Nacional – especificamente à Câmara dos Deputados – uma ampla representatividade dos interesses e das perspectivas da sociedade brasileira.

Caso façamos o exercício de avaliar se as discussões sobre república e monarquia, de um lado, e presidencialismo e parlamentarismo, de outro, são abrangidas pela ciência política ou pela sociologia política, podemos considerar o seguinte: o funcionamento interno desses regimes políticos, evidentemente, pertence à ciência política, na medida em que são mobilizadas apenas variáveis políticas. Porém, o estudo de como um país qualquer chegou a tornar-se monárquico ou republicano, ou presidencialista ou parlamentarista, pode exigir a consideração de variáveis sociais mais amplas, como as divisões sociais, os padrões culturais e assim por diante.

(3.4)
REGIMES POLÍTICOS

No início da seção anterior comentamos que a expressão *regime político* padece de um problema conceitual, ao referir-se a várias realidades possíveis. Ela pode indicar tanto um macro-ordenamento social e político quanto pode referir-se, de modo mais específico, à forma como o Estado se organiza (e, claro, também pode considerar conceitos intermediários entre essas possibilidades). Esse foi um dos motivos por que usamos sem grande preocupação a palavra *regimes* para tratar das oposições república-monarquia e presidencialismo-parlamentarismo.

Pois bem: nesta seção, examinaremos o que se denomina atualmente, de modo um pouco mais específico, de *regime político*, ou seja, as grandes configurações sociais e políticas características de cada sociedade. De modo mais específico, consideraremos a democracia, em contraposição ao autoritarismo e também ao totalitarismo. Começaremos esta discussão com o conceito de *democracia*, seja porque é o mais importante, seja porque também é o mais extenso da presente seção. Em seguida, trataremos do conceito de *totalitarismo*, pois ele é relativamente fácil de ser caracterizado e pode ser entendido como o oposto da democracia. Por fim, discutiremos o conceito de *autoritarismo*.

3.4.1 Democracia

A primeira observação que devemos fazer ao tratarmos da democracia é que essa palavra não é unívoca, isto é, ela corresponde a um sem-número de possibilidades. Essas possibilidades, por sua vez, referem-se a diferentes âmbitos, isto é, tanto podem referir-se a questões puramente normativas – o que é uma **verdadeira** democracia – quanto a questões de avaliação empírica – o **quão** democrático é determinado regime –, passando também pelas avaliações intermediárias – em que medida determinados regimes aproximam-se de ideias específicas de democracia. Assim, a democracia como regime político traz para o primeiro plano o tema das relações entre teorias normativas e teorias empíricas, ao mesmo tempo em que, como se percebe, ela apresenta-se como um grande, mas interessante, problema teórico e prático.

Em face dessa diversidade analítica, faremos algumas escolhas na presente seção, no sentido de que não poderemos abordar todas as possibilidades existentes de democracias. A despeito disso, é interessante indicarmos o que a literatura tem apresentado como os principais tipos de democracia, sejam os normativos, sejam os mais empíricos. O livro de Held (1987), *Modelos de democracia*, é um guia interessante nesse sentido. Esse autor propôs a existência histórica das seguintes variedades democráticas, entre outras:

- modelo clássico (ateniense);
- democracia protetora;
- democracia desenvolvimentista;
- elitismo competitivo e
- democracia participativa.

Esses modelos corresponderiam a uma sequência cronológica, mas não somente isso, pois eles mais ou menos coexistem atualmente na forma de propostas políticas e de referências teóricas. O modelo clássico corresponderia à realidade vivida na Grécia antiga, em particular na Atenas do tempo de Péricles, a que já fizemos referência algumas vezes neste livro (Seções 1.1.1, 3.1.6 e 3.2.4). Seria uma democracia caracterizada pelo debate público, livre e igualitário entre os cidadãos da pólis. Esses debates ocorreriam em praça pública, com a reunião, se não de todos os cidadãos, pelo menos do máximo possível deles (o que, na Atenas antiga, corresponderia a alguma coisa como quatro ou cinco mil indivíduos em um total de cerca de 15 mil).

Figura 3.13 – Rousseau
André Müller

Com base nesse modelo, o filósofo genebrino Jean-Jacques Rousseau (1712-1778) propôs, no livro *O contrato social* (1762), que uma sociedade verdadeiramente livre apenas poderia ser uma democrática. Mas como ela organizar-se-ia? Escrevendo no século XVIII, Rousseau propôs a figura do *contrato social*, isto é, um acordo originário realizado por indivíduos livres e iguais entre si para escaparem das agruras do estado de natureza (que, como Hobbes, também Rousseau considerava que era um estado de guerra generalizado). Por meio do contrato social, os indivíduos constituiriam a **vontade geral**, que, por sua vez, seria a verdadeira soberana da nova comunidade política. Essa vontade seria una, indivisível, instransferível, inalienável, infalível e onipotente[94], mas não poderia confundir-se com a **vontade comum**, isto é, com a reunião das vontades particulares dos indivíduos.

Embora a diferença entre vontade geral e vontade comum seja motivo de controvérsia entre os pesquisadores do pensamento de Rousseau – pois o próprio autor não foi muito claro a respeito –, vários teóricos (entre os quais David Held) consideram que a vontade geral corresponderia ao bem comum, isto é, àquilo que beneficiaria todos os indivíduos como coletividade. Embora para Rousseau a soberania não seja transferível nem divisível, ela exige um grupo de indivíduos que seja capaz de colocá-la em prática. Esse corpo seria, evidentemente, o **Estado**. Além disso, a manifestação escrita da vontade geral dependeria de um **legislador** com características excepcionais, quase míticas, capaz de corporificar, em um texto escrito, a vontade coletiva. Por fim, para garantir que os cidadãos busquem sempre o bem comum,

---

94 *Essas características significam o seguinte: "Una" corresponde a que a vontade geral é um órgão só, isto é, não tem partes, pedaços ou divisões internas. Por esse mesmo motivo, ela é "indivisível", ou seja, ela não pode ser cindida. Isso equivale a dizer que não seria possível, por exemplo, estabelecer duas instituições, cada uma responsável por parte da soberania. O "intransferível" quer dizer que não é possível a um povo transferir sua soberania para outro povo, o que se aproxima da ideia de "inalienável", que corresponde a que um povo não pode abrir mão de sua soberania. O "infalível" significa que a vontade geral nunca erra e o "onipotente" indica que ela pode fazer qualquer coisa.*

Rousseau considera necessária a instituição de uma **religião civil**, isto é, de algumas crenças de caráter obrigatório para a cidadania.

Entre a realidade da Atenas antiga e o modelo de Rousseau há elementos de proximidade e outros de distanciamento. Por um lado, a vida política grega precedeu sua teorização (ocorrida, por exemplo, nos livros de Aristóteles), ao passo que a proposta de Rousseau visa influenciar *a priori* a realidade, sendo bem mais um modelo puramente teórico. Em segundo lugar, os gregos atribuíam grande importância ao debate livre das ideias e consideravam que, com base em e por meio desse debate, poderiam encontrar as soluções para seus desafios. Para Rousseau, embora a figura do debate não esteja propriamente ausente, também não está evidentemente presente, pois seu verdadeiro agente é a vontade geral, surgida por meio da reunião do povo ao estabelecer o contrato social. A figura do legislador heróico, por outro lado, é um ponto de convergência entre as ideias gregas e a de Rousseau; da mesma forma, embora na Grécia antiga (e em Atenas, em particular) não fosse obrigatória a crença nos deuses, certamente o desrespeito e o desconsiderar a essas crenças era motivo de exclusão da pólis, mesmo de pena capital[95]. Por fim, considera-se que, a despeito das ambiguidades concernentes à relação entre a vontade geral e os indivíduos, o modelo rousseauniano de democracia seria um modelo de democracia direta, isto é, uma democracia em que os próprios cidadãos deliberam a respeito dos temas que lhes dizem respeito. Isso ocorreria em virtude do caráter intransferível e inalienável da democracia de Rousseau.

---

95 *Talvez a ilustração mais célebre dessa exigência grega de respeito aos deuses para a manutenção da cidadania tenha sido a de Sócrates, que foi acusado de impiedade e desrespeito aos deuses e, por isso, teve de escolher entre o exílio e a morte – escolheu a morte. A respeito, confira Stone (2005).*

A democracia de Rousseau costuma ser associada à da Grécia antiga. Como vimos, há vários elementos que distanciam uma da outra, mas, no geral, considera-se que elas são próximas. Essas características da democracia de Rousseau tornam-se mais evidentes quando elas são comparadas com outros modelos de democracia, em particular aquelas resultantes das chamadas *revoluções burguesas*[96]: a democracia liberal e a democracia representativa.

A **democracia liberal** corresponde ao tipo de democracia que visa permitir e satisfazer a ação dos indivíduos. O Estado, nesse caso, não é propriamente o agente do bem comum, mas no limite é um mal necessário, responsável pela manutenção das condições básicas da vida em sociedade – proteção externa, manutenção da paz e da ordem internas, estabelecimento, realização e fiscalização das leis, manutenção do valor da moeda. Além disso, os indivíduos têm uma série de garantias jurídicas e políticas contra a ação opressiva do Estado (*habeas corpus*, devido processo legal, direitos de expressão, associação, de ir e vir), em geral consignadas na figura do "Estado de Direito", isto é, no Estado que só age na medida em que suas ações são previstas e permitidas pela lei.

A **democracia representativa** consiste na ideia, e na prática, segundo a qual a manifestação da vontade popular ocorre por meio da representação do povo, ou seja, por meio da eleição de representantes junto ao poder central, que deverá ouvir tais representantes e pôr em prática suas deliberações. Muito do que se tem atualmente por

---

96 *As revoluções burguesas foram os movimentos sociais e políticos ocorridos entre os séculos XVIII e XIX, em que a burguesia liderou esforços contra a antiga sociedade de ordens, de origem medieval, propondo em seu lugar o trabalho livre, a ascensão social com base no trabalho e na riqueza e a importância dos indivíduos. A Revolução Francesa seria o exemplo fundante de revolução burguesa.*

democracia corresponde precisamente à democracia representativa: o sistema partidário, o sistema eleitoral, as diversas casas parlamentares etc. Entretanto, embora esse complexo conjunto de instituições e procedimentos seja conhecido como democracia e embora desde sua origem ele faça referência ao povo, o fato é que o sistema de representação não tem uma origem efetivamente democrática, na medida em que ele foi instituído entre o fim da Idade Média e o decorrer da Idade Moderna pela aristocracia para limitar o poder do rei. Vimos elementos desse processo nas Seções 3.2.4 e 3.3.2: quando os nobres da Inglaterra queriam impor sua vontade ao rei, usavam largamente a palavra *povo* para referir-se a si próprios. Esse foi o caso do *Bill of Rights* (Carta de Direitos), aprovado pelo parlamento inglês em 1689 para institucionalizar a Revolução Gloriosa.

Somente com o passar do tempo, com o aumento da população urbana, das pressões sociais desse proletariado e da difusão das ideias igualitaristas provenientes do protestantismo e do Iluminismo, é que a ideia inicial de *povo* como correspondendo à nobreza passou para *povo* como sendo o conjunto da população (em particular, do proletariado) – e que, portanto, o instituto jurídico-político da representação passou a incluir não apenas a aristocracia e setores da burguesia, mas também e sobretudo o proletariado.

Nesses termos, vê-se que a democracia liberal tem pontos de contato com a democracia representativa, mas ambas têm históricos diferentes. A democracia liberal busca preservar as liberdades dos indivíduos, ao passo que a democracia representativa considera que a expressão *do povo* dá-se por meio da representação junto ao poder central. Na classificação de Held (1987), que apresentamos antes, as variedades liberal e representantiva compõem a democracia protetora; elas desenvolvem instrumentos variados que permitem a **proteção** dos indivíduos.

> É importante considerarmos as relações entre as democracias clássica e protetoras, especialmente em relação ao que se entende atualmente pela palavra *democracia*. Norberto Bobbio (1989), em seu já clássico *O futuro da democracia*, argumenta que o sentido que se dá nos dias atuais para a democracia vincula-se mais às liberdades e à possibilidade de representação que à participação direta propriamente dita. Em outras palavras, seria mais valorizado o liberalismo (conforme definido, por exemplo, por John Locke) do que a *democracia* (conforme a proposta de Rousseau).

Outra forma de apresentar as modalidades clássica e protetora da democracia é por meio de uma oposição celebrizada pelo filósofo inglês Isaiah Berlin (1909-1997), no ensaio "Dois conceitos de liberdade" (Berlin, 1981). Segundo esse pensador, podemos definir a liberdade de duas maneiras: a positiva e a negativa. A liberdade **positiva** consiste na possibilidade de autodeterminação, seja individual, seja coletiva. No caso da autodeterminação coletiva – que é propriamente a variedade política –, ela consiste na possibilidade de, em conjunto com outros indivíduos, tomar-se decisões. Já a liberdade **negativa** consiste em cada indivíduo ver-se livre de constrangimentos externos à sua ação, isto é, é livre o indivíduo que não tem obstáculos (principalmente institucionais e jurídicos) para realizar o que lhe interessa. O caráter de ausência de algo é que torna negativa essa liberdade. Bobbio (1996), por sua vez, denomina cada um desses tipos de liberdade respectivamente de *liberdade no Estado* e *liberdade do Estado*, ou seja, no primeiro tipo somos livres na medida em que participamos da tomada de decisões (estamos no Estado). No segundo tipo, somos livres na medida em que o Estado não nos dificulta ou impede a ação, ou seja, somos livres em relação ao Estado[97].

Dito isso, é fácil relacionar os tipos de democracia já examinados com os tipos de liberdade: enquanto a democracia clássica (seja a grega, seja a de Rousseau) corresponderia à liberdade positiva, a democracia protetora corresponderia à liberdade negativa.

Isso nos permite avançarmos para outra forma de conceber a democracia. Na verdade, não se trata exatamente de "outra" forma, mas sim de um modelo que assumiu grande importância na segunda metade do século XX. Trata-se da concepção desenvolvida pelo economista e cientista político Joseph A. Schumpeter (1883-1950), especialmente em sua obra *Capitalismo, socialismo e democracia* (Schumpeter, 1961).

Partindo da crítica às concepções de democracia que ele julgava irrealistas – como a de Rousseau, com a vontade geral e a soberania una, inalienável etc. –, Schumpeter propôs-se a apresentar uma formulação de democracia que fosse **realista**. De acordo com essa concepção, a democracia não é o "governo do povo, pelo povo, para o povo", mas é essencialmente um método de seleção de elites, pelas massas, por meio de eleições. As elites organizam-se em partidos políticos e competem entre si em ambientes livres e regulados pela lei. Essa competição política pelos votos é semelhante à competição

---

[97] *Evidentemente, só é possível alguém ser livre para realizar de maneira desimpedida sua vontade se, antes disso, tiver tido a possibilidade de decidir qual a sua vontade. Da mesma forma, só é possível que alguém execute de maneira desimpedida sua vontade individual se, antes disso, tiver sido deliberado coletivamente que o Estado não imporia obstáculos à ação individual. Dessa maneira, embora seja possível entender as liberdades positiva e negativa como tipos polares, isto é, opostos, é necessário entender que a liberdade positiva (seja em termos individuais, seja em termos coletivos) é pré-condição para a liberdade negativa. Essas questões são tratadas no artigo do cientista político Ivo Coser (2014).*

econômica pelo lucro no mercado. Os líderes políticos, dessa forma, desenvolvem um comportamento racional e adequado à obtenção da vitória, com vistas ao poder. O elemento **racional** das elites e, em particular, dos líderes dessas elites é importante de ressaltar-se, pois, em contraposição a ele, Schumpeter considera que as massas são **irracionais**, isto é, que são movidas pelas paixões, que são incapazes de discernir quais são seus interesses e que, fora do âmbito restrito de suas preocupações familiares e profissionais, são incapazes de entenderem as consequências de suas ações e da vida social como um todo. A irracionalidade das massas é ao mesmo tempo motivo para qualificar de irrealista o modelo de Rousseau e para enfatizar o papel das elites. Por fim, a existência de um ambiente jurídico, político e social de respeito às regras eleitorais, aos resultados das eleições e de alternância no poder (se for o caso) é uma pré-condição para esse modelo de democracia.

A proposta de Schumpeter tornou-se conhecida como *democracia minimalista*, pois concentra-se essencialmente nas eleições. Esse modelo afasta-se das concepções mais substantivas da democracia – isto é, daquelas que consideram que a democracia consiste na realização de potencialidades humanas, ou que também visa a isso –, mas, por outro lado, ela apresenta parâmetros bastante instrumentais para a análise concreta de regimes políticos.

> Além disso, tanto o modelo schumpeteriano quanto a democracia representativa de modo geral apresentam um aspecto central para a operacionalização das modernas democracias de massa. Trata-se da impossibilidade prática de reunir-se ao mesmo tempo, em um único lugar, toda a população dos modernos estados nacionais. Essas populações são muito grandes e, de qualquer maneira, as distâncias envolvidas também costumam ser grandes.

Outro elemento favorável às democracias representativas em relação aos modelos clássicos (ateniense e rousseauniano) é que, nestes últimos modelos, os indivíduos devem participar constantemente da vida política, a fim de conferirem legitimidade às decisões e, de qualquer maneira, para realizarem-se como cidadãos. A condição para isso é que possam deixar de lado com relativas frequência e facilidade seus negócios particulares[98]. No caso da pólis grega, isso se realizava porque os cidadãos eram os homens livres, que mantinham em suas casas as mulheres gerindo os escravos, além de haver os estrangeiros, que, por definição, não eram cidadãos e que realizavam inúmeras atividades econômicas importantes. Em suma, a democracia ateniense era possível porque, em uma palavra, era excludente.

Em contraposição, o mecanismo da representação permite que, de maneira simbólica, toda a população reúna-se para debater e deliberar. Essa "população inteira", claro, é reduzida a poucos indivíduos que, sendo poucos, podem encontrar-se em espaços reduzidos e têm maior facilidade para as atividades políticas. Os representantes, além disso, tendem a tornar-se políticos profissionais e, de modo mais específico, tendem a tornar-se representantes profissionais, o que em certo sentido melhora sua atividade (ao diminuir os custos com o aprendizado da atividade representativa) e também libera o comum dos cidadãos para que estes desenvolvam suas atividades particulares livremente. Por fim, embora seja perfeitamente possível argumentar-se que o ideal político em uma democracia é, se não a participação, pelo menos o interesse e o acompanhamento das questões políticas, o fato é que as sociedades modernas – cujos ideias e estilos de vida têm a liberdade

---

[98] *O cuidar dos negócios particulares, privados, era o que Aristóteles chamava de* economia *– não sem um tom negativo, no sentido de que não se referia nem ao bem comum, nem permitia ao ser humano realizar-se como animal político.*

negativa como característica[99] – permitem que os indivíduos não se interessem pela política – e esse desinteresse, afinal de contas, tem de ser respeitado como uma opção válida entre outras[100].

Considerando a classificação de Held (1987) já exposta, o modelo schumpeteriano corresponde à democracia do "elitismo competitivo" – afinal de contas, trata-se de elites (ou setores da elite) que competem entre si pelo voto. Da mesma forma, Held (1987) entende que essa democracia é "tecnocrática", na medida em que as eleições, por mais importantes que sejam como procedimento de legitimação, são apenas um instrumento para a seleção das elites, na qual as massas têm apenas um papel acessório.

Em reação ao minimalismo schumpeteriano, desde os anos 1960 têm surgido outras propostas de democracia, que buscam resgatar e reafirmar tanto seu aspecto substantivo quanto seu elemento de atuação direta. Nesse sentido, podemos indicar a retomada do que Held (1987) chama de *democracia desenvolvimentista* e também a democracia participativa. Ambas são muito próximas entre si e mantêm com a democracia representativa relações variadas, mas de modo geral tensas. As lógicas subjacentes da democracia desenvolvimentista

---

99 A distinção elaborada por Isaiah Berlin entre liberdades negativa e positiva baseia-se na distinção feita em 1819 pelo franco-suíço Constant (2009), entre a liberdade dos "antigos" e a dos "modernos". Os termos gerais da comparação de Constant são essencialmente similares aos propostos por Berlin. Entretanto, há um caráter histórico e sociológico muito mais evidente na tese do franco-suíço do que na do pensador inglês. Na tese de 1819, as estruturas sociais mais amplas da Antiguidade e o tamanho das pólis permitiam a democracia direta e a liberdade positiva, ao passo que o desenvolvimento da economia, o trabalho livre e o tamanho dos estados modernos estimulam – e, na verdade, requerem – a liberdade negativa e a democracia representantiva.

100 Esse argumento foi desenvolvido pelo cientista político Reis (2007), no artigo justamente intitulado "Going Home in Peace" ("Voltando para casa em paz").

e do participacionismo apontam para uma direção que não é necessariamente a mesma do que a da democracia representativa.

O que Held chama de *democracia desenvolvimentista* surgiu em meados do século XIX a partir da obra do inglês John Stuart Mill (1806-1873)[101], especialmente em seus livros *Da liberdade* (1859) e *Considerações sobre o governo representativo* (1861). O que se considera atualmente como a "tradição liberal" de pensamento político – em que o Estado deve ser o menor possível, em que as liberdades individuais devem ser estimuladas e protegidas e em que se entende o aumento do Estado como um perigo para as liberdades individuais – foi desenvolvido em amplos termos, precisamente, por Stuart Mill. Mas não é esse aspecto de seu pensamento político que nos interessa aqui, mas sim a consideração de que a participação política dos indivíduos tem um caráter pedagógico, em dois sentidos – como seres humanos e como cidadãos. Assim, Stuart Mill considera que a **participação política** aprende-se por meio da própria participação, ou seja, que somente por meio da atividade política desenvolvida pelos cidadãos nos mais variados âmbitos e momentos é que os cidadãos podem tornar-se "melhores cidadãos", isto é, mais conscientes, mais preocupados com as questões comuns, mais preparados para entenderem os temas em disputa e as consequências de suas ações.

Além desse aspecto propriamente político, Stuart Mill também considerava que a participação política permite ao ser humano desenvolver e satisfazer um aspecto de sua natureza, que consiste no envolvimento com os assuntos públicos. Para que esses objetivos sejam alcançados, esse pensador sugeria que os indivíduos participassem

---

101 Held refere-se também às obras de Rousseau e de Mary Wollstonecraft (1759-1797) no tópico sobre democracia desenvolvimentista. Todavia, em virtude da recuperação contemporânea de inúmeros aspectos de Stuart Mill, vamos nos concentrar nele.

dos mais variados aspectos da vida política, como júris populares, votações, comitês, debates coletivos, vida local. Ainda, a cidadania e, de modo mais específico, o voto deveriam ser franqueados a toda a população, de modo a qualificar todos, e não apenas pequenos grupos ou estratos sociais. No entanto, é necessário termos claro que a participação era valorizada por Stuart Mill também como um meio de que a ação possivelmente despótica do Estado fosse freada ou evitada, afinal de contas, mais indivíduos e mais ativos fiscalizando o Estado e sua burocracia estariam mais atentos às possíveis intromissões indevidas nas vidas pessoais.

O aspecto duplamente pedagógico da participação política direta tem sido reafirmado nas últimas décadas, especialmente com base nos trabalhos da cientista política Pateman (1992). Partindo de uma crítica à concepção minimalista proposta por Schumpeter, a autora argumenta que, mesmo que a vida política entendida como representação esteja distante da realidade cotidiana dos cidadãos, isso não impede que outras formas de política sejam desenvolvidas e nas quais os cidadãos possam engajar-se. Ela considera de modo específico a participação de operários em comissões de fábrica, criadas com o propósito de discutir-se as condições laborais. Todavia, é claro que essa concepção pode, e deve, ser ampliada, considerando inúmeros outros âmbitos, como associações de bairro, sindicatos, partidos políticos, associações profissionais, associações culturais. Da mesma forma, a participação em conselhos públicos e nos debates coletivos também integra a proposta de Pateman.

Mais um aspecto teórico dessa proposta é que a democracia participativa estimula a chamada *democracia direta*, ou seja, a tomada de decisões em níveis imediatos, próximos dos próprios interessados e cujos efeitos são mais ou menos imediatos. Nesses termos, é possível ampliar ainda mais os desenvolvimentos teóricos dessa concepção e entendê-la não apenas sob o aspecto da variedade participativa da democracia, mas também da variedade **associativa** da democracia, ou seja, a linha teórica que enfatiza as virtudes cívicas de os indivíduos reunirem-se e desenvolverem atividades políticas em associações[102].

As considerações anteriores apresentaram algumas definições da democracia, embora sem a menor pretensão de esgotar o tema. De qualquer maneira, ainda que tais concepções possam ser avaliadas mais ou menos em termos empíricos, parece claro que elas caracterizam-se principalmente por serem de cunho normativo, isto é, definindo o que **deve ser** encarado como "democracia". Isso tem sua importância própria, mas, por outro lado, também pode gerar dificuldades práticas, na medida em que, por vezes, os critérios para definir se algum país, ou regime, é mesmo democrático, ou **em que medida** ele é, ficam confusos ou insuficientes.

Pois bem: exatamente com essas preocupações em mente, em 1971, Robert Dahl propôs o conceito de ***poliarquia*** no livro de mesmo nome. Seu objetivo, portanto, era propor um conceito que fosse capaz de medir empiricamente os traços que ele julgava mais importantes para a democracia. A utilização de um neologismo foi justificada pela necessidade de sair da imprecisão e da confusão ligadas à palavra *democracia*. Além disso, a palavra *poliarquias* trataria de regimes políticos plenamente realizáveis, isto é, plenamente verificáveis do ponto de vista empírico, ao passo que a *democracia* descreveria propostas puramente ideais e, portanto, inalcançáveis. Tendo isso em mente, Dahl (1997) estipulou sete variáveis principais, que se desdobram em diversas outras variáveis secundárias, conforme indicado no Quadro 3.4, a seguir.

---

[102] *A cientista política Lüchmann (2011) aborda precisamente as relações entre as variedades democráticas do participacionismo, do associativismo e da representação no artigo "Associações, participação e representação: combinações e tensões".*

Quadro 3.4 – Variáveis principais e secundárias da poliarquia, segundo Dahl

	Variáveis principais	Variáveis secundárias		
1.	Sequência história	(Competição política *versus* inclusão política)		
2.	Ordem socioeconômica	Acesso a	Violência	
			Sanções socioeconômicas	
		Tipo de economia	Agrária	
			Comercial--industrial	
3.	Nível de desenvolvimento socioeconômico	(PNB alto ou baixo)		
4.	Igualdades e desigualdades	Objetivas (distribuição de renda, riqueza, *status*, conhecimento, ocupação, cargos em instituições, popularidade etc.)		
		Subjetivas: privação relativa (percepção das desigualdades)		
5.	Pluralismo subcultural	Quantidade		
		Se acentuado ou alto		
6.	Dominação estrangeira	(Intensidade e duração)		
7.	Crenças de ativistas políticos	As instituições poliárquicas são legítimas?		
		Apenas uma autoridade unilateral é legítima?		
		A poliarquia é eficaz com problemas críticos?		
		Confiança nos outros		
		As relações políticas são	Estritamente competitivas?	
			Estritamente cooperativas?	
			Cooperativo-competitivas?	
		Acordos desejáveis e necessários?		

Fonte: Dahl, 1997, p. 190-191.

Nota: PNB corresponde a produto nacional bruto.

Conferindo a essas inúmeras variáveis diferentes pesos, é possível estabelecer classificações a respeito de quão próximos estão os regimes políticos concretos da poliarquia ou mesmo se já são, de fato, poliarquias. Essas variáveis, de qualquer maneira, são particularmente operacionais para a avaliação de regimes que passam da situação do fechamento político para a abertura. Nesses termos, Dahl propõe um esquema que leva em consideração duas grandes variáveis, a liberalização e a inclusividade. A **liberalização** refere-se à possibilidade de grupos rivais ao que está no poder manifestarem-se publicamente sem serem reprimidos; a **inclusividade** consiste no grau em que diversos grupos participam efetivamente do processo de tomada de decisões ou que são levados em consideração positivamente ao tomarem-se as decisões. Do cruzamento dessas duas variáveis, Dahl obtém quatro grandes situações possíveis, a hegemonia fechada, a hegemonia inclusiva, a oligarquia competitiva e a poliarquia.

A **hegemonia fechada** caracteriza-se pela dominação de um grupo que nem tolera a oposição nem aceita que novos grupos sociais integrem a estrutura decisória. No esquema teórico de Dahl, essa seria a situação inicial e o conceito de *poliarquia* e as variáveis indicadas anteriormente, no Quadro 3.4, corresponderiam aos elementos teóricos e práticos necessários, de diferentes maneiras, para que o regime político torne-se ao mesmo tempo aberto (liberalizado) e inclusivo.

As **oligarquias competitivas** correspondem a regimes que aceitam a manifestação de oposição, mas não incluem novos grupos no poder. Em outras palavras, a oposição é feita apenas por setores do grupo que já se encontra no poder. Na Figura 3.14, o processo de liberalização – ou seja, de aceitação progressiva de manifestações públicas de desacordo – é indicado pelo trajeto I. Do ponto de vista histórico, o Brasil do Segundo Reinado (1840-1889) poderia ser classificado como oligarquia competitiva. Porém, de modo mais pronunciado, as disputas políticas da Inglaterra antes da reforma de 1832 sejam mais exemplares desse tipo de regime.

A **hegemonia inclusiva** consiste em um regime político que não tolera oposição (ou melhor, não tolera que as oposições manifestem-se publicamente), mas que, ao mesmo tempo, aceita incorporar na estrutura decisória novos grupos políticos e sociais. Na Figura 3.14, o processo de inclusão corresponde ao caminho II; de um ponto de vista histórico, é possível considerar que o Estado Novo brasileiro (1937-1945) e a China contemporânea, após as reformas introduzidas por Deng Xiaoping a partir de 1978, seriam hegemonias inclusivas.

Por fim, o trajeto III corresponde à situação ideal em que um regime político passa da ausência de manifestações públicas e da ausência de inclusão política para a liberdade de manifestação e organização e para a inclusão política. Esse ponto de chegada é a própria poliarquia, que poderia ser exemplificada do ponto de vista histórico tanto pelo Brasil contemporâneo quanto pelas democracias ocidentais estáveis (ou seja, Estados Unidos, Canadá, Europa Ocidental, Japão, Austrália).

Evidentemente, os trajetos indicados na Figura 3.14 são apenas situações teóricas, ideais. Na prática, os vários países encontram-se em diferentes pontos do gráfico, conforme suas situações concretas, avaliadas de acordo com as variáveis apresentadas anteriormente, no Quadro 3.4.

Tanto o conceito de *poliarquia* quanto as variáveis por ele implicadas têm sido utilizadas em pesquisas empíricas, mas não apenas em investigações de caráter puramente acadêmico. Nesse sentido, podemos considerar as pesquisas desenvolvidas pelo cientista político Guillermo O'Donnell (1936-2011), que procuraram, no decorrer dos anos, avaliar as características dos regimes autoritários da América Latina, os caminhos possíveis para sua liberalização e, depois das transições ocorridas na década de 1980, os meios para institucionalização e fortalecimento dessas democracias. Em todas essas pesquisas, o conceito de *poliarquia* é recorrente[103].

Figura 3.14 – Percursos históricos entre hegemonia e poliarquia, segundo Dahl

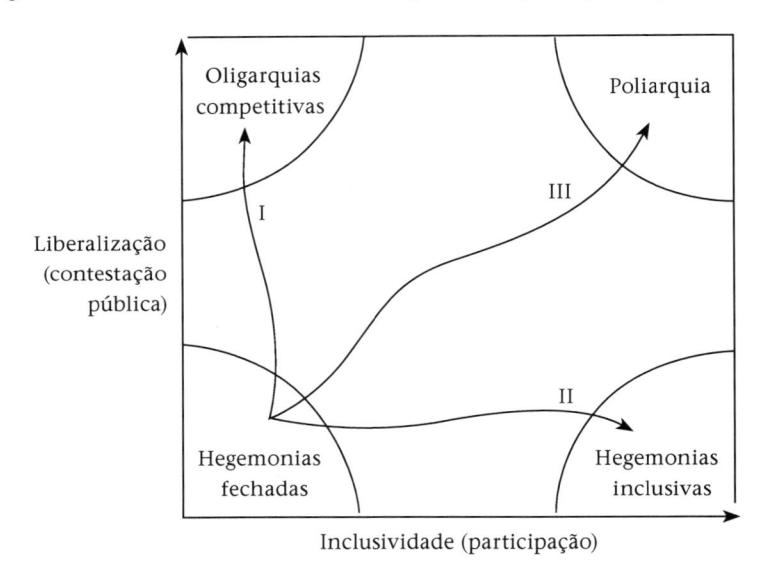

Fonte: Dahl, 1997, p. 30.

3.4.2 Totalitarismo

Alguém já disse que o século XX assistiu ao confronto de três regimes políticos, um liberal, de liberdades – a democracia no modelo anglo-saxão –, e dois liberticidas, o autoritarismo e o totalitarismo. Na seção anterior procuramos apresentar alguns traços e algumas das

---

103 É possível verificá-lo em O'Donnell (1999) e em O'Donnell e Schmitter (1988).

definições da democracia. Nesta seção, procuraremos expor alguns dos traços do totalitarismo.

Uma das exposições mais famosas e conhecidas sobre o totalitarismo é a de Hannah Arendt (2013). Para essa pensadora, esse regime político é uma completa inovação política do século XX, no sentido de não constar de nenhuma das relações de regimes elaboradas por filósofos ou analistas de época anterior alguma. Em termos mais específicos, o totalitarismo é um fenômeno característico de uma sociedade industrial de massas, composta não por indivíduos enraizados em grupos, classes, famílias, que se relacionam por meio desses enraizamentos e das instituições, mas por **indivíduos atomizados**, largados no mundo à sua própria sorte, sem maiores amparos que sua fraca capacidade autônoma em manter-se. São indivíduos sem passado e até certo ponto sem futuro, disponíveis para a propaganda política que lhes dê rumo, ou seja, que lhes indique um sentido para suas vidas e para a realidade como um todo, ao mesmo tempo que lhes indique tarefas a serem executadas, que lhes dê ocupações compatíveis e adequadas à visão de mundo que absorveram. Como são atomizados, esses indivíduos não se relacionam entre si como indivíduos, mas por meio da figura do líder, que os une em um todo, em uma totalidade. São esses indivíduos os recrutados preferencialmente para a mobilização política, que assume características cada vez mais maciças à medida que o totalitarismo consolida-se.

Para que o totalitarismo surja e consolide-se, os valores, por assim dizer, tradicionais deixam de ter valor, sejam os antigos (a religião), sejam os modernos (a satisfação burguesa); os indivíduos estão isolados fisicamente e também espiritualmente uns dos outros; os laços que os unem do ponto de vista temporal não valem e do ponto de vista espiritual perpassam o niilismo, isto é, a negação dos valores. É nessa realidade impessoal, fria e sem sentido em que estão submersos os indivíduos que se impõe o líder, que preenche de significado essa realidade e permite que relações entendidas como *verdadeiras* estabeleçam-se. Mais ainda: o líder indica que a sociedade em que vivem é, por definição, errada, hipócrita, decadente. A esse *status quo* o totalitarismo responde com a promessa de uma sociedade verdadeira, correta, luminosa, sincera, viril, motivo pelo qual esse regime é essencialmente revolucionário.

O totalitarismo não é contrário ao surgimento do proletariado como agente político, ou seja, ele não é reacionário (não é o movimento da **reação**), da mesma forma que ele não é propriamente conservador (não deseja conservar nenhuma ordem social), pois não aspira à manutenção da burguesia. Ao contrário, deseja seu fim, o mais rapidamente possível.

> Em suma: o totalitarismo não aspira a restaurar o passado nem a manter o presente, mas a criar aqui e agora um novo futuro[104]. Esse novo futuro é total, envolvendo toda a sociedade – reduzida tendencialmente às massas e ao líder – e toda a realidade (inclusive a própria história), que será modificada por atos de vontade do líder, de acordo com o plano estabelecido pela ideologia.

A **ideologia**, indicativa de um novo mundo, de uma nova realidade transformada pela simples vontade, é, portanto, um **elemento central** do totalitarismo. Devemos perceber que não se trata meramente de um conjunto de ideias e valores que são manipulados para que se obtenha alguma legitimação do regime político. O que o totalitarismo cria é todo um programa político e, ainda mais, toda uma visão de mundo, e apesar de ser mais ou menos imprecisa, tal ideologia nega radicalmente a realidade existente e aponta para um

---

[104] Esse elemento de constituição de uma nova ordem é enfatizado por Arendt como característico do totalitarismo. É importante realçá-lo para podermos, na sequência, distingui-lo do autoritarismo.

futuro glorioso e radiante. Essa ideologia é doutrina oficial do Estado, e, portanto, não pode ser desafiada ou contestada, pois fazê-lo não apenas é crime político, como não surte o menor efeito.

Nesse sentido, não se trata de apresentar evidências que desmintam o credo oficial ou outras ideias que possam ser melhores: umas e outras simplesmente não têm valor algum. Essa ideologia, em seu valor intrínseco, apresenta a própria história, e os adeptos do totalitarismo, ao seguirem-no, seguem simplesmente o próprio fluxo histórico, o **movimento** da história. Logicamente isso vale para a massa; os líderes habilmente se utilizam dos recursos disponíveis – polícia, meios de comunicação, cinema, rádio – para manterem as doutrinas potencialmente rivais fora do escopo popular.

O instrumento prático para manutenção do regime é o **terror**, ou seja, a instituição policial utilizada para patrulhamento ao mesmo tempo civil e ideológico; mas, como a ideologia indica qual o caminho a realidade (e a sociedade) deve trilhar, a polícia civil não pode deixar de ser também polícia ideológica. O terror consiste em criar um ambiente de incerteza e de insegurança, em que ninguém pode confiar em ninguém. Em vez de vitimar os inimigos, isto é, em vez de buscar as vítimas entre os inimigos, as próprias vítimas do terror são transformadas em inimigo, pelo simples fato de serem vítimas – afinal, por qual outro motivo teriam se tornado vítimas? A **arbitrariedade** da repressão – que no fundo não reprime de verdade nada – busca, por um lado, manter a sociedade atomizada, ao fazerem todos desconfiarem de todos e, por outro, busca manter a sociedade em movimento, isto é, impedir que ela tranquilize-se e que se deixe de acreditar no movimento da história (ou, o que dá no mesmo, do próprio regime).

Finalmente, o último elemento que Arendt indica para o totalitarismo é o **partido único**, representante da verdade universal. A estrutura desse partido em princípio domina e no final substitui a (ou superpõe-se à) burocracia estatal profissional. Assim, a burocracia pública é completamente sujeitada pela vontade do líder, que é representante último da ideologia e seu intérprete maior. Como a ação política é maciçamente mobilizadora e engloba toda a sociedade, o partido-Estado deixa de distinguir-se com precisão da sociedade e confunde-se com ela.

As características que apresentamos para o totalitarismo seguiram as indicações de Stoppino (2002c) e, principalmente, as de Arendt (2013). Seus traços foram expostos em termos fortes em virtude da própria apresentação de Arendt e também para realçar os elementos específicos do totalitarismo. De fato, sua novidade histórica refere-se também à sua raridade, pois, de modo geral, os analistas desse tipo de regime concordam que os melhores exemplos, os mais adequados, são dois: a Alemanha nazista, principalmente durante a Segunda Guerra Mundial (1939-1945), e a União Soviética governada por Josef Stálin, especialmente a partir de meados dos 1930 até sua morte (em 1953)[105].

3.4.3 Autoritarismo

Nas duas subseções anteriores, abordamos o totalitarismo logo após a democracia para que se evidenciasse o quanto o totalitarismo é específico e o quanto ele constitui-se em uma verdadeira **totalidade social**. Entretanto, exatamente essa característica de totalidade social

---

105 *De acordo com Stoppino (2002c), apesar de difundida, é errada a ideia de que o fascismo italiano consistiu em um regime totalitário, tal qual o III Reich, pois, embora semelhantes em diversos aspectos – militarismo social, emprego sistemático da violência, mobilização política baseada em indivíduos desenraizados – o aspecto ideológico típico do totalitarismo, ou seja, a proposta de fundação de uma nova ordem cósmica, era ausente na Itália. Assim, o fascismo consistiu mais em um autoritarismo violentíssimo do que em um totalitarismo propriamente dito.*

torna-o excepcional; via de regra, quando pensamos em um regime que negue a democracia, pensamos no autoritarismo.

Em comparação com o totalitarismo, os regimes autoritários são menos específicos, comportando características mais variadas. Stoppino (2002a, p. 100-101) indica que autoritarismo, em princípio, é todo regime em que se acentua, por um lado, o princípio da autoridade e, por outro, valoriza-se bastante o Poder Executivo em detrimento dos demais órgãos políticos, de representação ou não – em outras palavras, são os regimes antidemocráticos (ou antiliberais). Mas essa definição ainda é muito ampla, especialmente porque a ideia de regimes antidemocráticos inclui não apenas os autoritarismos, mas também os totalitarismos.

Uma primeira característica dos autoritarismos é o fato de eles desmotivarem a mobilização e, ainda mais, a participação política. Além disso, a preponderância do Poder Executivo sobre o conjunto da sociedade ocorre sem que limites entre o Estado e a sociedade deixem de existir; aliás, é importante notar que a sociedade permanece existindo, ou seja, os indivíduos não estão atomizados, participando de grupos e redes sociais que lhes dão apoio e referências (família, associações comunitárias e culturais, igrejas, sindicatos etc.). Alguns desses grupos operam relacionando-se autonomamente com o Estado, exercendo, em alguns casos, pressão (política, econômica, cultural), e mesmo, dependendo da situação, uma oposição moderada e encoberta, às vezes na forma de um pluripartidarismo moderado, ainda que apenas de maneira formal. A **dominação** é mantida pelo emprego mais ou menos direto, mais ou menos justificado da força e da violência: repressão policial, emprego das Forças Armadas, certo uso político da burocracia e do sistema de justiça.

Stoppino cita Linz para caracterizar de maneira concisa os autoritarismos como:

sistemas políticos com um pluralismo político limitado e não responsável; sem uma ideologia elaborada e propulsiva, mas com mentalidade característica; sem uma mobilização política intensa ou vasta, exceção feita em alguns momentos de seu desenvolvimento; e onde [sic] um chefe, ou até um pequeno grupo, exerce o poder dentro dos limites que são formalmente mal definidos mas de fato habilidosamente previsíveis. (Linz, 1964, apud Stoppino, 2002a, p. 101)

> Em outras palavras, nos autoritarismos importa mais a dominação baseada na força do que a ideologia empregada para justificar essa dominação. Em virtude da importância que a democracia tem nos dias atuais – especialmente a democracia entendida nos termos de Schumpeter, isto é, de competição eleitoral entre partidos políticos –, vários regimes autoritários realizam de fato eleições e toleram certo pluripartidarismo. Da mesma forma, alguns regimes autoritários buscam conferir legitimidade jurídica para suas ações, promulgando constituições e regulando suas ações via decretos, leis etc.

O Brasil é um exemplo dessas duas características: o regime militar brasileiro (1964-1985) conviveu com o pluripartidarismo, mesmo que meramente com um bipartidarismo (1965-1979), e tanto o regime militar quanto o Estado Novo (1937-1945), de Getúlio Vargas, foram regimes autoritários regulados pelas respectivas cartas constitucionais[106].

Stoppino (2002a) cita ainda duas tipologias dos regimes autoritários. A primeira é de Gabriel Almond e Gingham B. Powel, que enfatiza as variáveis: objetivo do regime e grau de mobilização política.

---

106 *A literatura sobre os regimes autoritários no Brasil, sem dúvida, é enorme. Para uma apresentação histórica sumária e didática do Estado Novo e do regime militar, sugerimos os livros de Thomas Skidmore,* Brasil: de Castello a Tancredo *(Skidmore, 1988)* e Brasil: de Getúlio a Castello *(Skidmore, 2010).*

- **Autoritarismos conservadores** – Baixo grau de mobilização política, exigindo mais a aceitação passiva da população do que a adesão ativa ao regime, em virtude da preocupação em manter estruturas sociais tradicionais, ameaçadas pela modernização.
- **Autoritarismos em vias de modernização** – Procura-se certa mobilização política, limitada, entretanto, pelas forças sociais que apoiam o regime, cujo objetivo é industrializar ou desenvolver o país em marcha forçada, ou suprimir à força os impedimentos para a industrialização.
- **Autoritarismos pré-mobilizados** – Ex-colônias recentemente independentes, sem estruturas sociais minimamente adequadas a um processo de industrialização ou modernização, mas dotados de elites modernizantes.

A segunda tipologia citada por Stoppino (2002a) é de Juan Linz e apresenta características mais analíticas:

- **Autoritarismos burocrático-militares** – Constituídos com base em coalizações entre militares e burocratas, sem mobilização política ou ideologia específica; unipartidários, *de facto* ou *de jure*.
- **Autoritarismos de estatalismo orgânico** – Estabelece-se um corporativismo societal, isto é, a representação hierárquica de interesses sociais no interior do Estado, com certo grau de mobilização política e partido único.
- **Autoritarismos pós-democráticos** – Chamados de *fascistas*, com maior mobilização política e utilização da ideologia; o partido único é mais atuante e a oposição é menos tolerada.
- **Autoritarismos de mobilização posterior à independência nacional** – Débeis e relativamente desestruturados, são característicos dos países recém-independentes, com líderes carismáticos,

mas sem ideologia, apoio militar, grande mobilização ou partido único atuante.
- **Autoritarismos posteriores a totalitarismos** – São os regimes ex-stalinistas, caracterizados pela despolitização parcial das massas, pelos conflitos intraburocráticos e intrapartidários e pela diminuição do papel do partido único.
- **Totalitarismos imperfeitos** – São regimes que caminhavam rumo ao totalitarismo, mas tiveram o processo interrompido, mantendo-se autoritário em uma de suas várias possibilidades.
- **Democracia racial** – Uma raça em relação à outra é autoritária, mas internamente é democrática, como no antigo regime sul-africano de *apartheid* (1948-1991).

Tanto o totalitarismo quanto o autoritarismo caracterizam-se, portanto, pelo uso mais ou menos sistemático da **violência física para manutenção do poder**, pela adoção de certa **ideologia** oficial, pela maior ou menor **intolerância** às oposições ou à diversidade de ideias e perspectivas políticas e sociais. Entretanto, seguindo as considerações de Arendt, é incorreto considerar que as diferenças entre ambos os tipos de regime resumem-se a mudanças de grau, como se o totalitarismo fosse um regime autoritário levado às últimas consequências. Além disso, talvez o **aspecto-chave** que distingue um e outro tipo de regime é a **ideologia**, tanto por seu conteúdo quanto por sua utilização. Como vimos, a proposta de uma nova realidade (a ser implementada por meios violentos) levada adiante pelo líder político é o que move e o que justifica o totalitarismo. É essa ideologia messiânica que permite que os adeptos do totalitarismo permaneçam completamente imunes a qualquer tipo de manifestação contrária ao que a ideologia pregue, por mais absurdas ou contrárias às evidências que sejam as alegações ideológicas. Consequência disso é o alto grau de mobilização política, requerida, por outro viés, para manter constante o clima de histeria coletiva e de incitação das paixões e assim dar a impressão de que estão todos em movimento (no movimento da história).

Por outro lado, os autoritarismos caracterizam-se mais pela imposição da dominação política de um grupo sobre os demais, lançando mão, para tal efeito, dos mais diversos expedientes repressivos, que pela criação de uma nova ordem. Assim, a ideologia é um recurso destinado mais à legitimação, ainda que apenas formalmente, do que à apresentação de uma nova realidade. Ou melhor: no autoritarismo a ideologia é propriamente um **instrumento**, um recurso de poder, ao passo que no totalitarismo ela é parte integrante e **definidora** do regime.

Se considerarmos se cabe à ciência política ou à sociologia política a discussão sobre os regimes políticos – entendendo-se por essa expressão a democracia, o autoritarismo e o totalitarismo –, teremos resultados semelhantes às avaliações que fizemos sobre essa questão nas seções anteriores. O funcionamento interno dos regimes políticos por definição é um tema da ciência política, especialmente quando consideramos as relações de poder entre o Estado e os grupos sociais, bem como a dinâmica do poder no interior do próprio Estado. Contudo, para que qualquer um desses regimes seja instituído e, em seguida, para que eles mantenham-se vigentes, são necessárias diversas condições de caráter social, como valores políticos e sociais, estrutura de classes, distribuição da riqueza, presença ou não de atomização social e assim por diante. Por esses motivos, com frequência o estudo dos regimes políticos só pode ser levado a cabo pela sociologia política.

(3.5)
Partidos políticos

O último tópico que devemos abordar neste capítulo são os partidos políticos. Entretanto, é importante notar que não dedicaremos a ele tanto aprofundamento quanto dedicamos aos outros assuntos. Evidentemente, não porque os partidos políticos sejam desimportantes – coisa que não são –, mas porque eles são objeto de análise de um volume específico desta coleção de livros didáticos.

Nesses termos, nosso objetivo aqui é mais modesto: pretendemos apenas apresentar as funções básicas dos partidos, os processos históricos que resultaram na constituição de partidos como os entendemos atualmente, a dinâmica social que permite que os partidos sejam legítimos e, finalmente, algumas tipologias elementares sobre os partidos políticos.

3.5.1 "Partidos" na história e funções dos partidos políticos

Devemos notar antes de mais nada que a expressão *partidos políticos* é um pouco ambígua na literatura das ciências humanas, especialmente em termos históricos. Ao lermos sobre as disputas políticas em vários lugares e tempos, é comum que os grupos que se opõem entre si de maneira mais ou menos constante e baseados em ideias mais ou menos definidas sejam chamados de *partidos*. Dois exemplos disso: por um lado, no final da República romana, entre os séculos II e I a.e.a., os conflitos sociais e políticos tornaram-se tão intensos que dois grupos passaram a polarizar a política, o partido popular, favorável à melhoria das condições sociais, políticas e econômicas da plebe (isto é, do povo), e o partido aristocrático, favorável à manutenção das prerrogativas dos patrícios e da classe equestre e contrário à ampliação dessas prerrogativas à plebe. Por outro lado, já nos séculos XII e XIII, a disputa entre o papa e o imperador do Sacro Império Romano-Germânico resultou, especialmente no Centro e no Norte da Itália, em uma disputa entre os guelfos (favoráveis ao papa) e os gibelinos (favoráveis ao imperador). Esses dois grupos, que polarizaram durante décadas a política de inúmeras cidades[107], muitas vezes são chamados de *partidos*.

Em um sentido amplo, é possível considerar que populares e aristocráticos, guelfos e gibelinos eram partidos políticos, mas eles eram agrupamentos informais e às vezes fluidos, que serviam mais para distinguir diferenças de opiniões e perspectivas. Em contraposição a essa forma de entender os partidos, pelo menos desde meados do século XIX a expressão *partidos políticos* refere-se a organizações formais responsáveis: (1) pela seleção de indivíduos que se candidatarão a cargos eletivos; (2) pela mobilização para fins de campanhas eleitorais; e (3) pela constituição de governos. Dessa forma, entre o sentido amplo aplicado em relatos históricos e o sentido contemporâneo, as diferenças referem-se, acima de tudo, à **legitimidade social e política** dessas organizações, à sua **formalização** e à **importância central dos partidos atuais para estruturar, organizar e conduzir a vida política.**

Isso fica bastante claro na situação brasileira: de acordo com a Constituição Federal de 1988, aqui só se pode disputar os cargos eletivos – sejam os do Poder Executivo (presidente da República, governador de Estado, prefeito municipal), sejam os do Poder Legislativo (senador da República, deputado federal, deputado estadual,

---

[107] Assim, por exemplo, na cidade de Florença, o famoso poeta Dante Alighieri (1265-1321), autor da Divina comédia, era gibelino, não por acaso tendo criticado vários papas em seu poema.

vereador) – quem estiver registrado em algum partido político (reconhecido pela Justiça Eleitoral) pelo menos desde um ano antes da eleição que disputar. Em outras palavras, embora após as eleições os políticos possam mudar ou até desvincular-se dos partidos, para que alguém seja eleito é necessária a atuação da estrutura partidária. Da mesma forma, como vimos na Seção 3.3.2, os partidos, muito mais do que os políticos individuais, têm um papel central na gestão do sistema político brasileiro, que a literatura especializada chama de *presidencialismo de coalizão*.

Dito isso, convém formalizarmos as principais **funções** dos partidos contemporâneos. O que a literatura especializada indica é que essas funções são especialmente duas:

1. **Seleção de pessoal para disputar eleições** – Consiste no fato de que as várias instâncias decisórias dos partidos selecionam os candidatos aos diferentes cargos. É claro que diferentes partidos apresentam diferentes processos internos para essa escolha: partidos de massa **tendem** a selecionar por meio de disputas internas, assim como partidos de quadros **tendem** a selecionar por meio da indicação pessoal[108]. Da mesma forma, diferentes conjunturas apresentam diferentes exigências práticas. No caso de coligações eleitorais, vários partidos abrem mão da possibilidade de indicar um membro seu para a disputa de cargos; ou, então, exigências da política nacional podem condicionar as alianças locais.

2. **Constituição de governos** – É o momento seguinte ao processo eleitoral, em que os governos têm de ser formados. Nesse caso, a expressão *formar o governo* implica um pouco mais do que vencer as eleições, pois considera também as negociações com vistas à

---

108 *Veremos na sequência em que consistem os partidos de massa e os de quadros.*

obtenção de apoio político, especialmente do parlamento, para a gestão cotidiana do governo, isto é, do Poder Executivo. Embora nesse momento sempre haja a possibilidade de que determinados cargos sejam preenchidos por indivíduos escolhidos de maneira puramente nominal, isto é, em razão de sua reputação pessoal e de suas capacidades técnicas, o fato é que os partidos políticos desempenham um papel central na intermediação e na negociação dos nomes para os diversos cargos.

É importante notar que essas não são as duas únicas funções dos partidos, embora sejam as mais importantes. Entre outros aspectos, poderíamos também incluir entre as atividades partidárias o seguinte: educação política de grupos sociais e dos membros; mobilização de pessoal durante as campanhas eleitorais; criação e mobilização de campanhas sociais; representação política de perspectivas sociais específicas.

1. **Educação política** – Consiste em difundir ideias, valores, práticas sobre a realidade política e social. Durante o século XIX, os partidos operários atuavam também (na verdade, principalmente) como verdadeiras escolas, oferecendo cursos de história, política e até ciências para os militantes partidários e para os operários de modo geral.
2. **Mobilização de pessoal para as campanhas eleitorais** – É algo bastante simples de entender, por ser a face mais evidente da atuação partidária, e assim dispensa maiores comentários: durante as campanhas, os partidos organizam seus militantes para convencer eleitores, fazer propaganda, arrecadar fundos etc.
3. **Criação e mobilização de campanhas sociais** – Nesse caso, o objetivo imediato não é angariar votos, mas sim apoiar ou combater determinadas políticas práticas, manifestar-se em favor de

temas específicos e assim por diante. Alguns exemplos: a favor ou contra os ajustes fiscais, a favor ou contra as privatizações, a favor ou contra as políticas externas de alguns países.
4. **Representação de setores sociais específicos** – Às vezes, os partidos políticos estão primariamente interessados que alguns setores sociais – digamos, os homossexuais, ou os professores secundaristas, ou os ambientalistas – tenham representação política e, dessa forma, possam ser ouvidos e influenciar os debates públicos e a formulação das políticas públicas[109].

3.5.2 Condições sociais dos partidos políticos

Os comentários da seção anterior tiveram como objetivo expor algumas características dos partidos políticos e esclarecer a que nos referimos quando usamos essa expressão. Nesta seção, faremos um pequeno relato histórico, que também permitirá a apresentação de algumas tipologias básicas dos partidos políticos.

Como vimos, um aspecto básico é que os partidos políticos contemporâneos não são meramente agrupamentos políticos e sociais mais ou menos definidos. Mas, por outro lado, a palavra *partido* indica que esse grupo é parte de algo, ou que uma totalidade (social) foi rompida, foi quebrada. Assim, no processo histórico de constituição dos partidos, a relação entre parte e totalidade foi um problema central – e, vinculada a ela, também a relação entre interesses legítimos e interesses facciosos.

Essa discussão, no que se refere à Europa, ocorreu desde o final da Idade Média e durante a Idade Moderna e foi comum a toda a Europa Ocidental. No entanto, o modelo moderno de partidos

---

[109] Convém notar que a representação de perspectivas e interesses específicos é um dos motivos favoráveis à existência de partidos políticos pequenos.

políticos desenvolveu-se na Inglaterra, entre os séculos XVIII e XIX. Sartori (2009) – que é um dos principais teóricos e pesquisadores dos partidos – observa que enquanto a palavra *facção* sempre teve um sentido negativo – pois seria uma parte, um grupo que age de maneira prejudicial à coletividade –, a palavra *partido* tinha um sentido mais neutro, isto é, mais descritivo. Todavia, após o século XVI, a palavra *seita* – que designaria os grupos ou as facções especificamente religiosas – passou a ampliar seu sentido e também a influenciar a palavra *partido*, emprestando a essa palavra certo caráter negativo.

Em 1770, todavia, o teórico e político inglês Edmund Burke (1729-1797) estabeleceu mais formalmente a diferença entre *facção* e *partido*, restabelecendo os sentidos ora notados, respectivamente de "(pequeno) grupo daninho" e "grupo político mais ou menos coerente". Evidentemente, é possível que um partido corrompa-se e que se transforme, afinal, em uma facção, mas a mera **possibilidade** de algo acontecer não equivale a que esse algo aconteça **necessariamente**. Além disso, a teorização de Burke também dá um passo importante, que é o da aceitação dos partidos como instituições políticas legítimas, capazes ao mesmo tempo de representar perspectivas e interesses e de estruturar o governo.

Da mesma forma, Sartori (2009, p. 40) observa que a diferenciação elaborada por Burke, para manter-se, exige um ambiente social e política calmo, isto é, em que haja um consenso mínimo a respeito de quais os valores, os princípios e as interpretações jurídicas aceitáveis. Em um ambiente assim pacífico, a ideia de partido torna-se aceitável, mas em ambientes mais turbulentos – como durante a Revolução Francesa ou até durante as guerras civis inglesas, do século XVII –, a tendência é igualar partido a facção e condenar todos eles como sediciosos e daninhos à sociedade, sendo, nesse sentido, um tratamento mais negativo que o conferido aos partidos pelos teóricos políticos anteriores a Burke.

Dando um passo além, Sartori observa que os partidos contemporâneos estão intimamente vinculados a outro processo social de fundo – o pluralismo cultural, social e político. Essa consideração é bastante importante, pois permite e até garante que os partidos políticos não sejam necessariamente meras facções. De que forma isso ocorre?

> O pluralismo a que Sartori refere-se não é apenas a divisão do trabalho social, ou seja, não consiste somente no fato sociológico básico de que toda sociedade caracteriza-se por diferentes indivíduos que realizam diferentes atividades, em um processo crescente de especialização. O pluralismo, no sentido que nos interessa aqui, consiste no fato de essa especialização desenvolver-se tanto que as perspectivas específicas diferem cada vez mais umas das outras e os indivíduos integrantes de uma perspectiva reconhecem-se antes e mais como compartilhadores dessa perspectiva específica que como integrantes da sociedade mais ampla.

Dois exemplos fáceis de entender essa concepção: desde pelo menos o século XIX, as divisões de classe eram tão acentuadas que era mais fácil alguém perceber-se como proletário ou burguês que como integrante de uma sociedade nacional; ou, então, no século XVI, era mais importante que alguém fosse católico, protestante ou presbiteriano do que cristão. Não há dúvida de que o grande tamanho demográfico da sociedade é uma condição para tais distinções. De qualquer forma, o que importa notar é que o pluralismo, no sentido entendido por Sartori, estabelece clivagens sociais irredutíveis umas às outras, de tal modo que os vários grupos acabam sendo obrigados a reconhecer a legitimidade da existência uns dos outros, assim como devem entender que suas diferenças não impedem que vivam em uma única sociedade.

Do surgimento sociológico desse pluralismo até o entendimento de que todos os grupos vivem em uma única sociedade há um caminho longo e difícil: do ponto de vista histórico, no caso das sociedades europeias, esse percurso foi caracterizado pela ocorrência de guerras civis, perseguições, disputas ferozes. Muitas outras sociedades ainda hoje passam por tais processos violentos, em que o pluralismo social e cultural é rejeitado tanto do ponto de vista concreto quanto do ponto de vista simbólico[110]. A constituição de partidos políticos, entendidos como representantes legítimos desse pluralismo, implica que essas discordâncias, sem serem negadas, cederam lugar a uma cooperação mais ampla e ao compartilhamento de uma concepção segundo a qual os vários grupos específicos convivem na mesma sociedade e respeitam uns aos outros minimamente.

Vimos na Seção 3.3 que, em particular, na Inglaterra do século XVIII esse apaziguamento social ocorreu ao mesmo tempo que a afirmação política do parlamento em relação ao rei. Sartori (2009) indica que essa afirmação consistiu em uma submissão do rei ao parlamento, em que o governo foi obrigado a tornar-se **responsável** ao parlamento, isto é, o rei deveria governar o país sem desrespeitar nem o parlamento como instituição nem as diretrizes estabelecidas pelo parlamento. Com o passar do tempo, as exigências de justificativas e de prestação de contas obrigaram o governo a **responder** de maneira sistemática e corrente ao parlamento. Dessa forma, mais e mais o próprio parlamento inglês passou a ser o governante de fato da Inglaterra, em substituição ao rei, que passou a desempenhar funções mais decorativas.

---

110 *Nessas situações, o pluralismo é reprimido e a existência dos vários grupos é malvista e objeto de campanhas contrárias a ele.*

Ao mesmo tempo, o parlamento inglês, em sua Câmara dos Comuns, era composto por deputados eleitos[111]. A seleção de candidatos e a mobilização de eleitores foram elementos importantes para a constituição de partidos políticos como os entendemos atualmente. No século XIX, o **direito ao voto** ampliou-se progressivamente na Inglaterra, especialmente com sua ampliação da cidadania aos setores médios e, acima de tudo, ao proletariado inglês. Ao buscar os votos desses eleitores, os partidos políticos tiveram de se estruturar de maneira muito clara e cada vez mais profissional. Enquanto os eleitores eram apenas a nobreza e os setores mais privilegiados da burguesia, os partidos podiam ser organizações fluidas e intermitentes, mas para obter e manter os votos dos milhares de burgueses e proletários, estruturas permanentes e bem delimitadas eram necessárias. Da mesma forma, embora desde o século XVIII já ocorresse na Inglaterra o governo de partidos, foi com a ampliação da franquia eleitoral que o governo, ou melhor, a constituição do governo tornou-se responsabilidade dos partidos.

A relação entre a estrutura partidária e seus eleitores permite que se estabeleça também uma tipologia básica dos partidos, entre partidos de quadros e partidos de massas. Os **partidos de quadros**, ou de notáveis, são aqueles em que os dirigentes da instituição controlam os processos internos e, portanto, controlam as tomadas de decisões, bem como a indicação dos candidatos do partido aos vários postos. Na medida em que os líderes têm maior peso, esses partidos

---

111 Como vimos na Seção 3.3, a Inglaterra tem um parlamento bicameral, isto é, com dois órgãos legislativos: de um lado, a Câmara dos Lordes, cujos membros são nobres e clérigos indicados pelo rei e que ocupam o cargo de maneira vitalícia. Esse órgão corresponderia, embora de maneira bastante imperfeita, ao Senado Federal brasileiro. Por outro lado, a Câmara dos Comuns, que corresponderia à Câmara dos Deputados brasileira, é composta por deputados eleitos pelo voto popular.

são menos abertos à participação das bases (isto é, do comum dos seus militantes e filiados) e, nesse sentido, são partidos mais aristocráticos. Em contraposição, os **partidos de massas** são aqueles que incentivam a participação das bases nos processos decisórios internos. De modo geral, esses partidos têm origens populares, surgindo da atuação mais propriamente política de sindicatos operários e dos chamados *movimentos sociais*.

Embora os partidos de massa geralmente tenham origens populares, é errado concluir disso que todos os partidos com origem popular são partidos de massa – e não fazemos esse comentário em função de meras **exceções** empíricas. Um exemplo histórico e uma observação teórica ilustram esse aspecto.

Do ponto de vista histórico, o Partido Operário Social-Democrata Russo (POSDR), fundado em 1898, tinha duas grandes tendências, uma chamada de *minoritária* e outra de *majoritária*. Esta última, liderada por Vladimir Lênin (1870-1917), também era conhecida como *bolchevique*. Ora, apesar do nome, do apelido e de sua origem social – proletária –, o partido bolchevique não era um partido de massas, mas era um **partido de quadros**, estritamente controlado e teorizado dessa forma por Lênin. A justificativa para isso residia na rigorosa disciplina política, teórica e organizacional que era necessária para que fosse possível a tomada do poder. Dessa forma, mesmo tendo o apoio cada vez maior das massas russas – fossem camponesas, fossem operárias, fossem da soldadesca –, foi como partido de quadros que os bolcheviques participaram da Revolução Russa no início de 1917 e, no final desse ano, tomaram o poder dos mencheviques (a tendência minoritária do POSDR).

Já do ponto de vista teórico, em 1915, o sociólogo, economista e ex-militante socialista Robert Michels (1876-1936) publicou o livro *Para uma sociologia dos partidos políticos na democracia moderna*

(Michels, 2001), mais conhecido simplesmente como *Sociologia dos partidos políticos*. Nesse livro, Michels observa que a ampliação do direito de voto exige a manutenção de estruturas partidárias grandes, as quais, por sua vez, devem ser controladas por pequenos grupos dirigentes, que tendem a afastar-se das bases. Em outras palavras, a **democratização política e eleitoral conduz à oligarquização partidária** (e, daí, à oligarquização governamental). Esse processo, que ele descreve com base no que ele observou das atividades do Partido Social-Democrata Alemão do início do século XX, foi formalizado na chamada *Lei de Ferro da Oligarquia*, segundo a qual todas as instituições tendem a ser controladas por pequenos grupos que se perpetuam nos cargos e no poder ou, de maneira mais simples e direta: "Quem diz organização, diz oligarquia".

Para o que nos interessa, a oligarquização dos partidos políticos, conforme sugerida por Michels, indica que os partidos de origem popular, mesmo que se iniciem como partidos de massa, tendem a tornar-se partidos de quadros. Por outro lado, convém notar que mesmo os partidos de quadros apresentam diferenças entre si: alguns dependem mais de líderes carismáticos fundadores, outros são agremiações de notáveis. Além disso, partidos de massa que se transformam em partidos de quadros podem ter processos internos que busquem reverter essa tendência ou que permitam um dinamismo interno mais acentuado.

Outra forma de classificar os partidos políticos é de acordo com o respeito aos princípios políticos e morais que guiam a atuação cotidiana de seus membros. Nesse sentido, é possível distinguir os **partidos programáticos** dos **partidos pragmáticos**. Os programáticos são aqueles que pautam sua conduta pelos princípios expressos em seus programas partidários; os pragmáticos, por sua vez, são aqueles que se pautam mais pela busca e pela manutenção de cargos, sejam eles eletivos, sejam eles nomeados via indicação. Um caso extremo dos partidos pragmáticos são os chamados *catch-all* ("pega tudo"), que têm poucas preocupações filosóficas e ideológicas na seleção de seus membros, concentrando suas atenções nas possibilidades de obtenção de votos e cargos.

É claro que um partido programático pode orientar-se mais ou menos pelos seus valores expressos, no sentido de que, por vezes, nas disputas e negociações concretas, preocupar-se-á menos com esses valores. Inversamente, em diferentes momentos, os partidos pragmáticos podem apresentar maior adesão a determinados valores – mesmo que essa adesão seja puramente tática, ou seja, realizada apenas para produção de efeitos específicos, como no caso de partidos de oposição que desejam criticar o governo.

A adesão maior ou menor dos partidos políticos aos seus conteúdos programáticos permite-nos indicar uma terceira forma de classificar os partidos: o contínuo **direita-esquerda**. Sem dúvida alguma, essa é a forma mais conhecida e, talvez, a mais antiga de classificar as associações políticas, ou seja, não apenas os partidos mas também outras organizações quaisquer.

A **oposição direita-esquerda** teve origem nos debates das assembleias da Revolução Francesa: no lado esquerdo do plenário, mais ao alto – na "montanha" –, ficavam os deputados favoráveis ao progresso social, contrários ao Antigo Regime; opondo-se a eles, do lado direito, ficavam os defensores do Antigo Regime. A partir daí, em diferentes momentos e contextos, a esquerda passou a indicar variáveis conteúdos, como a promoção e a defesa do progresso, da igualdade social, da racionalidade, do secularismo. Especialmente após a Revolução Russa, em 1917, a esquerda passou a ser identificada com o marxismo e os partidos políticos marxistas, além dos regimes políticos de tipo soviético[112]. Já a direita passou a ser definida em contraposição à esquerda. Assim, inicialmente foi associada à contra-revolução e, depois, associou-se ao conservadorismo e também ao fascismo e ao nazismo. Após a Segunda Guerra Mundial, a esquerda esteve associada ora ao marxismo e aos regimes políticos marxistas, ora aos movimentos de libertação nacional, ora à igualdade social; a direita, por seu turno, esteve associada ora às liberdades políticas e econômicas, ora ao liberalismo econômico, ora ao anticomunismo.

Essas alterações no sentido da oposição direita-esquerda, somadas às críticas que a esquerda recebeu durante o século XX (em virtude do autoritarismo dos regimes comunistas) e também ao surgimento e à afirmação de perspectivas e temas que não se enquadram (ou enquadram-se mal) nela – como os direitos civis, o movimento verde, o movimento feminista, o movimento dos homossexuais, o pacifismo etc. –, resultaram em que esse par conceitual passou a receber inúmeras objeções em sua validade prática[113]. Apesar disso, em um livro que se tornou famoso – *Direita e esquerda: razões e significados de uma distinção política*, de 1999 –, o filósofo italiano Norberto Bobbio retomou essa oposição, propondo que, nos mais de 200 anos em que ela existe, o par direita-esquerda baseou-se, em última análise, na dicotomia **igualdade-liberdade**.

---

112 *De acordo com a discussão feita na Seção 3.4, os regimes de tipo* soviético *variam entre o autoritarismo e o totalitarismo.*

113 *Uma exposição sistemática das críticas que o par direita-esquerda recebeu nas últimas décadas e da necessidade de ultrapassar-se essa oposição com base nos novos temas e nas perspectivas, constituindo-se uma "terceira via", foi feita pelo sociólogo inglês Giddens (1996).*

> No caso do Brasil, direita e esquerda também passaram por esses processos. Se considerarmos aproximadamente os últimos 50 anos, podemos dizer que a esquerda associa-se ao marxismo, ao socialismo e ao estatismo econômico, assim como, em certa medida, à crítica ao regime militar instaurado em 1964. Já a direita foi associada ao regime militar, ao conservadorismo e ao tradicionalismo. Desde a década de 1980, a esquerda brasileira também se associou aos movimentos sociais e aos movimentos populares. Ademais, nos últimos anos tem-se afirmado uma nova direita, afastada do autoritarismo e próxima do liberalismo e do conservadorismo filosófico.

Fazemos essas observações sobre o par direita-esquerda para situar o leitor a respeito de alguns elementos do conteúdo dessa oposição. É importante observar que direita e esquerda referem-se não apenas a partidos políticos, mas também a posturas individuais, a organizações sociais, a políticas de governo e assim por diante.

Dito isso, o cientista político André Singer, em um livro publicado em 2002 – *Esquerda e direita no eleitorado brasileiro* –, observou que, por mais que o par direita-esquerda tenha sido criticado e contestado, ele ainda é um dos principais parâmetros para definição dos partidos políticos no Brasil, assim como de autoidentificação dos eleitores. Em outras palavras, tanto os eleitores quanto os partidos usam a oposição direita-esquerda para orientarem-se politicamente e avaliar a qualidade e as propostas dos partidos, mesmo que essa oposição não seja o único critério utilizado[114].

Tradicionalmente, os partidos políticos são objeto de pesquisas exclusivamente da ciência política, bem como uma série de áreas, temas e questões que lhes são correlatos, como a de estudos legislativos (que tratam da estrutura e da dinâmica de funcionamento dos parlamentos) e a de pesquisas sobre sistemas partidários (que investigam a estrutura e a dinâmica de funcionamento dos sistemas sociais

---

114 *Além dos critérios que apresentamos para classificar os partidos políticos, Gunther e Diamond (2015) apresentam alguns outros.*

criados pela interação entre os partidos políticos). Entretanto, como indicamos no início desta seção, abordamos de maneira bastante limitada as várias possibilidades práticas e analíticas relacionadas ao tema dos partidos.

Evidentemente, a dinâmica interna aos partidos é uma questão puramente da ciência política. Da mesma forma, as tipologias dos partidos que apresentamos – de massas ou de notáveis; programáticos ou pragmáticos; direita e esquerda – são objeto dessa área. Todavia, como evidenciamos, há outros aspectos da realidade partidária que podem ou devem ser investigados pela sociologia política. Os fundamentos sociais da existência dos partidos são um deles, não apenas em termos da realidade do pluralismo, mas também dos incentivos maiores ou menores ao unipartidarismo, ao bipartidarismo ou ao multipartidarismo ou, então, os incentivos sociais para a existência de partidos setoriais (como os ligados ao movimento ambientalista, ou aos partidos de origem sindical, ou aos partidos vinculados a igrejas).

Síntese

É possível organizar os conceitos fundamentais da sociologia política de acordo com seu grau de abstração, partindo do mais fundamental e mais abstrato (o poder) até os mais concretos (os partidos políticos).

O **poder** é o conceito fundamental da sociologia política. Ele consiste na possibilidade de um agente individual ou coletivo obter os resultados desejados em relação a outro agente individual ou coletivo. Considerando isso, há duas grandes abordagens para o conceito de *poder*: a **subjetivista** e a **objetivista**. A subjetivista concentra-se nos indivíduos e, de acordo com ela, A tem poder caso consiga que B faça exatamente o que A deseja, mesmo que B não queira fazê-lo. A abordagem objetivista enfatiza as relações sociais e, por isso, também é chamada de *abordagem estrutural*, pois é a estrutura da sociedade que gera o poder de alguns grupos sobre outros. Há outras abordagens para o poder: a de Foucault, para quem o poder produz as verdades e procura disciplinar os indivíduos; a de Hannah Arendt, para quem o poder não é uma relação conflituosa, mas o acordo entre indivíduos para realizar atividades coletivas; a de Augusto Comte, que distingue o poder temporal, do Estado, baseado na força física, do poder espiritual, baseado no aconselhamento. Por fim, há vários métodos para estudar o poder. Considerando a abordagem subjetivista, alguns dos mais importantes são os métodos **posicional**, **reputacional** e **decisional**.

O **Estado** é uma estrutura política que busca o monopólio da violência legítima; em outras palavras, ele pretende que apenas ele possa empregar a violência. Ao estudar o Estado, é possível distinguir o governo (composto pelos políticos que controlam o Estado) e a burocracia (os funcionários públicos, que realizam as atividades estatais e que obedecem ao governo). No Estado moderno, a burocracia deve basear-se em normas escritas, em níveis hierárquicos e na eficiência das ações. Por outro lado, o Estado é **legítimo** caso os cidadãos reconheçam, subjetivamente, que as ações estatais são aceitáveis. Do ponto de vista histórico, é possível reconhecer vários princípios de legitimidade: a tradicional (baseada em valores julgados eternos); a racional-legal (baseada em normas racionais); e a carismática (baseada no comando de um líder considerado excepcional). Por fim, o Estado atual é uma realidade histórica, pois surgiu no decorrer do tempo, assumindo determinadas características. Sua evolução é contínua e, atualmente, o conceito de um Estado que controla de maneira absoluta um território determinado está sofrendo o desafio da globalização, com a necessidade de cada Estado coordenar suas ações com outros estados e reconhecer limites à soberania.

Ao tratarmos do **governo**, podemos considerar as oposições entre **república** e **monarquia**, por um lado, e entre **presidencialismo** e **parlamentarismo**, por outro lado. A monarquia caracteriza-se por ser governada por um rei, entendido como representante divino na Terra; a república consiste em um regime em que a sociedade é governada pelo interesse público e pela soberania popular. Por outro lado, o presidencialismo caracteriza-se pela separação entre os poderes: o governo consiste no Poder Executivo, que é claramente separado do Poder Legislativo, isto é, do parlamento; o parlamento fiscaliza o governo, mas os âmbitos de ação e os mandatos de cada um deles são separados e bem delimitados. No parlamentarismo, há uma subordinação, ou confusão, entre o governo e o parlamento, na qual o governo submete-se ao parlamento e só pode surgir a partir de membros do parlamento, de modo que, quando o parlamento é dissolvido, o governo também é dissolvido.

Em termos de **regimes políticos**, podemos determinar a **democracia**, o **totalitarismo** e o **autoritarismo**. Há várias formas de entender a democracia, e uma delas a define como o regime das liberdades públicas, da soberania popular e dos direitos. Também é possível entender a democracia como o regime caracterizado por eleições livres e periódicas, em que a oposição tem chances efetivas de assumir o governo e em que, caso a oposição ganhe as eleições, a transição seja pacífica e reconhecida por todos como legítima. Em todo caso, na democracia, há uma separação clara entre o Estado e a sociedade civil. Já o totalitarismo caracteriza-se pela fusão entre Estado e sociedade civil: só é cidadão quem é membro do partido político dominante (e único). Por fim, os autoritarismos caracterizam-se pela ausência de liberdades públicas, embora a separação entre Estado e sociedade civil mantenha-se.

Os **partidos políticos** são instituições políticas destinadas principalmente a mobilizar eleitores, organizar campanhas eleitorais e compor governos. De um ponto de vista histórico, isso é bastante específico e nem sempre foi possível proceder dessa forma. Por um lado, é necessário que os partidos não sejam vistos como facções, isto é, como organizações particularistas e egoístas; por outro, é necessário que a sociedade goze de certo consenso a respeito dos valores sociais e políticos básicos, a fim de que a mecânica política associada aos partidos possa funcionar. Evidentemente, a ideia de partidos políticos mobilizando eleitores e compondo governos só faz sentido em uma sociedade de massas, com eleitores que devem ser conquistados, e com governos que podem ser compostos por meio de eleições.

Questões de autoavaliação

1. A respeito do conceito de *poder*, indique a opção **incorreta**:
    a) Rigorosamente, é aceitável entender o poder como algo que se possui.
    b) Há várias formas de conceituar o poder, dependendo dos métodos e das teorias empregadas.
    c) Segundo Bertrand Russell, o poder é o conceito fundamental da política.
    d) Uma das formas de classificar as concepções de poder é pela oposição objetivistas *x* subjetivistas.

2. A respeito da concepção de *poder*, assinale a opção **correta**:
    a) Para Hannah Arendt, o poder é complementar à violência.
    b) Para Max Weber, o poder consiste em alguém obter os efeitos desejados.
    c) Para Karl Marx, o poder não é um atributo do sistema social.
    d) Para Michel Foucault, o poder surge do conhecimento.

3. Ainda a respeito da concepção de *poder*, indique a opção **correta**:
   a) As teorias subjetivistas do poder são concepções pessoais dos pesquisadores.
   b) Gramsci não definiu o poder de maneira diferente de Marx.
   c) Hans Morgenthau entendia o poder nas relações internacionais de maneira idêntica a Kenneth Waltz.
   d) Augusto Comte identifica duas formas de poder, o temporal e o espiritual.

4. A respeito dos métodos de pesquisa do poder, assinale a opção **incorreta**:
   a) O método posicional estabelece que tem poder quem ocupa determinados cargos.
   b) O reputacional é um método poderoso e inequívoco para investigar o poder.
   c) As concepções objetivista e subjetivista do poder exigem estratégias diferentes de investigação.
   d) Determinar quem de fato toma as decisões é um dos procedimentos do método decisional.

5. A respeito do conceito de *Estado*, indique a opção **incorreta**:
   a) Vários pensadores entendem que ele fundamenta-se na força física.
   b) Ao tratarmos do Estado, é possível distinguir o governo e a burocracia.
   c) Ao dizermos que o Estado baseia-se na força física, não queremos dizer que usa somente ou sempre a força física.
   d) O Estado sempre teve a mesma função no decorrer da história.

6. A respeito de *burocracia*, indique a opção **incorreta**:
   a) Baseia-se no seguimento de regras e estatutos escritos.
   b) É constituída somente por funcionários indicados.
   c) Pressupõe o mérito dos servidores, avaliado pelos conhecimentos individuais.
   d) Implica normas universais.

7. A respeito das concepções de *legitimidade*, *dominação* e *autoridade*, indique a opção **correta**:
   a) Max Weber definiu quatro tipos puros de legitimidade: tradicional, racional, carismática e legal.
   b) A dominação é a possibilidade de obediência pronta, simples e automática.
   c) A autoridade é uma relação de dominação baseada na crença íntima dos indivíduos.
   d) Max Weber definiu dois tipos de associação de dominação: a de intereses e a de autoridade.

8. A respeito da evolução histórica do Estado, indique a opção **incorreta**:
   a) Na Grécia antiga, o Estado era a pólis.
   b) O processo de globalização reafirma a soberania estatal.
   c) O princípio nacional dos estados afirmou-se entre os séculos XVIII e XIX.
   d) A concepção de soberania surgiu no final da Idade Média.

9. Relativamente às relações entre república e monarquia, marque a opção **incorreta**:
   a) As repúblicas são uma das formas de regimes políticos que põem fim às monarquias.
   b) As monarquias costumam ser legitimadas pelo recurso às divindades.

c) É possível entender república e monarquia como regimes políticos antagônicos.
d) Antes do surgimento dos Estados Unidos, em 1776, nunca houvera repúblicas no mundo.

10. Considerando as relações entre presidencialismo e parlamentarismo, indique a opção **correta**:
    a) No parlamentarismo, o chefe de Estado é indicado pelo parlamento.
    b) O fato de um Estado ser federal ou unitário não importa para o presidencialismo ou o parlamentarismo.
    c) No presidencialismo, há clara divisão dos poderes.
    d) O presidencialismo de coalizão é um regime característico da França.

11. Sobre as definições de *democracia*, selecione a opção **incorreta**:
    a) Depois da experiência ateniense, não houve nenhuma outra definição histórica de democracia.
    b) O modelo minimalista foi proposto por Joseph Schumpeter.
    c) Rousseau entendia a democracia como a vontade geral.
    d) Embora liberal, John Stuart Mill propôs uma democracia desenvolvimentista.

12. Ainda sobre as definições de *democracia*, selecione a opção **incorreta**:
    a) Carole Pateman propôs que a democracia seja considerada também em sua dimensão participativa.
    b) A democracia direta enfrenta problemas logísticos no mundo atual.

c) Teóricos como Robert Dahl entendem que é possível teorizar a passagem de regimes fechados para regimes abertos (poliarquias).
d) A proposta de "liberdades positiva e negativa" é de Norberto Bobbio.

13. A respeito do totalitarismo, indique a opção **incorreta**:
    a) Apesar do uso frequente da palavra *totalitário* nos meios de comunicação, houve de fato poucos regimes desse tipo.
    b) O totalitarismo baseia-se na atomização dos indivíduos.
    c) Os regimes totalitários não lançam mão da ideologia para criar uma realidade.
    d) A figura de líderes carismáticos é importante para os totalitarismos.

14. Considerando a discussão sobre os autoritarismos, assinale a opção **incorreta**:
    a) Os regimes autoritários baseiam-se no emprego intensivo do terror para manterem-se.
    b) São regimes que, regra geral, não se preocupam com a mobilização política.
    c) Podem ser regimes civis, militares ou civil-militares.
    d) Entre outras possibilidades, podem surgir como fracasso de democracias ou como abrandamento de totalitarismos.

15. Com base no que se expôs sobre partidos políticos, marque a opção **correta**:
    a) Os partidos existentes na Roma antiga eram associações semelhantes aos partidos políticos contemporâneos.
    b) A classificação de sistemas partidários de Duverger considera se os partidos são programáticos ou não.

c) A classificação de partidos de Sartori considera apenas o bipartidarismo ou o pluripartidarismo.
d) Os partidos políticos têm várias funções, entre as quais formar governos.

16. A respeito do *poder*, relacione as concepções e os pensadores às afirmações que a eles se referem:
    1. Subjetivista.
    2. Objetivista.
    3. Karl Marx.
    4. Hannah Arendt.
    5. Max Weber.
    6. Augusto Comte.

    ( ) Postula que a estrutura econômica da sociedade gera poder para os grupos dominantes.
    ( ) Entende que a separação entre o poder temporal e o espiritual é a base das liberdades públicas.
    ( ) Considera que o poder é um atributo da estrutura social.
    ( ) Afirmava que tem poder quem consegue que o outro faça o que deseja, mesmo contra a resistência.
    ( ) Entende que o poder é exercido entre indivíduos.
    ( ) Afirmava que o poder é a capacidade de ação coletiva dos indivíduos reunidos livremente.

    Agora, assinale a alternativa que corresponde corretamente à sequência obtida:

    a) 3, 6, 2, 5, 1, 4
    b) 2, 3, 1, 4, 6, 5
    c) 6, 2, 1, 3, 4, 5
    d) 3, 6, 5, 1, 2, 4

17. Ainda a respeito das concepções de *poder*, relacione os pensadores às afirmações que a eles se referem:
    1. Antônio Gramsci.
    2. Michel Foucault.
    3. Immanuel Wallerstein.
    4. Steven Lukes.
    5. Morton Bachrach.
    6. Hans Morgenthau.

    ( ) Definia o poder disciplinar, que era exercido pelos indivíduos sobre si próprios.
    ( ) Define hegemonia como conceito complementar do poder de classe.
    ( ) Entende que o poder é exercido no âmbito mundial em relações de centro-semiperiferia-periferia.
    ( ) Defende a noção de poder como "não decisão".
    ( ) Entendia que a busca do poder, realizada pelos indivíduos, é o que caracteriza a política internacional.
    ( ) Propõe o conceito de *visão tridimensional* do poder.

    Agora, assinale a alternativa que corresponde corretamente à sequência obtida:

    a) 2, 1, 5, 6, 3, 4
    b) 2, 1, 3, 5, 6, 4
    c) 6, 2, 1, 3, 4, 5
    d) 3, 6, 5, 1, 2, 4

18. Sobre os paradoxos democráticos analisados por Larry Diamond, relacione os aspectos às respectivas afirmações.
    1. Conflito *vs.* consenso
    2. Representatividade *vs.* governabilidade
    3. Consenso *vs.* efetividade

( ) Tensão que opõe a pluralidade de concepções à adesão às regras de convivência política.
( ) Paradoxo que destaca a necessidade de serviços públicos como elemento legitimador.
( ) Tensão que considera os problemas próprios à obtenção de acordos mínimos no governo e a possibilidade de oferecer serviços públicos à população.
( ) Dificuldade própria à conjugação das liberdades públicas com a ausência de extremismos.
( ) Paradoxo que considera a inclusão e a possibilidade de constituir-se um governo efetivo.
( ) Tensão que surge da diversidade de perspectivas e de grupos sociais desejosos de participar do governo.

Agora, marque a opção que apresenta a sequência correta.

a) 3, 2, 1, 1, 2, 3
b) 1, 1, 2, 2, 3, 3
c) 3, 3, 1, 2, 1, 2
d) 2, 1, 2, 3, 3, 1
e) 1, 3, 3, 1, 2, 2

19. A respeito dos problemas da democracia que, na opinião de Roger Eatwell e Matthew Goodwin, contribuíram para o fortalecimento da direita nacional-populista, relacione os aspectos às respectivas afirmações.
   1. Desalinhamento
   2. Desconfiança
   3. Destruição
   4. Privação relativa

( ) Sensação de declínio econômico experimentado pelos membros de determinado grupo social.
( ) Perda da confiança dos membros de determinado grupo social nas elites políticas.
( ) Temor de que os valores, as instituições e/ou a cultura de determinado grupo sejam erodidos ou desconsiderados por outros grupos e/ou por políticas públicas.
( ) Percepção dos membros de um grupo social de que outros grupos estão sendo mais beneficiados pelas políticas públicas.
( ) Distanciamento progressivo dos partidos políticos de suas bases sociais tradicionais.
( ) Sensação de que os representantes políticos estão mais preocupados com si mesmos e/ou com pautas internacionais do que com os problemas populares concretos.

Agora, marque a opção que apresenta a sequência correta.

a) 1, 2, 3, 4, 5, 1
b) 3, 4, 4, 1, 2, 3
c) 4, 2, 3, 4, 1, 2
d) 2, 1, 1, 3, 4, 3
e) 1, 4, 1, 2, 3, 3

Atividades de aprendizagem

Questões para reflexão

1. A respeito do conceito de *poder*, responda às seguintes questões:
   a) Por que é correta a afirmação de Bertrand Russell, para quem o poder é o conceito fundamental da política?

b) De um ponto de vista analítico, faz sentido opor as perspectivas objetivistas às subjetivistas. Entretanto, é aceitável afirmar que apenas as perspectivas objetivistas ou que apenas as subjetivistas são corretas? Justifique sua resposta.

2. Considere as características da burocracia, apresentadas na Seção 3.2.2. É possível afirmar que o Estado brasileiro corresponde a esse conceito? Para simplificar, considere que o Estado brasileiro resume-se ao Poder Executivo federal e à administração direta (ou seja, deixe de lado os outros poderes, os outros níveis da federação, as autarquias e as empresas públicas).

3. Quando afirmamos que o Estado moderno é uma realidade histórica, o que queremos dizer com isso?

4. Em quais sentidos podemos entender a palavra *república*?

5. Exponha as principais características do presidencialismo de coalizão, que seria característico do presidencialismo no Brasil.

6. Apresente os conceitos de liberdade positiva e liberdade negativa propostos por Isaiah Berlin e relacione-os às concepções de democracia.

7. Quais são as características do modelo minimalista da democracia, de Joseph Schumpeter? Contra quem ele elaborou esse modelo? Quem se contrapôs a esse modelo?

8. Quais são os tipos puros de legitimação, conforme definidos por Max Weber?

9. Explique por que a Primavera Árabe pode ser considerada uma fase nova da terceira onda democrática.

10. Considerando as expressões *nacionalismo, populismo* e *nacional-populismo*, responda às seguintes questões:
    a) Quais são as concepções positivas e negativas (ou favoráveis e desfavoráveis) de nacionalismo e populismo?
    b) De que maneira a expressão *nacional-populismo* é entendida como negativa?

11. O que significa dizer que a democracia caracteriza-se pela separação entre o Estado e a sociedade civil e que o totalitarismo caracteriza-se pela confusão entre estes?

12. Apresente e explique as três funções básicas dos partidos políticos nas democracias contemporâneas.

13. O que significa o pluralismo a que se refere Giovanni Sartori, quando ele afirma que uma das condições para o sistema partidário é o pluralismo?

Atividades aplicadas: prática

1. Considere o município em que você mora. Adotando os métodos posicional, reputacional e decisional, quem seria poderoso? São as mesmas pessoas ou grupos, de acordo com cada um dos métodos de pesquisa?

2. Para pensar: assista ao filme *O nome da rosa*, dirigido por Jean-Jacques Annaud em 1986, baseado no livro homônimo de Umberto Eco. Depois de vê-lo, procure identificar os seguintes aspectos que foram discutidos neste capítulo:
   a) Os conflitos políticos entre o Papado e o Império Germânico.
   b) As relações sociais entre os diferentes grupos (monges, moradores do entorno do mosteiro, monges dissidentes, emissários do papa, representantes da Inquisição).
   c) A forma de compreensão do mundo e da realidade.

Considerações finais

O trajeto que percorremos neste livro foi longo. Estudamos inúmeras questões que são importantes para entendermos a nossa realidade sócio-política, desde a formação histórica da disciplina da sociologia política até alguns de seus conceitos fundamentais, passando por inúmeras discussões sobre método e identidade intelectual. Em nenhum momento tivemos a pretensão de esgotar os temas tratados aqui, muito pelo contrário, esperamos que este livro sirva de estímulo e de orientação para que todos os leitores prossigam seus estudos de sociologia política.

É interessante, e importante, notar que a sociologia política tem uma extensa história, que se iniciou mais de dois mil anos atrás. Nesse longo período, mais e mais materiais foram produzidos e incorporados à reflexão, como teorias empíricas, teorias normativas, métodos de pesquisa e objetos variados. A própria historicidade da disciplina é objeto de reflexão, na medida em que se refere a múltiplas questões: por um lado, a sucessão de fatos históricos é, por si só, objeto de investigação, em que se procura indicar como uma conjuntura específica surgiu do desenvolvimento de conjunturas anteriores e como os contextos atuais influenciarão os contextos futuros. Evidentemente, essa filiação histórica pode ser entendida de diferentes maneiras na sociologia política, dependendo das perspectivas filosóficas e teóricas de cada pesquisador. Por outro lado, é possível encarar a história intelectual de uma disciplina científica como uma fonte permanente de ideias, perspectivas e materiais ou como a superação contínua de perspectivas anteriores por outras concepções mais amplas, mais precisas e mais bem estruturadas. Essas duas possibilidades opõem-se na forma de **concepções científicas** e **concepções reflexivas** sobre a história da disciplina. Em suas formas correntes, essas concepções rejeitam-se mutuamente. Entretanto, como em outras situações, parece-nos que o melhor é adotar uma visão que as englobe simultaneamente, entendendo que o progresso das ideias requer o refinamento progressivo de nossa concepção e, ao mesmo tempo, a observação atenta para as elaborações passadas.

Este livro foi estruturado em três capítulos, nos quais procuramos apresentar da maneira mais **lógica** – mais **didática** – possível a sequência de temas. Inicialmente, um **retrospecto histórico de autores**; depois, uma série de oposições e distinções com vistas a **caracterizar o objeto e o método** da sociologia política; por fim, a **exposição concatenada de temas** específicos. Nesse sentido, procuramos aplicar algumas das sugestões feitas anteriormente por Francis Bacon e por René Descartes: o conhecimento científico baseia-se nas investigações empíricas, isto é, no exame da própria realidade, em vez de puramente nas reflexões mentais. Além disso, no exame de um problema, convém sempre o dividir em várias etapas e proceder ao exame delas da mais simples para a mais complexa. Esperamos que tenha ficado claro, em todo caso, que o exame de qualquer situação concreta do ponto de vista da sociologia política exige a mobilização conjunta, isto é, ao mesmo tempo de todos os elementos que apresentamos neste livro. É necessário definir o objeto e conhecer os vários métodos possíveis. Com base nas perspectivas filosóficas e teóricas de cada pesquisador, deve-se definir os conceitos a serem empregados e, a partir daí, deve-se investigar empiricamente o problema em questão.

Dito isso, não temos a pretensão de que o leitor deste livro torne-se um sociólogo político, nem queremos que todas as pessoas sejam profissionais dessa área. De maneira mais modesta, em última análise, nosso intento foi fornecer alguns instrumentos intelectuais para permitir que os leitores possam compreender um pouco melhor vários problemas e questões contemporâneos e, dessa forma, possam atuar como cidadãos em condições melhores.

Gustavo Biscaia de Lacerda

Lista de abreviaturas

a.e.a. – Antes da era atual
ABCP – Associação Brasileira de Ciência Política
ABRI – Associação Brasileira de Relações Internacionais
ADCT – Ato das Disposições Constitucionais Transitórias
Anpocs – Associação Nacional de Pós-Graduação e Pesquisa em Ciências Sociais
Brics – Sigla correspondente a países que, no início da década de 2000, eram previstos para serem as maiores economias do mundo em 2050: Brasil, Rússia, Índia, China e, depois, também África do Sul
Ceca – Comunidade Europeia do Carvão e do Aço
CIDH – Corte Interamericana de Direitos Humanos
CNV – Comissão Nacional da Verdade
FMI – Fundo Monetário Internacional
G-7 – Grupo das sete maiores economias mundiais (na década de 1990)
Mercosul – Mercado Comum do Sul
MP – Medida provisória
Nafta – Acordo Norte-Americano de Livre-Comércio
OMC – Organização Mundial do Comércio
ONG – Organização Não Governamental

ONU – Organização das Nações Unidas
PNB – Produto Nacional Bruto
RI – Relações internacionais
TPI – Tribunal Penal Internacional

Referências

300. Direção: Zach Snyder. EUA: Warner Bros Pictures, 2007. 116 min.

300 – A ascensão do império. Direção: Noam Murro. EUA: Warner Bros Pictures, 2014. 102 min.

ABRANCHES, S. H. H. Presidencialismo de coalizão: o dilema institucional brasileiro. **Dados**: Revista de Ciências Sociais, Rio de Janeiro, v. 31, n. 1, p. 5-34, 1988.

ABU-RABI, I. M. (Org.). **O guia árabe contemporâneo sobre o Islã político**. São Paulo: Madras, 2011.

AGULHON, M. **1848**: o aprendizado da república. São Paulo: Paz e Terra, 1991.

ALBUQUERQUE, M. M. de; REIS, A. C. F.; CARVALHO, C. D. de. Atlas histórico escolar. 7. ed. Rio de Janeiro: Fename, 1977. Disponível em: <http://livros01.livrosgratis.com.br/me001601.pdf>. Acesso em: 7 nov. 2016.

ALMOND, G. A. Political Theory and Political Science. **The American Political Science Review**, Washington (DC), v. 60, n. 4, p. 869-879, Dec. 1966.

AMORIM NETO, O.; ACÁCIO, I. De volta ao centro da arena: causas e consequências do papel político dos militares sob Bolsonaro. **Journal of Democracy em Português**, São Paulo, v. 9, n. 2, p. 1-29, nov. 2020. Disponível em: <http://www.plataformademocratica.org/arquivos/nov-20/JODnov2020_completo.pdf>. Acesso em: 14 set. 2021.

ANDERSON, B. **Comunidades imaginadas**: reflexões sobre a origem e a difusão do nacionalismo. São Paulo: Companhia das Letras, 2008.

ARAFA, M.; SILVA, L. R. da; SANTOS, R. M. de S. dos. As semelhanças entre a Primavera Árabe e os protestos de 2013 no Brasil. **Sequência – Estudos Jurídicos e Políticos**, Florianópolis, v. 41, n. 86, p. 10-27, dez. 2020. Disponível em: <https://periodicos.ufsc.br/index.php/sequencia/article/view/76887>. Acesso em: 14 set. 2021.

ARENDT, H. **A condição humana**. 11. ed. Tradução de Roberto Raposo. Rio de Janeiro: Forense-Universitária, 2010a.

ARENDT, H. **A promessa da política**. 3. ed. Tradução de Pedro Jorgensen Junior. Rio de Janeiro: Difel, 2010b.

ARENDT, H. **As origens do totalitarismo**: antissemitismo, imperialismo, totalitarismo. Tradução de Roberto Raposo. São Paulo: Companhia das Letras, 2013.

ARENDT, H. **Sobre a violência**. Rio de Janeiro: Relume Dumará, 1994.

ARENDT, H. **Sobre a revolução**. Tradução de Denise Bottmann. São Paulo: Companhia das Letras, 2011.

ARISTÓTELES. **Política**. Tradução de Mário de Gama Kury. Brasília: UnB, 1985.

ARON, R. **As etapas do pensamento sociológico**. 3. ed. Lisboa: Dom Quixote, 1999.

ARON, R. **Estudios políticos**. Ciudad de México: Fondo de Cultura Económica, 1997.

ARON, R. **Paz e guerra entre as nações**. 2. ed. Brasília: UnB, 1986.

BACHRACH, P.; BARATZ, M. S. Duas faces do poder. **Revista de Sociologia e Política**, Curitiba, v. 19, n. 40, p. 149-157, out. 2011.

BARDIN, L. **Análise de conteúdo**. Lisboa: Ed. 70, 1977.

BARKER, S. F. **Filosofia da matemática**. Rio de Janeiro: Zahar, 1969. (Coleção Curso Moderno de Filosofia).

BARTHÉLEMY, D. **A cavalaria**: da Germânia antiga à França do século XII. Tradução de Néri de Barros Almeida. Campinas: Unicamp, 2010.

BASCHET, J. **A civilização feudal**: do ano mil à colonização da América. São Paulo: Globo, 2006.

BAUER, M. W.; GASKELL, G. (Org.). **Pesquisa qualitativa com texto, imagem e som**: um manual prático. Tradução de Pedrinho Guareschi. 4. ed. Petrópolis: Vozes, 2005.

BERLIN, I. Dois conceitos de liberdade. In: ____. **Quatro ensaios sobre a liberdade**. Brasília: UnB, 1981. p. 133-175.

BEVIR, M.; KEDAR, A. Concept Formation in Political Science: An Anti-Naturalist Critique of Qualitative Methodology. **Perspectives on Politics**, Washington (DC), v. 6, n. 3, p. 503-517, Sept. 2008.

BEYME, K. Parliamentary Government. In: SMELSER, N. J.; BALTES, P. B. (Ed.). **International Encyclopedia of the Social & Behavioral Sciences**. New York: Elsevier, 2001. p. 11.054-11.058.

BIGNOTTO, N. **As aventuras da virtude**: as ideias republicanas na França do século XVIII. São Paulo: Companhia das Letras, 2010.

BOBBIO, N. **A teoria das formas de governo**. Tradução de Sérgio Bath. 3. ed. Brasília: UnB, 1980.

BOBBIO, N. **Direita e esquerda**: razões e significados de uma distinção política. 2. ed. Tradução de Marco Aurélio Nogueira. São Paulo: Unesp, 2001.

BOBBIO, N. **Igualdade e liberdade**. Tradução de Carlos Nelson Coutinho. Rio de Janeiro: Ediouro, 1996.

BOBBIO, N. **Locke e o direito natural**. Tradução de Sérgio Bath. Brasília: UnB, 1997.

BOBBIO, N. **O futuro da democracia**: uma defesa das regras do jogo. 4. ed. Tradução de Marco Aurélio Nogueira. São Paulo: Paz e Terra, 1989. (Coleção Pensamento Crítico, v. 63).

BOBBIO, N.; MATTEUCCI, N.; PASQUINO, G. (Org.). **Dicionário de política**. 12. ed. Tradução de Carmen C. Varriale et al. Brasília: UnB, 2002.

BOHN, S. Política comparada: um mapeamento do debate entre propostas teóricas e metodologias de pesquisa alternativas. **BIB**, São Paulo, n. 59, p. 61-80, 2005.

BONAVIDES, P. **Ciência política**. 19. ed. São Paulo: Malheiros, 2012.

BOROUMAND, L. Os iranianos se afastam da República Islâmica. **Journal of Democracy em Português**, São Paulo, v. 9, n. 1, p. 45-65, maio 2020. Disponível em: <http://www.plataformademocratica.org/arquivos/jd-may/Journal_Of_Democracy_Mai_20.pdf>. Acesso em: 14 set. 2021.

BOTTOMORE, T. (Ed.). **Dicionário do pensamento marxista**. Rio de Janeiro: Zahar, 1983.

BOURDIEU, P.; CHAMBOREDON, J.-C.; PASSERON, J.-C. **O ofício de sociólogo**: metodologia da pesquisa na sociologia. 7. ed. Petrópolis: Vozes, 2010.

BRASIL. **A Constituição e o Supremo**: Ato das Disposições Constitucionais Transitórias. Brasília: Supremo Tribunal Federal. Disponível em: <http://www.stf.jus.br/portal/constituicao/artigoBd.asp?item=2107>. Acesso em: 7 nov. 2016.

BRASIL. Constituição (1988). **Diário Oficial da União**, Brasília, DF, 5 out. 1988. Disponível em: <http://www.planalto.gov.br/ccivil_03/Constituicao/Constituicao.htm>. Acesso em: 7 nov. 2016.

BRASIL. Lei n. 12.527, de 18 de novembro de 2011. **Diário Oficial da União**, Poder Legislativo, Brasília, 18. nov. 2011. Disponível em: <http://www.planalto.gov.br/ccivil_03/_ato2011-2014/2011/lei/l12527.htm>. Acesso em: 7 nov. 2016.

BRASIL. **Relatório da Comissão Nacional da Verdade**. Brasília: CNV – Comissão Nacional da Verdade, 2014. Disponível em: <http://www.cnv.gov.br/>. Acesso em: 7 nov. 2016.

BRYANT, C. G. A. **Positivism in Social Theory and Research**. London: Palgrave MacMillan, 1985.

BULL, H. **A sociedade anárquica**: um estudo na ordem política mundial. Tradução de Sérgio Bath. Brasília: UnB; Instituto de Pesquisa de Relações Internacionais; São Paulo: Imprensa Oficial do Estado de São Paulo, 2002. (Coleção Clássicos IPRI).

BURAWOY, M. Cultivando sociologias públicas nos terrenos nacional, regional e global. **Revista de Sociologia e Política**, Curitiba, v. 17, n. 34, p. 219-230, out. 2009.

CANGUILHEM, G. **Estudos de história e de filosofia das ciências**: concernentes aos vivos e à vida. Rio de Janeiro: Forense, 2012.

CARNAP, R. Fondements logiques de l'unité de la science. **Romantisme**, Paris, v. 8, n. 21-22, p. 79-88, 1978.

CARNEIRO, D. **História geral da humanidade através de seus maiores tipos**. São Paulo: Athena, 1942. v. 6. (Civilização moderna).

CARVALHO, M. A. R.; ARAÚJO, C.; SIMÕES, J. A. (Org.). **A Constituição de 1988**: passado e futuro. São Paulo: Hucitec, 2009.

CERVI, E. U. **Manual de métodos quantitativos para iniciantes em ciência política**. Curitiba: CPOP-UFPR, 2017. v. 1.

CERVI, E. U. **Manual de métodos quantitativos para iniciantes em ciência política**. Curitiba: CPOP-UFPR, 2019. v. 2.

CHENG, A. **História do pensamento chinês**. Petrópolis: Vozes, 2008.

CIDADE de Deus. Direção: Fernando Meirelles. Rio de Janeiro: O2 Filmes, 2002. 130 min.

CLASTRES, P. **A sociedade contra o Estado**: pesquisas de antropologia política. 5. ed. Tradução de Thoo Santiago. Rio de Janeiro: F. Alves, 1990.

CLEGG, S. R. **Frameworks of Power**. London: Sage, 1989.

CODATO, A.; PERISSINOTTO, R. M. **Marxismo como ciência social**. Curitiba: UFPR, 2011.

COMTE, A. **Discurso sobre o espírito positivo**. São Paulo: M. Fontes, 1990.

COMTE, A. **Opúsculos de filosofia social**. Tradução de Ivan Lins e João Francisco de Souza. São Paulo: Globo; Edusp, 1972.

COMTE, A. **Système de politique positive ou traité de sociologie instituant la religion de i'humanité**. 4. ed. Paris: Larousse, 1929. v. 4.

CONSTANT, B. **Da liberdade dos antigos comparada à dos modernos**. Tradução de Loura Silveira. Discurso pronunciado no Athénée Royal de Paris, 1819. Disponível em: <http://www.fafich.ufmg.br/~luarnaut/Constant_liberdade.pdf>. Acesso em: 7 nov. 2016.

COSER, I. The Concept of Liberty: the Polemic between the Neo-Republicans and Isaiah Berlin. **Brazilian Political Science Review**, São Paulo, v. 8, n. 3, p. 39-65, Sept./Dec. 2014.

COULANGES, F. de. **A cidade antiga**. 5. ed. São Paulo: M. Fontes, 2004.

COX, R. Gramsci, hegemonia e relações internacionais: um ensaio sobre o método. In: GILL, S. (Org.). **Gramsci, materialismo histórico e relações internacionais**. Rio de Janeiro: UFRJ, 2007. p. 101-124.

CRESWELL, J. W. **Projeto de pesquisa**: métodos qualitativo, quantitativo e misto. Tradução de Magda Lopes. 3. ed. Porto Alegre: Artmed, 2010.

CREVELD, M. V. **The Rise and Decline of the State**. Cambridge: Cambridge University Press, 1999.

CROUZET, M. (Org.). **História geral das civilizações**. Rio de Janeiro: Bertrand Brasil, 1995. v. 10-13.

CURTIS, M. (Ed.). **The Great Political Thinkers**: From Greeks to Enlightenment. New York: Avon, 2008. v. 1.

DAHL, R. A. Uma crítica do modelo de elite dirigente. In: AMORIM, M. S. (Org.). **Sociologia política II**. Rio de Janeiro: Zahar, 1970. p. 90-100.

DAHL, R. A. **Análise política moderna**. 2. ed. Brasília: UnB, 1988.

DAHL, R. A. **Poliarquia**: participação e oposição. Tradução de Celso Mauro Paciornik. São Paulo: EDUSP, 1977.

DALLARI, D. A. **Elementos de teoria geral do estado**. 32. ed. São Paulo: Saraiva, 2013.

DAVIDSON, J. W. **Uma breve história dos Estados Unidos**. Tradução de Janaína Marcoantonio. Porto Alegre: L&PM, 2016.

DAVIS, W. S. **A History of France**: from the Earliest Times to the Treaty of Versailles. Boston: University of Cambridge, 1919.

DEMANT, P. **O mundo muçulmano**. São Paulo: Contexto, 2004.

DIAMOND, L. Three Paradoxes of Democracy. **Journal of Democracy**, Washington, v. 1, n. 3, p. 48-60, 1990. Disponível em: <https://muse.jhu.edu/article/225649/pdf>. Acesso em: 14 set. 2021.

DOWNS, A. **Uma teoria econômica da democracia**. Tradução de Sandra Guardini T. Vasconcelos. São Paulo: edusp, 1999.

DUARTE, A. **O pensamento à sombra da ruptura**: política e filosofia em Hannah Arendt. São Paulo: Paz e Terra, 2000.

DUMONT, L. **Homo Hierarchicus**: the Caste System and its Implications. 2. ed. Chicago: University of Chicago, 1995.

DUMONT, L. **O individualismo**: uma perspectiva antropológica da ideologia moderna. Rio de Janeiro: Rocco, 1985.

DURKHEIM, E. **O suicídio**. São Paulo: M. Fontes, 2000.

DUROSELLE, J.-B. **Todo império perecerá**: teoria das relações internacionais. Brasília: UnB, 2000.

DUVERGER, M. **Os partidos políticos**. Rio de Janeiro: Zahar, 1970.

EASTON, D. O sistema político sitiado pelo Estado. In: LAMOUNIER, B. (Org.). **A ciência política nos anos 80**. Brasília: UnB, 1982.

EASTON, D. The Decline of Modern Political Theory. **The Journal of Politics**, Washington (DC), v. 13, n. 1, p. 36-58, Feb. 1951.

EASTON, D. Uma tentativa de análise dos sistemas políticos. In: AMORIM, M. S. (Org.). **Sociologia política II**. Rio de Janeiro: Zahar, 1970. p. 22-42.

EASTON, D. **Uma teoria de análise política**. Rio de Janeiro: Zahar, 1968.

EATWELL, R.; GOODWIN, M. **Nacional-populismo**: a revolta contra a democracia liberal. Tradução de Alessandra Bonrruquer. Rio de Janeiro: Record, 2020.

O NOME da rosa. Direção: Jean-Jacques Annaud. Alemanha/ França/Itália: Cristaldifilm, France 3 Cinéma, Les filmes Ariane, Neue Constantin Film, Rai Uno Radiotelevisione Italiana, Zweites Deutsches Fernsehen, 1986. 251 min.

EIZIRIK, M. F. **Michel Foucault**: um pensador do presente. 2. ed. Ijuí: Unijuí, 2005.

FAINSTEIN, S. S. Community Power Structure. In: SMELSER, N. J.; BALTES, P. B. (Ed.). **International Encyclopedia of the Social & Behavioral Sciences**. New York: Elsevier, 2001. p. 2.371-2.374.

FIGUEIREDO, A. C.; FIGUEIREDO, M. **O plebiscito e as formas de governo**. São Paulo: Brasiliense, 1993.

FIGUEIREDO, A. C.; LIMONGI, F. **Executivo e Legislativo na nova ordem constitucional**. 2. ed. Rio de Janeiro: Fundação Getúlio Vargas, 2001.

FOLIGNO, C. A transmissão do legado. In: BAILEY, C. (Org.). **O legado de Roma**. Rio de Janeiro: Imago, 1992. p. 25-60.

FOUCAULT, M. **Microfísica do poder**. 4. ed. Tradução de Roberto Machado. Rio de Janeiro: Graal, 1984.

FOUCAULT, M. **Segurança, território, população**. Tradução de Eduardo Brandão. São Paulo: M. Fontes, 2008.

FUKUYAMA, F. **O fim da história e o último homem**. Tradução de Aulyde S. Rodrigues. Rio de Janeiro: Rocco, 2015.

FURET, F. **O passado de uma ilusão**: ensaios sobre a ideia comunista no século XX. São Paulo: Siciliano, 1995.

FURET, F.; OZOUF, M. (Org.). **Dicionário crítico da Revolução Francesa**. Rio de Janeiro: Nova Fronteira, 1989.

GELLNER, E. **Condições da liberdade**. Rio de Janeiro: J. Zahar, 1996.

GIBBON, E. **Declínio e queda do Império Romano**. São Paulo: Companhia das Letras, 2005.

GIDDENS, A. **Para além da esquerda e da direita**: o futuro da política radical. Tradução de Álvaro Hattnher. São Paulo: Unesp, 1996.

GOERTZ, G.; MAHONEY, J. **A Tale of Two Cultures**: Qualitative and Quantitative Research in the Social Sciences. Oxford: Princeton University Press, 2012.

GRANET, M. **O pensamento chinês**. Tradução de Vera Ribeiro. São Paulo: Contraponto, 2008.

GRANGE, J. Expliquer et comprendre de Comte à Dilthey. 2003. In: ZACCAÏ-REYNERS, N. (Ed.). **Explication-compréhension**: regards sur les sources et l'actualité d'une controverse épistémologique. Bruxelles: Université de Bruxelles, 2008. p. 13-34.

GRÉCIA ANTIGA. **Arcanoteca**: Artigos. 2 maio 2014. Disponível em: <http://arcanoteca.blogspot.com.br/2014/05/menu-artigos-grecia-antiga.html>. Acesso em: 7 nov. 2016.

GUNNELL, J. G. **Imagining the American Polity**: Political Science and the Discourse of Democracy. University Park: Pennsylvania State University Press, 2004.

GUNTHER, R.; DIAMOND, L. Espécies de partidos políticos: uma nova tipologia. **Paraná Eleitoral**, Curitiba, v. 4, n. 1, p. 7-51, abr. 2015.

HALL, P. A.; TAYLOR, R. C. R. As três versões do neo-institucionalismo. **Lua Nova**, São Paulo, n. 58, p. 193-223, 2003.

HELD, D. **Modelos de democracia**. Tradução de Alexandre Sobreira Martins. Belo Horizonte: Paidéia, 1987.

HEMPEL, C. G. **Filosofia da ciência natural**. Rio de Janeiro: Zahar, 1974.

HILL, C. **O eleito de deus**: Oliver Cromwell e a Revolução Inglesa. São Paulo: Companhia das Letras, 1988.

HIRSCH, J. ¿Qué significa Estado? Reflexiones acerca de la teoría del Estado capitalista. **Revista de Sociologia e Política**, Curitiba, n. 24, p. 165-175, jun. 2005.

HIRST, P.; THOMPSON, G. **Globalização em questão**: a economia internacional e as possibilidades de governabilidade. 2. ed. Petrópolis: Vozes, 1998.

HOBBES, T. **Leviatã ou matéria, forma e poder de um estado eclesiástico e civil**. São Paulo: Abril Cultural, 1996.

HOBSBAWM, E. **Nações e nacionalismo desde 1780**. Tradução de Maria Celia Paoli e Anna Maria Quirino. São Paulo: Paz e Terra, 1991.

HOFFMANN, S. An American Social Science: International Relations. **Dædalus**, Cambridge (Mass.), v. 106, n. 3, p. 41-60, Summer, 1977.

HOROCHOVSKI, R. R. Accountability e seus mecanismos: um balanço teórico. In: SERBENA, C. A. (Org.). **E-Justiça e processo eletrônico**: anais do 1º congresso de E-justiça da UFPR. Juruá: Curitiba, 2013. p. 277-300.

HUGHES, J. **A filosofia da pesquisa social**. Rio de Janeiro: Zahar, 1983.

HUNTINGTON, S. P. **A terceira onda**: a democratização no final do século XX. Tradução de Sergio Goes de Paula. São Paulo: Ática, 1994.

JACKSON, R.; SORENSEN, G. **Introdução às relações internacionais**: teorias e abordagens. Tradução de Bárbara Duarte. Rio de Janeiro: J. Zahar, 2007.

JESSOP, B. O Estado, o poder, o socialismo de Poulantzas como um clássico moderno. **Revista de Sociologia e Política**, Curitiba, v. 17, n. 33, p. 131-144, jun. 2009.

KENT, G. O. **Bismarck e seu tempo**. Tradução de Maria Inês Caldas de Moura. Brasília: UnB, 1982. (Coleção Itinerários).

KEOHANE, R. O.; NYE, J. S. **Power and Interdependence**. 2. ed. New York: Longman, 2001.

KING, G.; KEOHANE, R. O.; VERBA, S. **Designing Social Inquiry**. New Jersey: Princeton University Press, 1994.

KRASNER, S. D. Causas estruturais e consequências dos regimes internacionais: regimes como variáveis intervenientes. **Revista de Sociologia e Política**, Curitiba, v. 20, n. 42, p. 93-110, jun. 2012.

KRITSCH, R. Maquiavel e a construção da política. **Lua Nova**, São Paulo, n. 53, p. 181-190, 2001.

KRITSCH, R. Rumo ao Estado moderno: as raízes medievais de alguns de seus elementos formadores. **Revista de Sociologia e Política**, Curitiba, n. 23, p. 103-114, nov. 2004.

KRITSCH, R. **Soberania**: a construção de um conceito. São Paulo: Humanitas; FFLCH; EDUSP, 2002.

KUMAR, K. **Da sociedade pós-industrial à pós-moderna**. Rio de Janeiro: J. Zahar, 1997.

KUSCHNIR, K.; CARNEIRO, L. P. As dimensões subjetivas da política: cultura política e antropologia da política. **Revista Estudos Históricos**, Rio de Janeiro, v. 13, n. 24, p. 227-250, 1999.

LACERDA, G. B. **Aforismos sociológicos I**. Filosofia Social e Positivismo, 2009a. Disponível em: <http://filosofiasocialepositivismo.blogspot.com.br/2009/05/aforismos-sociologicos-i.html>. Acesso em: 7 nov. 2016.

LACERDA, G. B. **Aforismos sociológicos VII**. Filosofia Social e Positivismo, 2013. Disponível em: <http://filosofiasocialepositivismo.blogspot.com.br/2013/04/aforismos-sociologicos-vii.html>. Acesso em: 7 nov. 2016.

LACERDA, G. B. Augusto Comte e o "positivismo" redescobertos. **Revista de Sociologia e Política**, Curitiba, v. 17, n. 34, p. 319-343, out. 2009b. Disponível em: <http://www.scielo.br/pdf/rsocp/v17n34/a21v17n34.pdf>. Acesso em: 7 nov. 2016.

LACERDA, G. B. **O momento comtiano**: república e política no pensamento de Augusto Comte. Florianópolis. 496 f. Tese (Doutorado em Sociologia Política) – Universidade Federal de Santa Catarina, Florianópolis, 2010. Disponível em: <http://www.tede.ufsc.br/teses/PSOP0369-T.pdf>. Acesso em: 7 nov. 2016.

LACERDA, G. B. Problemas de ensino e pesquisa de métodos e teorias: reflexões sobre três oposições. **Ius Gentium**, Curitiba, v. 10, n. 5, p. 245-269, jul./dez. 2014a.

LACERDA, G. B. Sobre as relações entre igreja e Estado: conceituando a laicidade. In: CNMP – Conselho Nacional do Ministério Público (Org.). **Ministério Público em defesa do Estado laico**. Brasília: Conselho Nacional do Ministério Público, 2014b. p. 179-206. v. 1. (Coletânea de artigos).

LAMOUNIER, B. (Org.). **A opção parlamentarista**. São Paulo: Sumaré, 1991.

LANDMANN, T. **Rebutting 'Perestroika'**: Method and Substance in Political Science. 2002. Disponível em: <http://www.uvm.edu/~dguber/POLS293/articles/landman.pdf>. Acesso em: 7 nov. 2016.

LAPID, Y. The Third Debate: On the Prospects of International Theory in a Post-Positivist Era. **International Studies Quarterly**, v. 33, n. 3, p. 235-254, Sept. 1989.

LESSA, R. (Org.). **Ciência Política**. São Paulo: Discurso, 2010. (Horizontes das Ciências Sociais no Brasil, v. 2).

LEVIN, M. What Makes A Classic in Political Theory? **Political Science Quarterly**, v. 88, n. 3, p. 462-476, Sept. 1973.

LEVINE, D. **Visões da tradição sociológica**. Rio de Janeiro: J. Zahar, 1997.

LÉVI-STRAUSS, C. **A origem dos modos à mesa**. São Paulo: Cosac-Naify, 2006. (Coleção Mitológicas 3).

LÉVI-STRAUSS, C. **Do mel às cinzas**. São Paulo: Cosac-Naify, 2005. (Coleção Mitológicas 2).

LÉVI-STRAUSS, C. **O cru e o cozido**. São Paulo: Cosac-Naify, 2004. (Coleção Mitológicas 1).

LÉVI-STRAUSS, C. **O homem nu**. São Paulo: Cosac-Naify, 2011. (Coleção Mitológicas 4).

LÉVI-STRAUSS, C. **Tristes trópicos**. Tradução de Rosa Freire d'Aguiar. São Paulo: Companhia das Letras, 1996.

LIJPHART, A. **Modelos de democracia**. Rio de Janeiro: Civilização Brasileira, 2003.

LILLA, M. **O progressista de ontem e o do amanhã**: desafios da democracia liberal no mundo pós-políticas identitárias. Tradução de Berilo Vargas. São Paulo: Companhia das Letras, 2018.

LIMONGI, F. A democracia no Brasil: presidencialismo, coalizão partidária e processo decisório. **Novos Estudos** – CEBRAP, São Paulo, n. 76, p. 17-41, nov. 2006.

LINZ, J. J. An Authoritarian Regime: Spain. In: ALLARDT, E.; LITTUNEN, Y. (Ed.). **Cleavages, Ideologies and Party Systems**. Helsinki: Wesiermarck Society, 1964.

LINZ, J. J. Presidential Government. In: SMELSER, N. J.; BALTES, P. B. (Ed.). **International Encyclopedia of the Social & Behavioral Sciences**. New York: Elsevier, 2001. p. 12.000-12.006.

LINZ, J. J.; STEPAN, A. **A transição e consolidação da democracia**: a experiência do Sul da Europa e da América do Sul. São Paulo: Paz e Terra, 1999.

LOOMIS, S. **Paris sob o Terror**: 1793-1794. Rio de Janeiro: Civilização Brasileira, 1965.

LÜCHMANN, L. H. H. Associações, participação e representação: combinações e tensões. **Lua Nova**, São Paulo, n. 84, p. 141-174, 2011.

LUKES, S. **O poder**: uma visão radical. Tradução de Vamireh Chacon. Brasília: UnB, 1980.

MAINWARING, S.; BIZZARRO, F. O que aconteceu com as democracias da terceira onda? **Journal of Democracy em Português**, São Paulo, v. 8, n. 1, p. 1-25, maio 2019. Disponível em: <http://www.plataformademocratica.org/Arquivos/JD-v8_n1_00_Versao_Completa.pdf>. Acesso em: 14 set. 2021.

MALINOWSKI, B. **Os argonautas do Pacífico Ocidental**. São Paulo: Abril Cultural, 1976. (Coleção Os Pensadores).

MAQUIAVEL, N. **Discursos sobre a primeira década de Tito Lívio**. São Paulo: M. Fontes, 2007.

MARX, K. Prefácio: Contribuição à crítica da economia política. In: IANNI, O. (Org.). **Marx**. São Paulo: Ática, 1979a. p. 62-73. (Coleção Grandes Cientistas Sociais).

MARX, K. Questionário sobre a situação operária na França. In: IANNI, O. (Org.). **Marx**. São Paulo: Ática, 1979b. p. 133-144. (Coleção Grandes Cientistas Sociais).

MARX, K.; ENGELS, F. **Manifesto do partido comunista**. São Paulo: Cortez, 1998.

MARX, K.; ENGELS, F. **Obras escolhidas**. São Paulo: Alfa-Ômega, 1982. v. 3.

MCMAHON, R. J. **Guerra Fria**. Tradução de Rosaura Eichenberg. Porto Alegre: L&PM, 2012.

MENDONÇA, R. F.; CAETANO, R. D. Populism as Parody: The Visual Self-Presentation of Jair Bolsonaro on Instagram. **International Journal of Press/Politics**, London, v. 26, n. 1, p. 210-235, 2021. Disponível em: <https://journals.sagepub.com/doi/pdf/10.1177/1940161220970118>. Acesso em: 14 set. 2021.

MICHELS, R. **Para uma sociologia dos partidos políticos na democracia moderna**. Tradução de José M. Justo. Lisboa: Antígona, 2001.

MILL, J. S. **Considerações sobre o governo representativo**. Brasília: UnB, 1981.

MILL, J. S. **Sobre a liberdade**. 2. ed. Petrópolis: Vozes, 1991.

MILLS, C. W. **A imaginação sociológica**. 3. ed. Rio de Janeiro: J. Zahar, 1972.

MINAYO, M. C. S. (Org.). **Pesquisa social**: teoria, método e criatividade. 29. ed. Petrópolis: Vozes, 2010.

MONTERO, P.; ARRUTI, J. M.; POMPA, C. Para uma antropologia do político. In: LAVALLE, A. G. (Org.). **O horizonte da política**: questões emergentes e agendas de pesquisa. São Paulo: Unesp, 2011. p. 145-184.

MONTESQUIEU. **Do espírito das leis**. São Paulo: Abril Cultural, 1997. (Coleção Os Pensadores, v. 1).

MORGENTHAU, H. **A política entre as nações**: a luta pelo poder e pela paz. Tradução de Kenneth W. Thompson. Brasília: UnB; Instituto de Pesquisa de Relações Internacionais; São Paulo: Imprensa Oficial do Estado de São Paulo, 2003. (Coleção Clássicos IPRI).

MOURA, M.; CORBELLINI, J. **A eleição disruptiva**: por que Bolsonaro venceu. Rio de Janeiro: Record, 2019.

MUNCK, G. L. The Past and Present of Comparative Politics. In: MUNCK, G. L.; SNYDER, R. (Ed.). **Passion, Craft, and Method in Comparative Politics**. Baltimore: Johns Hopkins University Press, 2007. p. 32-62.

MUNCK, G. L.; SNYDER, R. (Ed.). **Passion, Craft, and Method in Comparative Politics**. Baltimore: Johns Hopkins University Press, 2007.

NICOLAU, J. **O Brasil dobrou à direita**: uma radiografia da eleição de Bolsonaro em 2018. Rio de Janeiro: Zahar, 2020.

NICOLET, C. **L'Idée républicaine en France** (1789-1924). 2. ed. Paris: Gallimard, 1994.

NYE, J. S. **Compreender os conflitos internacionais**: uma introdução à teoria e à história. Lisboa: Gradiva, 2002.

O MUNDO ROMANO. **Capítulo 5**. São Paulo: Edições SM, 2014. Disponível em: <http://www.edicoessm.com.br/files/pnld/2014/reproducao_de_capitulo/vj/VJ_HIST_6_LA_PNLD_2014_Pag_134_161.pdf>. Acesso em: 7 nov. 2016.

O'DONNELL, G. Teoria democrática e política comparada. **Dados**, Rio de Janeiro, v. 42, n. 4, p. 655-690, 1999.

O'DONNELL, G.; SCHMITTER, P. C. **Transições do regime autoritário**: primeiras conclusões. São Paulo: Vértice; Revista dos Tribunais, 1988.

OLIVEIRA FILHO, J. J. Patologia e regras metodológicas. **Estudos Avançados**, São Paulo, v. 9, n. 23, p. 263-268, jan./abr. 1995.

PASQUINO, G. Revolução. In: BOBBIO, N.; MATTEUCCI, N.; PASQUINO, G. (Org.). **Dicionário de política**. Tradução de Carmen C. Varriale et al. 12. ed. Brasília: UnB, 2002.

PATEMAN, C. **Participação e teoria democrática**. São Paulo: Paz e Terra, 1992.

PATY, M. **D'Alembert**. São Paulo: Estação Liberdade, 2005.

PECEQUILO, C. S. **Política externa dos Estados Unidos**: continuidade ou mudança? Porto Alegre: UFRGS, 2003.

PEGOLI, J. Resumo da Guerra Fria e principais acontecimentos. **Mix de Notícias**. 23 dez. 2014. Disponível em: <http://www.mixdenoticias.com.br/resumo-da-guerra-fria/>. Acesso em: 7 nov. 2016.

PEREIRA, A. E. O exercício do poder na política internacional: contraponto entre as perspectivas de Hans Morgenthau e Immanuel Wallerstein. **Tuiuti**: Ciência e Cultura, Curitiba, n. 43, p. 135-138, 2010.

PERES, P. S. Comportamento ou instituições? A evolução histórica do neo-institucionalismo da Ciência Política. **Revista Brasileira de Ciências Sociais**, São Paulo, v. 23, n. 68, p. 53-71, out. 2008.

PERISSINOTTO, R. M. **As elites políticas**: questões de teoria e método. Curitiba: Ibpex, 2009a.

PERISSINOTTO, R. M. Comparação e Ciência Social: modelos teóricos e aplicações práticas. In: CODATO, A.; TRIBESS, C. (Org.). COLÓQUIO POLÍTICA, HISTÓRIA E SOCIEDADE: perspectivas comparadas, 2009, Curitiba. **Anais...** Curitiba: NUSP-UFPR, 2009b.

PERISSINOTTO, R. M. Poder: imposição ou consenso ilusório? Por um retorno a Max Weber. In: NOBRE, R. F. (Org.). **O poder no pensamento social**: dissonâncias. Belo Horizonte: UFMG, 2008. p. 29-58.

PERISSINOTTO, R. M. Política e sociedade: por uma volta à sociologia política. **Política & Sociedade**, Florianópolis, n. 5, p. 203-232, out. 2004.

PESSOA JUNIOR, O. **História da teoria quântica**. 2010. Disponível em: <http://www.fflch.usp.br/df/opessoa/Hist-MQ-2.pdf>. Acesso em: 7 nov. 2016.

PETTIT, P. **Republicanismo**: una teoría sobre la libertad y el gobierno. Buenos Aires: Paidós, 1999.

PINTO, V. C. A revolução que não começou: as particularidades da Primavera Khaleeji. **Ciência e Cultura**, São Paulo, v. 64, n. 4, p. 30-33, out./dez. 2012. Disponível em: <http://cienciaecultura.bvs.br/scielo.php?script=sci_arttext&pid=S0009-67252012000400014>. Acesso em: 14 set. 2021.

PIPES, R. **História concisa da Revolução Russa**. Tradução de T. Reis. Rio de Janeiro: Record, 2008.

PISIER, E. (Org.). **História das ideias políticas**. São Paulo: Manole, 2004.

POCOCK, J. G. A. **Linguagens do ideário político**. São Paulo: EDUSP, 2003.

POPPER, K. **A lógica das ciências sociais**. Rio de Janeiro: Tempo Brasileiro, 1978.

POPPER, K. **A sociedade aberta e seus inimigos**: o fascínio de Platão. Tradução de Milton Amado. Belo Horizonte: Itatiaia, 1974. v. 1. (Coleção Espírito do nosso tempo, 1).

POUPART, J. et al. **A pesquisa qualitativa**: enfoques epistemológicos e metodológicos. Tradução de Ana Cristina Nasser. 2. ed. Petrópolis: Vozes, 2010. (Coleção Sociologia).

PUTNAM, R. D. **Comunidade e democracia**: a experiência da Itália moderna. Tradução de Luiz Alberto Monjardim. Rio de Janeiro: FGV, 1996.

PUTNAM, R. D. Diplomacia e política doméstica: a lógica dos jogos de dois níveis. **Revista de Sociologia e Política**, Curitiba, v. 18, n. 36, p. 147-174, jun. 2010.

REIS, B. P. W. Going Home in Peace: The Economy of Virtues, and Apathy as a Right. **Brazilian Political Science Review**, São Paulo, n. 1, v. 1, p. 10-24, 2007.

RINGER, F. **A metodologia de Max Weber**: unificação das ciências culturais e sociais. São Paulo: EDUSP, 2004.

RISÉRIO, A. **Sobre o relativismo pós-moderno e a fantasia fascista da esquerda identitária**. Rio de Janeiro: Topbooks, 2018.

RODRIGUES, L. M. (Org.). **Em defesa do presidencialismo**. Rio de Janeiro: Espaço e Tempo, 1993.

ROSSI, P. **O nascimento da ciência moderna na Europa**. Bauru: EDUSC, 2001.

ROSTOVTZEFF, M. **História de Roma**. São Paulo: Zahar, 1973.

ROULAND, N. **Roma, democracia impossível?** Os agentes do poder na urbe romana. Brasília: UnB, 1997.

RUSSELL, B. **O poder**: uma nova análise social. São Paulo: Nacional, 1957.

SADI, A.; BOGHOSSIAN, B. Eduardo Cunha diz que articula para aprovar sistema parlamentarista. **Folha Online**, 29 jun. 2015. Disponível em: <http://www1.folha.uol.com.br/poder/2015/06/1648976-eduardo-cunha-diz-que-articula-para-aprovar-sistema-parlamentarista.shtml>. Acesso em: 7 nov. 2016.

SANSONE, D. **Ancient Greek Civilization**. 3. ed. New Jersey: John Wiley & Sons, Inc., 2017. Disponível em: <https://books.google.com.br/books?id=cVUWDQAAQBAJ&pg=PA168&lpg=PA168&dq=map+Peloponnesian+war+alliances+in+431+B.C&source=bl&ots=poW1jcTuog&sig=IGlJfrGHsbZ2cJtNAaOnQbHifrQ&hl=pt-BR&sa=X&ved=0ahUKEwjI5LjJjJ7PAhWBk5AKHclLCc84ChDoAQhhMAk#v=onepage&q=map%20Peloponnesian%20war%20alliances%20in%20431%20B.C&f=false>. Acesso em: 7 nov. 2016.

SARFATI, G. **Teorias de relações internacionais**. São Paulo: Saraiva, 2005.

SARTORI, G. **A política**. Brasília: UnB, 1981.

SARTORI, G. **A teoria da democracia revisitada**: o debate contemporâneo. São Paulo: Ática, 1994. v. 1. (Série Fundamentos, 104).

SARTORI, G. Concept Misformation in Comparative Politics. **The American Political Science Review**, Washington (D. C.), v. 64, n. 4, p. 1033-1053, Dec. 1970.

SARTORI, G. Da sociologia da política à sociologia política. In: LIPSET, S. M. (Org.). **Política e ciências sociais**. Rio de Janeiro: J. Zahar, 1972.

SARTORI, G. **Partidos y sistemas de partidos**: marco para un análisis. 2. ed. Madrid: Alianza, 2009.

SCHLUCHTER, W. **O desencantamento do mundo**: seis estudos sobre Max Weber. Rio de Janeiro: UFRJ, 2014.

SCHUMPETER, J. A. **Capitalismo, socialismo e democracia**. Tradução de Ruy Jungmann. Rio de Janeiro: Fundo de Cultura, 1961.

SEDGWICK, M. **Contra o mundo moderno**: o Tradicionalismo e a história intelectual secreta do século XX. Tradução de Diogo Rosas G. Belo Horizonte: Âyiné, 2020.

SINGER, A. **Esquerda e direita no eleitorado brasileiro**: a identificação ideológica nas disputas presidenciais de 1989 e 1994. São Paulo: Edusp; Fapesp, 2002.

SKIDMORE, T. **Brasil**: de Castelo a Tancredo. 6. ed. Rio de Janeiro: Paz e Terra, 1988.

SKIDMORE, T. **Brasil**: de Getúlio a Castello. São Paulo: Companhia das Letras, 2010.

SKINNER, Q. **As fundações do pensamento político moderno**. Tradução de Renato Janine Ribeiro e Laura Teixeira Motta. São Paulo: Companhia das Letras, 2009.

SKINNER, Q. **Liberdade antes do liberalismo**. São Paulo: Unesp; Cambridge University Press, 1999.

SKINNER, Q. The State of Princes to the Person of the State. In: SKINNER, Q. **Visions of Politics**: Renaissance Virtues. Cambridge: Cambridge University Press, 2007. v. II. p. 368-413.

SKOCPOL, T. **Estados e revoluções sociais**: análise comparativa de França, Rússia e China. Lisboa: Presença, 1985.

SNOW, C. P. The Two Cultures. **Leonardo**, London, v. 23, n. 2-3, p. 169-173, 1990.

SNYDER, T. **Na contramão da liberdade**: a guinada autoritária nas democracias contemporâneas. Tradução de Berilo Vargas. São Paulo: Companhia das Letras, 2019.

SPRINZ, D. F.; WOLINSKY-NAHMIAS, Y. (Ed.). **Models, Numbers, and Cases**: Methods for Studying International Relations. Ann Arbor: University of Michigan Press, 2004.

STONE, I. F. **O julgamento de Sócrates**. São Paulo: Companhia das Letras, 2005.

STOPPINO, M. Autoritarismo. In: BOBBIO, N.; MATTEUCCI, N.; PASQUINO, G. (Org.). **Dicionário de política**. 12. ed. Tradução de Carmen C. Varriale et al. Brasília: UnB, 2002a. p. 94-104.

STOPPINO, M. Poder. In: BOBBIO, N.; MATTEUCCI, N.; PASQUINO, G. (Org.). **Dicionário de política**. 12. ed. Tradução de Carmen C. Varriale et al. Brasília: UnB, 2002b. p. 933-942.

STOPPINO, M. Totalitarismo. In: BOBBIO, N.; MATTEUCCI, N.; PASQUINO, G. (Org.). **Dicionário de política**. 12. ed. Tradução de Carmen C. Varriale et al. Brasília: UnB, 2002c. p. 1.247-1.259.

TAVARES, J. A. G. **Sistemas eleitorais nas democracias contemporâneas**: teoria, instituições, estratégia. Rio de Janeiro: Relume Dumará, 1994.

TEITEL, R. G. Transitional Justice Genealogy. **Harvard Human Rights Journal**, Cambridge (Mass.), v. 16, p. 69-94, Spring. 2003.

TEITELBAUM, B. R. **Guerra pela eternidade**: o retorno do Tradicionalismo e a ascensão da direita populista. Tradução de Cynthia Costa. Campinas: Unicamp, 2020.

THE NATIONAL ARCHIVES. **The First World War**: Europe 1914. Disponível em: <http://www.nationalarchives.gov.uk/pathways/firstworldwar/maps/europe1914.htm>. Acesso em: 7 nov. 2016.

TILLY, C. **As revoluções europeias**: 1492-1992. Lisboa: Presença, 1996.

TOCQUEVILLE, A. **A democracia na América**. 2. ed. Tradução de Eduardo Brandão. São Paulo: M. Fontes, 2005.

TUCÍDIDES. **História da guerra do Peloponeso**. 4. ed. Tradução de Mário da Gama Kury Brasília: UnB; Instituto de Pesquisa de Relações Internacionais; São Paulo: Imprensa Oficial do Estado de São Paulo, 2001. (Coleção Clássicos IPRI).

URBINATI, N. Political Theory of Populism. **Annual Review of Political Science**, Palo Alto, v. 22, p. 111-127, May 2019. Disponível em: <https://www.annualreviews.org/doi/abs/10.1146/annurev-polisci-050317-070753>. Acesso em: 14 set. 2021.

VENTURI, F. **Utopia e reforma no Iluminismo**. Bauru: Edusc, 2003.

VILAR, L. César Bórgia: o homem que inspirou o Príncipe de Maquiavel. **Seguindo os passos da história**. 11 ago. 2015. Disponível em: <http://seguindopassoshistoria.blogspot.com.br/2015/08/cesar-borgia-o-homem-que-inspirou-o.html>. Acesso em: 7 nov. 2016.

VINCENT, A. **The Nature of Political Theory**. Oxford: Oxford University Press, 2004.

WALDNER, D. Policy History: Regimes. In: SMELSER, N. J.; BALTES, P. B. (Ed.). **International Encyclopedia of the Social & Behavioral Sciences**. New York: Elsevier, 2001. p. 11.541-11.547.

WALLERSTEIN, I. Análise dos sistemas mundiais. In: GIDDENS, A.; TURNER, J. (Org.). **Teoria social hoje**. São Paulo: Unesp, 1999a. p. 447-470.

WALLERSTEIN, I. **El moderno sistema mundial**: la agricultura capitalista y los orígenes de la economía-mundo europea en siglo XVI. Ciudad de México: Siglo XXI, 1999b.

WALTZ, K. **Teoria das relações internacionais**. Lisboa: Gradiva, 2002.

WEBER, M. A dominação. In: CARDOSO, F. H.; MARTINS, C. E. (Org.). **Política e sociedade**. São Paulo: Nacional, 1979. (Coleção Biblioteca Universitária, v. 1). p. 9-20.

WEBER, M. **A ética protestante e o "espírito" do capitalismo**. Tradução de José Marcos Mariani de Macedo. São Paulo: Companhia das Letras, 2004.

WEBER, M. A política como vocação. In: GERTH, H. H.; MILLS, C. W. (Org.). **Max Weber**: ensaios de sociologia. 5. ed. Rio de Janeiro: Guanabara-Koogan, 1982a. p. 97-153.

WEBER, M. Burocracia. In: GERTH, H. H.; MILLS, C. W. (Org.). **Max Weber**: ensaios de sociologia. 5. ed. Rio de Janeiro: Guanabara-Koogan, 1982b. p. 229-282.

WEBER, M. **Economía y sociedad**. 2. ed. Ciudad de México: Fondo de Cultura Económica, 2002.

WEDGWOOD, C. V. **The Thirty Years War**. London: Pimlico, 1992.

WEFFORT, F. C. **O populismo na política brasileira**. Rio de Janeiro: Paz e Terra, 1978.

WEFFORT, F. C. (Org.). **Os clássicos da política**. 14. ed. São Paulo: Ática, 2006. v. 2.

YIN, R. K. **Estudo de caso**: planejamento e métodos. Tradução de Daniel Grassi. 3. ed. Porto Alegre: Bookman, 2005.

YIN, R. K. **Pesquisa qualitativa do início ao fim**. Tradução de Daniel Bueno. Porto Alegre: Penso, 2016.

Bibliografia comentada

Em cada um dos capítulos deste livro procuramos indicar ou sugerir literatura de apoio para os temas que abordamos. Embora longe de esgotar as possibilidades, essa literatura indicada nos capítulos é uma porta de entrada segura para quem deseja aprofundar-se nos temas abordados. Como cremos ser possível perceber, na medida das possibilidades, indicamos textos em português, mas nem sempre isso foi factível, pois conforme indicamos no Capítulo 2, em virtude da origem estadunidense da ciência política e do peso político e acadêmico dos EUA no mundo atual, muito da literatura que não está em português ainda se encontra em inglês.

Os livros que indicamos e comentamos não cobrem todas as discussões abordadas nesta obra – nem seria possível! –, mas apresentam panoramas gerais úteis e discussões que situam grande parte dos debates.

Por fim, as edições indicadas não são as únicas disponíveis: são apenas as edições que foram consultadas para redigir este volume. Dessa forma, com frequência é possível encontrar no mercado de livros novos ou de usados inúmeras outras edições, em português, em inglês, em espanhol e mesmo em outras línguas. Além disso, é possível obter diversas delas gratuitamente na internet, com um pouco de procura paciente.

ARON, R. **Paz e guerra entre as nações**. 2. ed. Brasília: UnB, 1986.

ARON, R. **Estudios políticos**. Ciudad de México: Fondo de Cultura Económica, 1997.

ARON, R. **As etapas do pensamento sociológico**. 3. ed. Lisboa: Dom Quixote, 1999.

O francês Raymond Aron foi um dos mais importantes pensadores do século XX, tendo produzido muito na filosofia, na sociologia, na ciência política e também como comentarista político. Seus livros refletem essa pluralidade de perspectivas e conhecimentos. *Paz e guerra entre as nações* é um clássico da área de relações internacionais, fazendo uma revisão sistemática, ao mesmo tempo teórica e histórica, das principais categorias analíticas das relações internacionais, tendo como pano de fundo dessa reflexão a realidade da Guerra Fria (1947-1991) e da corrida armamentista por armas nucleares. Evidentemente, Aron tinha suas perspectivas específicas: em termos políticos gerais, era liberal e, no que se refere às relações internacionais, era um realista (ou seja, entendia que a política internacional é uma política de poder); mas, quer os leitores concordem com ele, quer discordem, esse livro é um excelente ponto de partida para qualquer estudo de RI.

O volume *Estudos políticos*, que também tem uma edição brasileira, é uma compilação de cerca de 20 artigos escritos durante vários anos, abordando questões variadas da ciência política, da sociologia política, de relações internacionais e de teoria política normativa. Assim, por exemplo, ele discute e repassa as ideias políticas de Maquiavel, investiga os sentidos do conceito de *poder* e também questiona o que seria uma teoria de relações internacionais.

O livro *As etapas do pensamento sociológico* é outro clássico das ciências sociais. Ele não apresenta as ideias do próprio Aron, mas expõe, de maneira clara, competente e sistemática, as concepções sociológicas – entendendo-se *sociológico* em sentido amplo, isto é, também político – de vários fundadores das ciências sociais, alguns dos quais se tornaram conhecidos justamente em função desse livro: Montesquieu, Augusto Comte, Karl Marx, Alexis de Tocqueville, Vilfredo Pareto, Emile Durkheim e Max Weber.

BOBBIO, N. **A teoria das formas de governo**. Tradução de Sérgio Bath. 3. ed. Brasília: UNB, 1980.

BOBBIO, N.; MATTEUCCI, N.; PASQUINO, G. (Org.). **Dicionário de política**. 12. ed. Tradução de Carmen C. Varriale et al. Brasília: UNB, 2002.

O italiano Norberto Bobbio foi um dos mais importantes autores do século XX. Tendo desenvolvido uma importante carreira política na luta contra o fascismo, Bobbio era, acima de tudo, um professor universitário, e seus numerosos livros são anotações de aulas, o que explica seu tom didático, gentil e elegante. A multiplicidade de temas que ele abordou durante sua vida intelectual também é enorme: teoria do direito, as ideias de Thomas Hobbes, John Locke, Immanuel Kant, Friedrich Hegel, o positivismo jurídico, direita e esquerda, república e republicanismo, o bem viver etc.

O volume dedicado às teorias das formas de governo reúne as aulas que ministrou a respeito desse tema. Ele permite ao leitor perceber como as reflexões sobre a política alteraram-se no decorrer dos séculos, conjugando teorias empíricas e teorias normativas, acrescentando ou suprimindo variáveis (história, multiplicidade de povos, contextos sociais etc.). Ademais, de maneira mais substantiva, ele esclarece os sentidos das palavras *democracia, república, ditadura* e *tirania* com o passar do tempo.

E é com a gigantesca obra justamente intitulada *Dicionário de política* que Norberto Bobbio celebrizou-se no âmbito das ciências sociais, juntamente com os dois coorganizadores, Nicola Matteucci e Gianfranco Pasquino. Essa obra, que, nas edições brasileiras mais recentes, tem sido publicada em dois volumes de pequenas dimensões (entretanto, totalizam cerca de 1.300 páginas), consiste de centenas de verbetes temáticos, explorando os mais variados conceitos políticos: *absolutismo, fascismo, progresso, vontade geral, revolução, Estado* etc. Dessa forma, é fonte de consulta e referência tanto para pesquisadores profissionais quanto para o público em geral. Sua importância e sua utilidade são tão grandes que, se fosse para indicarmos apenas **uma** obra nesta seção "Bibliografia comentada", indicaríamos apenas o dicionário de Bobbio.

CLEGG, S. R. **Frameworks of Power**. London: Sage, 1989.
HELD, D. **Modelos de democracia**. Tradução de Alexandre Sobreira Martins. Belo Horizonte: Paidéia, 1987.

Os livros de Stewart Clegg e David Held são exposições sistemáticas e didáticas sobre os vários conceitos que dois temas centrais da vida política apresentaram historicamente e apresentam atualmente: o poder e a democracia.

O livro de Clegg, por assim dizer, é neutro em relação ao poder, uma vez que não é evidente nenhuma preferência teórica da parte do autor. Além disso, ele tem a vantagem de apresentar desde as discussões mais antigas, isto é, dos gregos, até as mais recentes, ou seja, dos pós-modernos. No entanto, uma dificuldade a seu respeito é que, até o momento, ele está disponível apenas em inglês.

O livro de Held, por sua vez, adota mais ou menos o mesmo procedimento que o de Clegg, mas relativamente à democracia. Ao concentrar-se nessa **palavra**, ele apresenta alguns elementos positivos e outros negativos: por um lado, ele é bastante didático, apresenta quadros-sínteses em cada capítulo e procura comparar de maneira sistemática as várias concepções da democracia; por outro lado, por vezes, ele corre o risco de ser anacrônico, ou seja, de aplicar a épocas distintas conceitos que são atuais ou que são de outras épocas. Da mesma forma, ele concentra-se demais na democracia, deixando de lado outros conceitos que historicamente foram importantes e, em alguns momentos, desvaloriza conceitos políticos que concorrem com a democracia (como no caso da república). Ainda assim, é um bom guia para o conceito de *democracia*.

JACKSON, R.; SORENSEN. **Introdução às relações internacionais.** Rio de Janeiro: J. Zahar, 2007.

NYE, J. S. **Compreender os conflitos internacionais**: uma introdução à teoria e à história. Lisboa: Gradiva, 2002.

Esses dois livros são apresentações gerais das teorias e dos temas de relações internacionais, escritas de maneira clara e com intenções didáticas. As abordagens de cada um são diferentes: enquanto o livro de Jackson e Sorensen concentra-se nas **teorias** de RI, organizadas de uma perspectiva cronológica, o de Nye aborda **temas** em ordem cronológica, utilizando as questões concretas como forma de apresentar as reflexões teóricas. Vale a pena mencionar que Joseph Nye, além de importante pesquisador de RI, com uma carreira de várias décadas, foi assessor de relações internacionais do Presidente dos Estados Unidos Bill Clinton, durante a década de 1990. Em outras palavras, ele teve a rara possibilidade de ser tanto pesquisador quanto um político prático.

LACERDA, G. B. Problemas de ensino e pesquisa de métodos e teorias: reflexões sobre três oposições. **Ius Gentium**, Curitiba, v. 10, n. 5, p. 245-269, jul./dez. 2014.

Esse artigo apresenta de maneira mais desenvolvida diversos tópicos discutidos no presente livro, especialmente no Capítulo 2. Além disso, tem a vantagem de indicar uma literatura especializada nesses debates de maneira mais ampla. Dessa forma, apresenta uma reflexão sobre a identidade e as características atuais da ciência política e da sociologia política.

LESSA, R. (Org.). **Ciência política**. São Paulo: Discurso, 2010. v. 2. (Horizontes das Ciências Sociais no Brasil).

Esse livro, organizado pelo filósofo político Renato Lessa, integra uma grande iniciativa da Associação Nacional de Pós-graduação e Pesquisa em Ciências Sociais (Anpocs) no sentido de fazer um balanço geral da produção científica das ciências sociais no Brasil. Assim, da mesma forma que o

Volume 2 é dedicado à ciência política, os dois outros volumes tratam da sociologia (em sentido restrito) e da antropologia.

O volume consiste em uma série de capítulos, redigidos, em geral, por pesquisadores do eixo Rio de Janeiro-São Paulo. Cada um desses capítulos realiza um balanço do tipo "estado da arte" de várias áreas temáticas específicas, como teoria política (normativa), estudos legislativos, políticas públicas e *Welfare State*, segurança pública etc. Dessa forma, esse livro é um guia importante para quem deseja saber quem pesquisa o que atualmente no Brasil no âmbito da ciência política, ainda que sofra de certo paroquialismo na seleção dos pesquisadores citados em cada capítulo.

CROUZET, M. (Org.). **História geral das civilizações**. Rio de Janeiro: Bertrand Brasil, 1995. v. 10-13.

ROSSI, P. **O nascimento da ciência moderna na Europa**. Bauru: USC, 2001.

Paolo Rossi foi um dos grandes historiadores da ciência do século XX, sendo especialista nos grandes debates ligados à origem e à afirmação da ciência moderna, ocorrida nos séculos XV a XVII e, em particular, na obra de Francis Bacon. O livro cuja leitura sugerimos – *O nascimento da ciência moderna na Europa* – apresenta, em seus inúmeros capítulos, as principais discussões ocorridas entre os anos 1400 e 1600, explorando, entre outras questões, as ideias e os contextos de autores que indicamos no Capítulo 1, ou seja, Galileu, Descartes e Bacon.

Já os volumes organizados por Maurice Crouzet compreendem os períodos que vão do século XVI até o século XIX, ou seja, correspondem à Revolução Industrial, ao declínio do Antigo Regime, à Revolução Francesa e à reorganização e ao neocolonialismo da Europa no século XIX[1]. Esses volumes abordam as seções mais históricas da Seção 1.2 deste livro e permitem um aprofundamento a respeito desses temas.

SARTORI, G. **A política**. Brasília: UnB, 1981.

SARTORI, G. Da sociologia da política à sociologia política. In: LIPSET, S. M. (Org.). **Política e ciências sociais**. Rio de Janeiro: Zahar, 1972. p. 106-148.

SARTORI, G. **Partidos y sistemas de partidos**: marco para un análisis. 2. ed. Madrid: Alianza, 2009.

As obras de Giovanni Sartori estão entre as mais importantes e as mais didáticas da ciência política do século XX. Esse pesquisador italiano, que fez carreira nos EUA, sempre se dedicou às pesquisas empíricas, especialmente de acordo com os parâmetros gerais do comportamentalismo. No seu caso, todavia, a preocupação com o empirismo não pode ser acusado de "teoricamente pobre", pelo contrário, os livros e artigos de Sartori primam pela clareza e pelo esclarecimento conceituais, entendidos estes como bases necessárias para boas pesquisas empíricas.

Os textos que indicamos aqui não fogem a esse padrão intelectual de Sartori. O artigo "Da sociologia da política à

---

1 *Eis os temas específicos de cada um desses volumes: Volume 10: "Os séculos XVI e XVII – a Europa e o mundo"; Volume 11: "O século XVIII – o último século do Antigo Regime"; Volume 12: "O século XVIII – a sociedade do século XVIII perante a Revolução"; Volume 13: "O século XIX – o apogeu da civilização europeia".*

sociologia política" é a reflexão clássica que distingue, precisamente, a sociologia da política e a ciência política.

O livro *A política*, por seu turno, consiste em uma versão unificada e orgânica de uma série de artigos publicados anteriormente de maneira esparsa. Nele, Sartori discute de maneira sistemática inúmeras questões fundamentais da pesquisa científica em sociologia política e ciência política, como os tipos de teorias, a importância da teorização, os métodos disponíveis, as querelas metodológicas etc.

O volume *Partidos e sistemas de partidos* é uma das referências maiores no que se refere a pesquisas sobre os partidos políticos. Não somente apresenta o histórico dos diversos sentidos que se desenvolveram no decorrer do tempo até chegarem ao que entendemos atualmente por *partidos políticos*, como também discute inúmeras categorias analíticas para o estudo empírico dos partidos. Em uma segunda parte do livro, Sartori aborda a dinâmica do funcionamento coletivo dos partidos.

LEVINE, D. **Visões da tradição sociológica.** Rio de Janeiro: J. Zahar, 1997.

VINCENT, A. **The Nature of Political Theory.** Oxford: Oxford University Press, 2004.

WEFFORT, F. C. (Org.). **Os clássicos da política.** 14. ed. São Paulo: Ática, 2006. v. 2.

Os livros de Levine, Vincent e Weffort expõem, de diferentes perspectivas e de acordo com variadas metodologias, históricos das teorias políticas e sociais. O volume de Levine, *Visões da tradição sociológica*, apresenta as características do que ele chama de tradições sociológicas – devendo-se entender aqui a palavra *sociológico* em sentido amplo –, isto é, grandes correntes de pensamento que se mantêm com o passar do tempo. Grosso modo, ele apresenta tradições propriamente intelectuais e também tradições nacionais, e muitas vezes esses dois eixos analíticos convergem, mas nem sempre. Em termos de tradições nacionais, ele identifica a helênica, a francesa, a britânica, a italiana, a marxista e a alemã: Levine considera que foram os fundadores de cada uma delas, respectivamente, Aristóteles, Montesquieu, Hobbes, Maquiavel, Marx e Hegel – a maior parte dos quais foi abordada aqui. Além disso, os dilemas que Levine apresenta como caracterizando essas várias tradições sociológicas influenciam, em maior ou menor medida, também os debates próprios à sociologia política e à ciência política.

O volume de Andrew Vincent apresenta em ordem cronológica as várias fases por que a teorização política passou desde meados do século XIX até o final do século XX. Ainda que centrado principalmente na realidade intelectual dos Estados Unidos, o autor tem o cuidado de não ser paroquialista e de levar bastante a sério a produção realizada em outros países. Da mesma forma, embora exiba uma evidente preferência pelas teorias normativas, Vincent não comete o erro de desconsiderar as teorias empíricas ou de considerar que a teoria política é sempre e somente a teoria **normativa**. Infelizmente, para o leitor brasileiro, esse livro permanece em inglês.

Os dois volumes organizados por Francisco Weffort apresentam vários dos mais importantes pensadores políticos no que se refere à teoria política normativa, desde Maquiavel. Além desse pensador italiano, também são abordados autores como Hobbes, Locke, Burke, Kant, Marx, Hegel e alguns outros. Cada um dos capítulos apresenta trechos das obras desses teóricos, antecedidos por estudos introdutórios que contextualizam e explicam suas obras. Todos os capítulos foram redigidos apenas por professores da Universidade de São Paulo (USP) e, entre eles, estão alguns dos maiores especialistas brasileiros no pensamento dos autores tratados. De qualquer maneira, esses dois volumes têm preocupações didáticas, acima de tudo.

Gustavo Biscaia de Lacerda

Respostas

Capítulo 1

Questões de autoavaliação

1. b
2. d
3. d
4. a
5. b
6. d
7. a
8. b
9. a
10. d
11. d
12. b
13. c
14. a
15. c
16. d

Atividades de aprendizagem

Questões para reflexão

1. a) Entendimento da posição que cada indivíduo ocupa na sociedade e, inversamente, como cada sociedade produz as posições individuais.
   b) Propondo teorias, métodos e ideias que expliquem a estrutura e a evolução social.
2. a) Sim, pois ele fornece conceitos, ideias, métodos e parâmetros para estudar a sociedade. Além disso, há um acúmulo de teorias e interpretações no decorrer do tempo.
   b) O leitor deve relacionar duas concepções específicas de dois autores estudados no capítulo. Por exemplo: para Aristóteles, o ser humano visa naturalmente ao bem comum e é por isso que constitui a cidade (a pólis), que é vista por esse autor como a realização e a condição para realizar o bem comum. Para Hobbes, por outro lado, o ser humano é egoísta e racional; a associação política não visa a nenhum bem comum – que, por definição, não existe para esse ser humano egoísta –, mas serve apenas para preservar a vida dos indivíduos.

   É importante notar que o leitor deve escolher qualquer par de autores e qualquer par de conceitos que possa relacionar; os exemplos dados são apenas isso: exemplos.

3. Hobbes viveu em uma época de guerra civil, de profundos e variados conflitos políticos, morais e sociais; seu "estado de guerra" reflete esses conflitos e a ausência de parâmetros unificados e compartilhados.

4. Em termos gerais, não, pois Maquiavel não era imoral, mas amoral. Os meios que ele determimou em *O príncipe* correspondiam ao comum da sua época. Nesse sentido, ele era bastante realista.
5. Não é verdadeira, pois cada fenômeno tem suas próprias características. Todavia, a concepção geral de lei é comum a todos os fenômenos.
6. A sociologia deve usar a história como uma espécie de laboratório natural, de modo que as diferentes fases dos povos sejam comparadas, mas, além disso, os vários povos devem ser comparados entre si. Com base nisso, devem-se estabelecer categorias e conceitos que permitam as comparações e que condensem os resultados destas.
7. Estática: família, linguagem, governo, propriedade, religião. Dinâmica: as três leis dos três estados.
8. A compreensão consiste na avaliação subjetiva dos estados mentais e emocionais dos indivíduos. Baseia-se na hipótese da possibilidade de compartilhamento desses estados mentais.
9. Bobbio justifica uma observação de Aristóteles, para quem a *politia* é a reunião de poucos governando, mas sendo fiscalizados e vigiados por um grande número. O bom governo não pode pautar-se apenas pelo egoísmo dos indivíduos. É necessária uma concepção de bem comum que seja compartilhada por todos.
10. A palavra *revolução* assume vários sentidos diferentes. Inicialmente, ela refere-se a um tipo de movimento astronômico (em que um corpo celeste orbita outro). Uma alteração política e social profunda também pode ser entendida como revolução. Além disso, movimentos políticos que mudem o governo – ou seja, golpes de Estado – podem ser chamados de

revolução. É claro que um golpe de Estado pode conduzir a uma alteração social e política mais profunda.

Atividades aplicadas: prática
1. Em *Cidade de Deus*, o Estado é ausente, omisso ou cúmplice do crime, de modo que os indivíduos são incapazes de ter a proteção contra a violência. Os criminosos agem livremente, impondo-se sobre a população civil.
2. Os gregos representam o racionalismo, a liberdade e a individualidade; os persas representam o misticismo e a escravidão. Todos eles representam o espírito bélico.

Capítulo 2

Questões de autoavaliação
1. a
2. b
3. c
4. b
5. a
6. c
7. b
8. b
9. a
10. d
11. c
12. b
13. a

Atividades de aprendizagem

Questões para reflexão

1. A filosofia política propõe parâmetros e modelos normativos para a vida política, indicando o que é o bem viver, o que é bom, justo, correto etc. Além disso, adota perspectivas sintéticas. A sociologia política desenvolve esforços analíticos para entender como a realidade política se desenvolve.
2. Ciência: analítica e relativa; filosofia: sintética, relativa ou absoluta; religião: sintética e absoluta.
3. A ciência não é neutra, mas busca a objetividade. A neutralidade consistiria em elaborar teorias completamente afastadas de valores morais, mas todos os pesquisadores são movidos por valores. A objetividade, por outro lado, consiste em controlar e, se possível, diminuir o papel que ideias preconcebidas e valores morais desempenham na prática científica.
4. Para Comte, a ciência não é neutra, pois deve estar a serviço da humanidade e subordinar-se aos sentimentos. Para Marx, a ciência é neutra, mas somente é científico o que se coaduna com o marxismo. A produção intelectual da burguesia por definição é ideológica, isto é, visa à dominação de classe. Para Popper, a objetividade ocorre por meio da intersubjetividade, isto é, por meio da troca de ideias entre indivíduos.
5. O conhecimento científico da política pode ser entendido como instrumento de dominação, pois a posse privilegiada desse conhecimento pode servir como base para uma dominação melhor e mais exclusiva. Esse é um risco e uma tentação a que várias outras áreas do conhecimento também estão sujeitas, como a economia, a psicologia e até a matemática. Os limites à ação dos cientistas políticos devem ser

os estabelecidos pela divisão entre a teoria e a prática, uma vez que a sociologia política pesquisa a realidade e aconselha a sociedade e os políticos práticos a respeito dos rumos a tomar-se, mas ela mesma não toma – nem pode tomar – as decisões.

6. A sociologia política, como de resto as ciências sociais, pode enfrentar sérios problemas éticos em pelo menos duas situações: ao obter informações sem que o público envolvido saiba e ao usar o conhecimento produzido para dominação e explorações política, econômica etc. No primeiro caso, a conduta aceitável é indicar aos pesquisados que uma pesquisa está em andamento ou prestes a ocorrer; no segundo, ou não se utiliza as ciências sociais para dominar e explorar, ou busca-se, com elas, a melhoria social.

7. Em alguns círculos acadêmicos mais politizados, por vezes considera-se que o emprego de pesquisas estatísticas para estudar a sociedade, ao objetivar os indivíduos, seria desnaturalizador e desumanizador e, portanto, conservador. Em oposição, o emprego de técnicas como a observação participante seria progressista, ao permitir que os sujeitos sociais falem. Na verdade, não faz sentido opor uma técnica à outra, pois elas podem ser, e de fato são, complementares. Saber o que os indivíduos e grupos sociais falam e pensam é tão importante quanto saber qual a distribuição de várias características na sociedade (taxas de alfabetização, encarceramento, emprego e desemprego, faixas de renda etc.).

8. Para Comte, a explicação científica na sociologia baseia-se na investigação intensiva dos estados subjetivos dos indivíduos. Na verdade, as suas Leis dos Três Estados consideram precisamente esses estados subjetivos. Por outro lado, Weber considera

que a sociologia compreensiva deve lançar mão das explicações causais ao encadear, no decorrer do tempo, em relações de causalidade, as várias interpretações subjetivas. De todo modo, cada um desses autores considera complementar esses procedimentos, de maneira mais ou menos explícita, embora, para Comte, a explicação seja mais importante e, para Weber, o que importa é a interpretação.

Atividades aplicadas: prática

1. a) O leitor deve escolher um dos tipos de atividade sociológica apresentados por Michael Burawoy e explicá-lo considerando os dois eixos analíticos (audiência acadêmica-extra-acadêmica e conhecimento instrumental-reflexivo). Por exemplo, a sociologia profissional é desenvolvida por sociólogos profissionais e tem como interlocutores outros pesquisadores profissionais, de modo que seu público assume um caráter acadêmico. Esse conhecimento, além disso, é instrumental, ou seja, as categorias usadas são instrumentalizadas a fim de explicar fenômenos diversos. Michael Burawoy observa que a sociologia profissional pode degradar-se, transformando-se em conhecimento de "torre de marfim" e repleto de jargões.

   b) O leitor deve considerar uma ciência social específica e pensar em um tipo específico de reflexão teórica nessa ciência social. Assim, por exemplo, no âmbito das relações internacionais, é possível entender que as investigações sobre a prática dos diplomatas feitas para orientar o governo e os próprios diplomatas enquadra-se na "sociologia para políticas públicas", em que o conhecimento é instrumental e o público é extra-acadêmico.

Gustavo Biscaia de Lacerda

Capítulo 3

Questões de autoavaliação

1. a
2. b
3. d
4. b
5. d
6. b
7. d
8. b
9. d
10. c
11. a
12. d
13. c
14. a
15. d
16. a
17. b
18. e
19. c

Atividades de aprendizagem

Questões para reflexão

1. a) A afirmação de Bertrand Russell é correta porque quem atua politicamente busca influenciar a conduta alheia, reforçando alguns comportamentos e evitando outros. Essa busca constitui, por definição, o poder. Logo, é necessário

se basear nesse conceito (e nessa realidade) para o estudo da política.

b) Não é aceitável rejeitar uma perspectiva em benefício da outra. Afinal de contas, cada uma das perspectivas enfatiza questões diferentes, com resultados diferentes. Enquanto a concepção objetivista adota uma perspectiva macrossociológica (ampla), a concepção subjetivista adota uma perspectiva microssociológica (restrita). No fundo, as duas concepções são complementares entre si.

2. A burocracia do Estado brasileiro tende a ser racional e impessoal, mas há uma tradição cultural nacional no sentido do personalismo na aplicação das regras, ou seja, indivíduos de classes ou grupos diferentes recebem tratamentos diferentes (melhores ou piores), em vez de um tratamento único devido a todos os cidadãos. Por outro lado, nas últimas décadas, o governo tem se esforçado para alterar os critérios de eficiência da burocracia, enfatizando não somente a eficácia (atingimento dos fins) mas também a eficiência (relação melhor entre meios e fins).

É importante notar que é possível desenvolver considerações sobre outros aspectos da definição de burocracia proposta por Weber.

3. Dizer que o Estado é uma realidade histórica significa que ele surgiu no decorrer do tempo, ou seja, que suas atuais características desenvolveram-se durante os séculos e continuam desenvolvendo-se e modificando-se. Em outras palavras, o Estado atual não existiu sempre nem existirá para sempre. Por exemplo, enquanto na década de 1930 os estados tenderam a fechar-se em si mesmos, reforçando as ideias de soberania e de nacionalismo,

desde o final do século XX a globalização impõe a colaboração ativa entre os estados e várias limitações às suas ações.
4. É possível entender a república de várias maneiras. O seu sentido inicial é o de bem público, ou seja, quem respeita as instituições e busca valorizar e respeitar o que é comum a todos – sendo, assim, cidadão – é republicano. Outra concepção opõe a república à monarquia: um país que não tem rei (ou equivalentes) seria, por definição, uma república. Mais uma forma de entender essa palavra é por meio do conceito de *não dominação*, de Phillip Pettit. Para esse autor, a república é o regime que estabelece limites às ações do Estado e da sociedade, entendidas essas ações como interferências abusivas na liberdade dos indivíduos ou dos grupos.
5. O presidencialismo de coalizão é um presidencialismo em que o presidente é eleito por um partido que não conta com a maioria dos votos no parlamento. Assim, é necessário que o presidente faça uma coalizão com vários partidos, a fim de conseguir que suas propostas sejam aprovadas no parlamento. A coalizão é mantida com base na distribuição de cargos em ministérios, em empresas públicas, em autarquias etc.
6. A liberdade positiva é a liberdade de autodeterminação. Ela aproxima-se da concepção de Rousseau da política. A liberdade negativa é a capacidade de agir sem ser impedido. Ela aproxima-se de concepções liberais, como a de Schumpeter e de Stuart Mill.
7. O modelo minimalista considera que a democracia é um método de seleção de elites, que ocorre por meio das eleições disputadas entre partidos rivais. Não se trata, portanto, nem da vontade geral de Rousseau – vista por Schumpeter como ilusão –, nem do bom senso comum, pois, para Schumpeter, as

massas são irracionais e infantis. Carole Pateman reafirmou a ideia de democracia como um valor substantivo ao propô-la como sendo também a participação política direta, cujos elementos são pedagógicos.
8. Weber definiu três tipos de legitimação: tradicional, racional-legal e carismática. As duas primeiras são estáveis e a terceira é instável. A primeira baseia-se em usos e costumes adotados desde sempre; a segunda baseia-se na aplicação de regras universais estabelecidas de maneira pública e lógica; a terceira baseia-se nas capacidades de um líder, percebido como tendo atributos extraordinários.
9. A Primavera Árabe consistiu em um amplo movimento de reivindicações feitas por movimentos sociais e cidadãos de países árabes do norte da África e do Oriente Médio, buscando liberdades públicas (civis, políticas, sociais), liberdade de expressão sem censura ou perseguição etc. Na periodização proposta por Huntington, a terceira onda democrática teria começado em 1973 (democratização da Grécia) e ido pelo menos até 1991-1992 (democratização dos antigos países comunistas da Europa Oriental); como não ocorreu nenhum término dessa "onda" após a publicação do livro do autor, é possível considerar a Primavera Árabe uma nova fase da terceira onda democrática.
10. a) O nacionalismo é a afirmação dos valores nacionais de determinado país, com efeitos internos e externos. Em um sentido positivo, pode denotar independência ou autonomia de um país em relação a outros; já em um sentido negativo, pode relacionar-se à xenofobia ou, em um extremo, ao desejo de destruição de outros países ou povos. O populismo, por seu turno, consiste na afirmação da

vontade popular e na comunicação direta entre os líderes políticos e as massas. Em um sentido positivo, consiste no reconhecimento da vontade popular e da importância política das massas (tendo um papel de inclusão política); já em um sentido negativo, pode ser entendida como demagogia ou prática política anti-establishment e destruidora das instituições políticas.

b) *Nacional-populismo* é uma expressão utilizada por alguns pesquisadores contemporâneos (como R. Eatwell e M. Goodwin) para identificar líderes políticos ao redor do mundo (mas principalmente no Ocidente) com perfil agressivamente de direita que atuam com viés anti-establishment e antidemocrático, afirmando valores nacionalistas (contrários ao internacionalismo ao estilo da ONU e, não raras vezes, xenofóbicos) e populistas (no duplo sentido de comunicarem-se diretamente com o povo e serem anti-establishment).

11. Na democracia, o Estado é limitado em relação à sociedade civil. A cidadania depende da posse de um título de cidadão e, de qualquer maneira, todos os indivíduos livres e, de modo geral, maiores de idade podem manifestar-se livre e pacificamente em favor de seus ideais, inclusive contra o Estado. No totalitarismo, apenas os membros do partido político único têm direitos políticos, o que equivale a dizer que quem não é filiado ao partido não é cidadão. Assim, no totalitarismo há a confusão, ou o engolimento, da sociedade civil pelo Estado.

12. Os partidos políticos contemporâneos têm como funções recrutar membros para disputar eleições, mobilizar apoiadores para suas campanhas (inclusive as campanhas eleitorais) e formar governos. No caso do recrutamento de membros, os

partidos procuram atrair pessoas interessadas em seus valores, em suas propostas ou nos benefícios que a filiação pode acarretar. A mobilização para campanhas significa que os partidos organizam pessoal em favor de temas ou de propósitos específicos; nesse caso, os filiados buscam influenciar não apenas outros filiados, mas principalmente quem não é membro do partido. Por fim, os partidos políticos têm quadros profissionais que buscam exercer cargos políticos e, assim, compor os governos.

13. O pluralismo a que se refere Sartori consiste na proliferação de perspectivas sociais específicas, irredutíveis a outras perspectivas. O pluralismo, nesse sentido, consiste em diferenças de opinião, de valores, de perspectivas de vida, de estilos de vida, que são irreconciliáveis entre si. A despeito disso, o pluralismo tem de se basear na concepção de que o respeito e a tolerância mútuos são necessários e são a condição para que todos possam viver em conjunto. Em outras palavras, o pluralismo afirma ao mesmo tempo diferenças profundas e o compartilhamento de determinados valores políticos (e, portanto, sociais). É claro que essas diferentes perspectivas podem ter vários efeitos nos partidos políticos, desde o surgimento de partidos temáticos (como o Partido Verde) até o ingresso em um partido maior que se considere representar, respeitar e valorizar as concepções de cada grupo social específico.

Atividades aplicadas: prática

1. O leitor deve considerar o município em que mora. Para adotar o método posicional, deverá considerar quem ocupa as posições consideradas poderosas, como prefeito, vereadores, talvez alguns empresários, alguns líderes sindicais e alguns líderes

sociais. No método reputacional, deve-se considerar a reputação dos indivíduos: quem a população acha que é poderoso, é poderoso porque a população acha que é poderoso, sem necessariamente ocupar cargos oficiais. O método decisional considera quem toma as decisões, isto é, quem afirma que algo é aceitável ou inaceitável. De modo geral, esses três métodos podem ter resultados concordantes, mas é claro que eles apresentam discrepâncias, uma vez que alguém pode tomar decisões sem estar em posições de mando, assim como alguém com grande reputação de poderoso também pode estar fora de cargos ou pode, simplesmente, não decidir nada.

2. a) No filme, não há conflito evidente entre o Papado e o Império, mas, por outro lado, os dois grupos de clérigos que se enfrentam são apoiados por esses poderes.

   b) Os monges são o grupo dominante da localidade. Os moradores do entorno submetem-se política, econômica e espiritualmente ao mosteiro, além de manter inúmeras relações extraoficiais com os clérigos. Os emissários do papa representam a autoridade, que é reforçada mas, ao mesmo tempo, desafiada pela Inquisição, que é uma instituição com grande autonomia. Os monges dissidentes mantêm relações problemáticas com os outros grupos, especialmente com os representantes do papa e da Inquisição, pois discordam das opiniões oficiais e, portanto, são dissidentes políticos.

   c) A visão de mundo exposta no filme é teocêntrica, baseada em uma compreensão da realidade como feita pela divindade para usufruto do ser humano, o qual deve honrar a divindade que o criou.

Sobre o autor

Gustavo Biscaia de Lacerda é doutor (2010) em Sociologia Política pela Universidade Federal de Santa Catarina (UFSC), mestre (2004) em Sociologia pela Universidade Federal do Paraná (UFPR) e bacharel (2001) em Ciências Sociais também pela UFPR. Entre 2012 e 2013, realizou estágio pós-doutoral na UFSC, na área de teoria política, e, em 2020, na Universidade Estadual do Rio de Janeiro (UERJ), na área de filosofia das ciências. Na graduação e no mestrado, estudou política internacional – mais especificamente alguns aspectos da política externa brasileira. No doutorado e no pós-doutorado, passou a estudar a teoria política de Augusto Comte e a ação dos positivistas brasileiros a propósito da separação entre Igreja e Estado (isto é, a respeito da laicidade do Estado), bem como a filosofia das ciências de Augusto Comte. Desde 2004, exerce o cargo de sociólogo da UFPR e, entre 2006 e 2013, foi editor-executivo da *Revista de Sociologia e Política* (<http://www.scielo.br/rsocp>). Para contato, o endereço eletrônico é gblacerda@ufpr.br. Além disso, Lacerda mantém o *blog* Filosofia Social e Positivismo (<http://filosofiasocialepositivismo.blogspot.com.br>).

Impressão:
Setembro/2021